DAS GEWALTPOTENTIAL DES MONOTHEISMUS UND DER DREIEINE GOTT

QUAESTIONES DISPUTATAE

Begründet von
KARL RAHNER UND HEINRICH SCHLIER

Herausgegeben von
PETER HÜNERMANN UND THOMAS SÖDING

216

DAS GEWALTPOTENTIAL DES MONOTHEISMUS
UND DER DREIEINE GOTT

DAS GEWALTPOTENTIAL DES MONOTHEISMUS UND DER DREIEINE GOTT

UNTER MITARBEIT VON
JAN ASSMANN, RENE GIRARD,
JOHANN EV. HAFNER, HELMUT HOPING,
KARL-HEINZ MENKE, KLAUS MÜLLER,
KARLHEINZ RUHSTORFER, PETER STRASSER,
MAGNUS STRIET, SASKIA WENDEL,
KNUT WENZEL, ERICH ZENGER

HERAUSGEGEBEN VON
PETER WALTER

HERDER

FREIBURG · BASEL · WIEN

www.herder.de
Satz: Barbara Herrmann, Freiburg
Druck und Bindung: Difo-Druck, Bamberg 2005
Gedruckt auf umweltfreundlichem, chlorfrei gebleichtem Papier
ISBN 3-451-02216-8

Inhalt

III Systematisch-theologische Selbstvergewisserung

IV Kulturtheoretischer Blick

Einführung

Das Thema Religion und Gewalt erscheint unerschöpflich. Die Debatte darüber, ob mit dem Wahrheitsanspruch des Monotheismus ein immer wieder ausbrechendes Gewaltpotential verbunden sei, ist, was ihr Echo sowohl in den Medien als auch in wissenschaftlichen Veröffentlichungen angeht, weit davon entfernt, an ein Ende gelangt zu sein. Durch die Ereignisse des 11. September 2001 ist das, was viele bislang im Hinblick auf historische Vorgänge vermutet haben, anscheinend aktuell bestätigt worden. Haben die mörderischen Attentate von New York und Washington doch nicht nur ihre islamistischen Täter, sondern die angebliche Unduldsamkeit der „abrahamitischen Religionen" insgesamt, d. h. des Judentums, des Christentums und des Islam, an den Pranger gestellt. Der Oxforder Gelehrte Richard Dawkins verglich sie im „Guardian" mit Leuten, die auf allen Straßen geladene Gewehre verteilen. „Denn diese Religionen lehrten die Menschen, das eigene Leben zu verachten, und könnten sie auf diese Weise dazu bringen, sich selbst zu opfern, um eine tödliche Waffe punktgenau ins Ziel zu bringen."[1] Der portugiesische Nobelpreisträger José Saramago ging in einem Beitrag für die Frankfurter Allgemeine Zeitung noch weiter, wenn er die Behauptung aufstellte: „Es ist bekannt, daß ausnahmslos alle Religionen nie dazu dienten, die Menschen einander näherzubringen und den Frieden zu mehren. Religionen waren und sind der Grund für unendliches Leid, für Massenmorde und ungeheuerliche physische und psychische Gewalt, die zu den dunkelsten Kapiteln der elenden Geschichte der Menschheit gehören."[2] Auch wenn diese Behauptungen leicht als plakative Überzeichnungen auszumachen sind, bieten sie doch Anlaß, sich mit der These vom totalitären Charakter der abrahamitischen Religionen auseinanderzusetzen. In den Beiträgen

[1] So das Referat von R. Kany, Zur Lage Abrahams nach der Friedenspreisrede, in: Frankfurter Allgemeine Sonntagszeitung, Nr. 42, 21.10.2001, 28.

[2] J. Saramago, Im Namen Gottes ist das Schrecklichste erlaubt, in: Frankfurter Allgemeine Zeitung, Nr. 220, 21.9.2001, 52.

des vorliegenden Bandes liegt der Akzent auf der Betrachtung der biblischen Schriften im Kontext der antiken Religionen sowie insbesondere auf der spezifisch christlichen Gestalt des Monotheismus, der Trinitätslehre. Der Islam und das nachbiblische Judentum stehen, auch wenn sie gelegentlich gestreift werden, nicht im Mittelpunkt der Darstellung.

Der Gang der Diskussion entfaltet sich in vier Schritten: Es wird jeweils eine religionswissenschaftliche, eine philosophische, eine systematisch-theologische sowie eine kulturtheoretische Position zum Thema vorgestellt; diese werden im Anschluß von wiederum je zwei Stellungnahmen aus unterschiedlichen Disziplinen flankiert. Zunächst kommt der Heidelberger Ägyptologe *Jan Assmann* zu Wort, der die „Mosaische Unterscheidung" zwischen dem wahren Gott und falschen Göttern und die Durchsetzung des Monotheismus als Wurzeln religiös motivierter Intoleranz und Gewalt ausmachen zu können glaubt. Assmann trägt hier seine aufgrund der intensiven Diskussion in manchen Punkten differenzierte Sicht vor. Ihn beschäftigt weniger die heute kaum mehr zu beantwortende Frage nach der faktischen Gewalt, welche der biblische Monotheismus zu seiner Durchsetzung angewandt hat. Vielmehr geht Assmann dem Fragekomplex nach, warum in den Texten, in denen von dieser Durchsetzung erzählt wird, der Gewalt solch breiter Raum zugemessen wird: Welche Funktion kommt den Gewaltgeschichten zu? Welches Bild von der Gruppe, die sie erzählte, lassen sie erkennen? Was bedeuten sie heute? Im Motiv des eifernden bzw. eifersüchtigen Gottes sieht Assmann die Wurzeln für die in den biblischen Texten begegnende Sprache der Gewalt. Dieses Gottesbild bringe auf der Seite der Anhänger dieser Religion den Gedanken des Eiferns für Gott und damit eines der Grundmotive von Gewalt hervor, die sich weniger gegen die Leugner dieses Gottes außerhalb des Volkes als gegen die Abweichler im Inneren richtete. Innerhalb einer Heiligen Schrift, deren Funktion nicht als informative, sondern als performative verstanden wurde, dienten solche Texte, ob sie nun vom Kampf gegen die Anhänger falscher Götter oder vom Martyrium der eigenen Leute wegen des wahren Glaubens erzählten, der Stabilisierung der Gruppe. Solcherlei „semantisches Dynamit" (J. Assmann) zünde heute weniger in den Händen der Gläubigen als in denen fundamentalistischer Eiferer, die die religiösen Gewaltmotive in politischer Absicht mißbrauchen. Deshalb gelte es, wie Assmann abschließend bemerkt, deren „Genese aufzudecken, um sie in ihrer Geltung einzuschränken."

Der Münsteraner Alttestamentler *Erich Zenger*, der sich bereits früher mit Assmanns Thesen auseinandergesetzt hat, zeichnet zunächst in gut scholastischer Disputationsmanier die Position seines Kontrahenten nach, um dann kritisch auf sie einzugehen. Dabei versucht er zu zeigen, daß es gerade dem monotheistischen Gottesbild der Bibel gelang, die in polytheistischen Schöpfungsmythen enthaltenen Gewaltaspekte zu überwinden. Anschließend arbeitet er heraus, wie die Sprache der Gewalt von der assyrischen Konzeption des Königtums in die jerusalemische übernommen wurde, welche fehlende politische Macht durch die „Allmacht" ihres Gottes zu kompensieren trachtete. Dieses Gotteskonzept wurde durch die politischen Ereignisse des 6. Jahrhunderts v. Chr. erschüttert, die die Zerstörung des Jerusalemer Tempels, die Entmachtung des davidischen Königtums und das Ende der Eigenstaatlichkeit Judas mit sich brachten. An die Stelle eines gewalttätig für sein Volk eintretenden Gottes trat in der exilischen und frühen nachexilischen Theologie ein reflektierter Monotheismus, der das Ideal einer gewaltfreien göttlichen Weltregierung und eines entsprechenden gewaltlosen messianischen Königtums beinhaltete. Für Zenger bietet die Perspektive dieses reflektierten Monotheismus den hermeneutischen Horizont für die Problematisierung der „Gewalttexte" der Hebräischen Bibel und nicht umgekehrt.

Der mehr systematisch-theologischen Aspekte nimmt sich der an der Münsteraner Katholisch-Theologischen Fakultät lehrende Philosoph *Klaus Müller* an. Er mahnt an, die Wahrheitsfrage zu stellen, die ihm in der von Assmann vertretenen These und in den historischen Auseinandersetzungen damit unterbelichtet erscheint. Nicht deren Suspension garantiere Toleranz, wie Assmann und andere zu unterstellen scheinen, die das Bekenntnis zum Monotheismus mit zumindest einer gewaltsamen Sprache, wenn nicht gar mit entsprechendem Handeln in Zusammenhang bringen. Müller versucht im Gegenteil deutlich zu machen, daß Gewalt gerade der Preisgabe der Mosaischen Entscheidung und der damit verbundenen Dissoziation von Vernunft und Glaube entspringt. Er tut dies im Rückgriff auf Karl Leonhard Reinhold und dessen Eingreifen in den sog. Pantheismusstreit gegen Ende des 18. Jahrhunderts. Das Stellen der Wahrheitsfrage führt für ihn, sowohl was die Konkurrenz der verschiedenen Religionen als auch der unterschiedlichen Konfessionen angeht, keineswegs zu Intoleranz, sondern bewahrt vielmehr davor. Sein Vorschlag zur Güte an Assmann lautet daher, nicht in der Rückgängigmachung der Mosaischen Unterscheidung, sondern in der konsistenten Begründung des von diesem favorisierten Kosmotheismus die Lösung des Problems zu suchen.

Die zweite Runde wird eingeleitet durch den Beitrag des Grazer Philosophen *Peter Strasser*, der das Thema dieses Bandes in seiner ganzen Breite abschreitet. Nachdem er die bei zahlreichen Denkern der Gegenwart begegnende Hochschätzung des „Polytheismus" hinterfragt hat, deutet er den im Alten Testament deutlich erkennbaren Zusammenhang von Gottesbild und Gewalt als für jede archaische Form von Religion typisch. Dies mit Assmann zu kritisieren trifft nach Strasser deshalb nur „die historische Etappe" des Monotheismus und nicht dessen Wesen. Dieses besteht darin, daß Jahwe zum Gott aller Menschen wird. Ein solcher Monotheismus versteht sich nicht mehr als exklusiv, sondern als inklusiv. Er bedarf daher auch keiner trinitarischen Abmilderung. Was ein so verstandener universaler Gott von den Menschen verlangen kann, ist nach Strasser, der sich hierfür auf Kant beruft, die Einhaltung des Sittengesetzes. Der Gott Kants ist für ihn der Gott des Deismus, ein „schwacher Gott", der auf die existentiellen Fragen der Menschen keine Antworten geben kann. Die Konsequenz ist, daß der Mensch den Eindruck gewinnt, in einem gottlosen Universum alles selber machen zu müssen und entsprechende Allmachtsphantasien entwickelt.

Der Freiburger Dogmatiker und Religionsphilosoph *Karlheinz Ruhstorfer* weiß sich mit Strassers Kritik am „Lob des Polytheismus" einig, vertieft diese aber, indem er die gegenwärtigen Sympathien für den „Polytheismus" in den größeren Zusammenhang der philosophischen Postmoderne einordnet, die grundsätzlich jeden auf der Logik der Identität beruhenden Alleingeltungsanspruch ablehnt. Ihre Kritik am Monotheismus wird diesem nach Ruhstorfer aber nicht gerecht, da der eine Gott sowohl in der jüdischen wie in der griechischen Welt die Herrschaft des Rechts garantiere, wodurch die Herrschaft der Gewalt überwunden werde. Die Allmachtsphantasien und die entsprechenden Gewaltorgien des 20. Jahrhunderts sieht Ruhstorfer mit Michel Foucault nicht im Monotheismus, sondern in einer monomanen Anthropologie begründet, die er allerdings, anders als Strasser, nicht bei Kant, sondern bei Feuerbach grundgelegt sieht. Besonders ausführlich setzt er sich mit Strassers Interpretation des irdischen Jesus und der christlichen Trinitätslehre sowie mit dessen Kant-Deutung auseinander. Für Ruhstorfer können gerade Christologie und Trinitätslehre die von Strasser beklagte Ethisierung der Religion verhindern.

Auch die an der Theologischen Fakultät der Universität Tilburg lehrende Philosophin *Saskia Wendel* sieht die Notwendigkeit, den Gewaltverdacht gegenüber dem Monotheismus auszuräumen. Sie erkennt im Monotheismus geradezu eine Möglichkeitsbedingung dafür, Unrechts- und Gewaltverhältnisse zu kritisieren und in einer Praxis, die ihnen widersteht, zu überwinden. Die Trinitätslehre, die Gott nicht als differenzlose Einheit, sondern als Identität in Differenz versteht, liefert ihr dafür die entscheidende Basis. Dies darzulegen unternimmt sie nun nicht theologisch, sondern strikt religionsphilosophisch, indem sie der Bedeutung von Ich, Subjekt und Person nachspürt. Im Anschluß an Kant und Fichte versucht sie zum einen aufzuzeigen, daß ein Gottesbild, das Gott als Willkürherrscher und die Freiheit des Menschen mißachtend versteht, einen Selbstwiderspruch darstellt. Zum andern interpretiert sie die Einheit der drei göttlichen Personen als Anerkennungsverhältnis, das Einheit in bleibender Unterschied zu denken erlaubt. Ein solches Gottesbild schließt jede Form von totalitärer Gewalt aus.

Wurde die Trinität bislang vor allem im Hinblick auf die Gewaltproblematik behandelt, steht sie im folgenden dritten Block gleichsam selber im Mittelpunkt der Betrachtung, ohne daß jedoch der Bezug zum Rahmenthema vernachlässigt würde. Der Freiburger Fundamentaltheologe *Magnus Striet* sieht nicht nur angesichts der gegenwärtigen Kritik am Monotheismus, sondern auch aus grundsätzlichen anthropologischen und religionsphilosophischen Erwägungen heraus die Notwendigkeit, aber auch die Möglichkeit, ein Gottesbild zu zeichnen, das dem legitimen Freiheitsbedürfnis des heutigen Menschen entspricht. Die christliche Trinitätslehre, wie Striet sie im Anschluß an neuere christologische und trinitätstheologische Ansätze entwirft, stellt den Gedanken der Freiheit Gottes, die er als freies Bezogensein von drei gleichursprünglichen Freiheiten aufeinander interpretiert, als Möglichkeitsbedingung von Schöpfung und Menschwerdung in den Vordergrund und versucht zugleich den Zusammenhang von Gott und Zeit neu zu verstehen.

Der Bonner Dogmatiker *Karl-Heinz Menke* stellt in seiner Replik zunächst einige grundlegende Gemeinsamkeiten mit Assmann heraus, vor allem die Ablehnung einer Gewalt rechtfertigenden Religion, um dann aufzuzeigen, daß dieses Ziel keineswegs die Überwindung des jüdisch-christlichen Monotheismus verlangt, sondern gerade dessen Geltung voraussetzt. Um dies zu zeigen, unterstreicht er einerseits mit Berufung auf Fichte den freiheitstheoretischen Ansatz Striets im Hinblick auf das Selbstverständnis des Menschen, andererseits im Hinblick auf das Verständnis Gottes als Schöpfer und Erlöser. Bei aller Zustimmung zum Entwurf Striets bleiben Menke jedoch auch Fragen, die er am Ende kurz anreißt.

Auch der Freiburger Dogmatiker und Liturgiewissenschaftler *Helmut Hoping* signalisiert zunächst Zustimmung, was den Ausgangspunkt beim Gedanken der Freiheit Gottes und des Menschen angeht. Er äußert jedoch Bedenken in bezug auf die univoke Übertragung von aus der Analyse der menschlichen Person gewonnenen Elementen auf das Verständnis der Trinität. An die Stelle eines Kommerziums göttlicher Freiheiten, wie Striet es entwirft, möchte er den Gedanken einer immanenten Selbstvermittlung der vollkommenen Freiheit Gottes stellen. Hoping stützt seine Kritik mit dem Hinweis auf das liturgische Gebet, das an den Vater durch den Sohn im Geist gerichtet ist und die Selbstmitteilung Gottes durch den Sohn und den Geist spiegelt. Anstelle von drei göttlichen Freiheiten zieht er es vor, von drei Instanzen der Selbstvermittlung des göttlichen Lebens zu sprechen.

Der Kreis schließt sich im vierten und letzten Teil, der mit dem Beitrag des französischen, in den USA lebenden und lehrenden Kulturtheoretikers *René Girard* eröffnet wird. Er hat sich in seinem umfangreichen Werk immer wieder mit dem Thema des Ursprungs und der Überwindung von Gewalt und der Bedeutung von Religion in diesem Zusammenhang beschäftigt. Seine Grundthese lautet: Nachahmung (Mimesis) bestimmt das Leben und Handeln der Menschen, deren Wünsche und Begierden sich immer an einem Vorbild orientieren. Das soziale Leben gründet auf einer gegenseitigen Ansteckung zur Nachahmung. Aufgrund der Begrenztheit der zur Verfügung stehenden Ressourcen, nach denen die einzelnen streben, werden sie zu Rivalen. Die daraus sich ergebenden Konflikte, die in einen Kampf aller gegen alle zu münden drohen, werden immer wieder dadurch befriedet, daß die Gewalt sich an einem mehr oder weniger willkürlich ausgewählten Opfer abreagiert, das als „Sündenbock" gelyncht wird. Der „Sündenbock" wird für die Krise verantwortlich gemacht, die dann durch seine Eliminierung als überwunden betrachtet wird. Der ursprünglich als der absolut Böse Deklarierte erscheint im Gegenzug als göttlich, weil den Frieden der Gemeinschaft ermöglichend. Um die gesellschaftliche Ordnung zu stabilisieren, wird der ursprüngliche Lynchmord kultisch als Opfer reproduziert. Die diese Opfer begründenden Mythen erzählen die Geschichte aus der Sicht der Verfolger und bringen damit die Opfer um ihr Recht. Nach Girard gilt dieser Mechanismus nicht nur für archaische Gesellschaften und ihre Religion, sondern bis in die Gegenwart. Immer wieder werden, wie gerade auch die Geschichte der Juden belegt, Unschuldige zu Opfern von Gewalt, die von den Gewalttätigen als systemstabilisierend erfahren und deshalb gerechtfertigt wird. Die Opfer werden im Gegenzug zu Schuldigen erklärt und so nochmals erniedrigt. Einzig das Alte und das Neue Testament beenden den Teufelskreis der Gewalt, da dieser nicht verlängert und verklärt, sondern durchbrochen wird.

Der Potsdamer Religionswissenschaftler *Johann Ev. Hafner* kritisiert zunächst den von Girard vorausgesetzten Gewaltbegriff, der zwar für die archaische Gruppe, nicht aber für die moderne ausdifferenzierte Gesellschaft angemessen sei. Gewalt werde heute zudem weniger, wie von Girard angenommen, durch Aggression als durch Exklusion und Selektion geübt. Weiterhin sei es gegenwärtig keineswegs allein die Religion, die Gewalt zu kanalisieren vermöge, vielmehr verfügen komplexe Gesellschaften auch über andere Instrumente, um ungerechte Gewalt einzuhegen und diese zu zivilisieren. Ein zweiter Argumentationsstrang gilt der von Girard vorausgesetzten Interpretation der Passion Jesu als Lynchmord. Indem er minutiös den historischen Befund nachzeichnet, versucht Hafner zu zeigen, daß Jesu Verurteilung und Hinrichtung nicht als Beispiel für Willkürjustiz dienen kann, womit der Theorie Girards eine wichtige Stütze entzogen wird.

Der Regensburger Dogmatiker *Knut Wenzel* setzt mit seiner Kritik an der Bestimmung des Begehrens als anthropologischer Konstante durch Girard an. Er versucht zu zeigen, daß Begehren keineswegs nur negativ als Besitzenwollen von etwas bzw. jemand zu verstehen ist, das notwendigerweise zu Äußerungen von Gewalt führt. Wenzel sieht in der Begehrensstruktur des Menschen vielmehr dessen Kulturproduktivität, aber auch dessen mystisches Begehren (desiderium naturale) grundgelegt. Vom Gedanken des Begehrens des Heiles für die Anderen her unternimmt er es, vom Leben Jesu ausgehend dessen Tod zu deuten, und nicht umgekehrt. In einem zweiten Gedankengang entwickelt er ein Gegenmodell zu der für Girard zentralen Figur unheilbringender Mimesis, indem er im Anschluß an Paulus (1 Kor 11,1) auf die christlich gebotene Möglichkeit der Christusnachahmung bzw. -nachfolge hinweist. Solche Mimesis vermag sowohl für den einzelnen Menschen wie für die Kultur als ganze Möglichkeiten zu eröffnen. Begehren und Nachahmung führen für Wenzel somit keineswegs notwendig zur Gewalt, sondern erweisen sich als Grundlage einer Theologischen Anthropologie, die nicht der Gewalt als innerweltlicher Grundkonstante bedarf, um Christus als Befreier daraus um so heller erstrahlen zu lassen. Die Bedeutung Jesu liegt für Wenzel vielmehr darin, dem Menschen dessen ureigenste Möglichkeiten zu erschließen, die dieser von sich aus nicht erreicht.

Wer am Ende dieses Diskurses eine einfache und bündige Antwort erwartet, verkennt die grundsätzliche Unabgeschlossenheit und Offenheit des wissenschaftlichen Gesprächs. Gleichwohl zeichnen sich gewisse Grundlinien ab. Der vorliegende Band zeigt, wie sich Standpunkte durch das Aufeinanderhören und das Miteinandersprechen über die Grenzen der Disziplinen und Fächer hinweg differenzieren. Dies gilt zum einen für die hier zur Sprache kommenden nichttheologischen Positionen, um den religionswissenschaftlichen, den philosophischen und den kulturtheoretischen Beitrag einmal so zusammenzufassen. Ihre Vertreter haben in der Auseinandersetzung mit der Theologie, wie nicht zuletzt die hier wiedergegebenen Beiträge zeigen, ihre Auffassungen weiterentwickelt. Daß der Diskurs das eigene Profil schärft, zeigt sich aber auch bei den theologischen Stellungnahmen, die auf die Herausforderungen zu antworten versuchen. Sie lassen den spezifischen Beitrag der christlichen Ausprägung des Monotheismus erkennen, ohne dadurch das jüdische und islamische Verständnis des Monotheismus als defizient qualifizieren zu wollen. Die Trinitätslehre bietet die Möglichkeit, göttliche und menschliche Freiheit nicht in einem Konkurrenz-, sondern in einem Entsprechungsverhältnis so zu denken, daß totalitäre Gewalt als un-denkbar erscheint. Daß sie gleichwohl auch in christlichen Kontexten begegnete und begegnet, macht immer wieder neu auf die Gefährdung des Menschen aufmerksam.

Die vorliegenden Beiträge fingieren kein Gespräch, sondern dokumentieren dasjenige, welches auf der Zweijahrestagung der Arbeitsgemeinschaft der katholischen Dogmatiker und Fundamentaltheologen des deutschen Sprachraums vom 20. bis 23. September 2004 im Kardinal-Döpfner-Haus in Freising stattgefunden hat. Jeweils ein Hauptvortrag wurde durch zwei Korreferate flankiert, die die anschließende lebhafte Debatte im Plenum eröffnet haben.[3] Der Referentin und den Referenten sei herzlich für ihre Beiträge gedankt, die in der nun schriftlich vorliegenden Fassung zu einem guten Teil auch die Diskussion spiegeln, die sie ausgelöst haben. Besonderer Dank gilt den Kollegen Jan Assmann, René Girard und Peter Strasser, die es durch ihre Präsenz ermöglicht haben, daß nicht nur *über* ihre auch theologisch brisanten Thesen gesprochen wurde, sondern *mit* deren Urhebern selbst ein intensiver Austausch gepflegt werden konnte. Dadurch erhält

---

[3] Vgl. U. Ruh, Wenn Gott zu denken gibt. Dogmatikertagung über Monotheismus, Trinität und Gewalt, in: HK 58 (2004) 574–577.

dieser Band, der ebenso die Gesprächsbereitschaft wie die Gesprächsfähigkeit der gegenwärtigen katholischen Theologie unter Beweis stellt, einen besonderen Akzent. Weiter sei all denen gedankt, die die Tagung geplant und zu ihrem reibungslosen Verlauf beigetragen haben, an erster Stelle den Mitgliedern des Beirats der Arbeitsgemeinschaft und den Mitarbeitern an meinem Lehrstuhl. Schließlich sind diejenigen dankbar zu nennen, die den Druck des vorliegenden Bandes ermöglicht haben: die Herausgeber der Reihe „Quaestiones disputatae" in Gestalt von Herrn Prof. Dr. Dr. h.c. Peter Hünermann, der Verlag Herder, insbesondere Herr Dr. Peter Suchla, und Herr Diplom-Theologe Michael Quisinsky vom Arbeitsbereich Dogmatik der Theologischen Fakultät der Albert-Ludwigs-Universität Freiburg i. Br., der zusammen mit dem Herausgeber das Manuskript bearbeitet hat.

Freiburg i. Br., im Juni 2005

Peter Walter
Leiter der Arbeitsgemeinschaft

I
Religionswissenschaftlicher Verdacht

Monotheismus und die Sprache der Gewalt

Jan Assmann

Warum beschreiben die biblischen Texte die Gründung und Durchsetzung der monotheistischen Religion in so gewaltsamen Bildern? Haftet der monotheistischen Idee, der ausschließlichen Verehrung eines einzigen Gottes anstelle einer Götterwelt oder der Unterscheidung zwischen wahrer und falscher Religion, einem wahren Gott und den falschen Göttern etwas Gewaltsames an?

Die Aktualität dieser Fragen liegt auf der Hand, denn nicht die Vergangenheit als solche, sondern die Form unserer Erinnerung daran treibt uns um und orientiert unser Handeln. Die Wiederkehr der Religion, die wir seit einigen Jahrzehnten erleben, ist in beängstigender Weise mit Gewalt, Bedrohungsbewußtsein, Haß, Angst und der Produktion von Feindbildern verbunden. Daher können wir der Frage nach einem möglichen Zusammenhang zwischen Monotheismus und Gewalt nicht ausweichen.

Ich weiß aber auch nur allzu gut, daß ich mich mit diesem Thema in vermintes Gelände begebe. Seit den Zeiten der Aufklärung, mindestens seit 300 Jahren, wird der Bibel und insbesondere dem Alten Testament die Sprache der Gewalt vorgehalten. Viele Argumente der philosophischen Religionskritik sind später von den Antisemiten des 19. und 20. Jahrhunderts beerbt und in antijüdische Klischees wie z. B. die unsägliche Rede vom „alttestamentlichen Rachegott“ umgemünzt worden, so daß man heute die biblischen Stellen nicht mehr zitieren kann, ohne nicht sofort in diesem Sinne mißverstanden zu werden. Nichts liegt mir jedoch ferner, als diese abgestandene und unfruchtbare Polemik wieder aufwärmen zu wollen. Andererseits ist das Problem, das diese Passagen darstellen, nicht dadurch zu lösen, daß man sie tabuisiert. Die Sprache der Gewalt in den heiligen Schriften der Juden, Christen, Muslime und vieler anderer auf einen exklusiven Wahrheitsbegriff gegründeter Religionen ist ein Phänomen, daß zunächst einmal jenseits aller Kritik und Polemik verstanden werden will und das umso mehr, als, wie gesagt, die heutige Welt in bislang unbekanntem und von niemandem vorhergesehenen Umfang von einer Gewalt heimgesucht wird, die sich auf Gott und die heiligen Schriften beruft. Angesichts der aktuellen Weltlage können wir es uns nicht leisten, unsere Augen vor der Frage zu verschließen, ob es vielleicht einen Zusammenhang zwischen dem exklusiven Wahrheitsbegriff des Monotheismus und der Sprache der Gewalt gibt und wie dieser Zusammenhang zu analysieren – um nicht zu sagen: zu therapieren – wäre. In der Tat hatte ja bereits Sigmund Freud in seinem letzten Buch den Monotheismus gewissermaßen auf die Couch gelegt und einer analytisch-archäologischen Erinnerungsarbeit unterzogen.[1]

Daran möchte ich anknüpfen und versuchen, die biblische Sprache der Gewalt mit aller gebotenen Schonung und Behutsamkeit einer nicht theologischen, sondern kulturwissenschaftlichen, historischen Reflexion zu unterziehen. Dabei beziehe ich mich auf etwas, was ich „kulturelle Semantik" nenne, ein Begriff, den ich meinem Buch „Ägypten – eine Sinngeschichte" zugrunde gelegt habe.[2] Darunter verstehe ich die großen Erzählungen und Leitunterscheidungen, mithilfe derer sich eine Gesellschaft in der Welt und in der Zeit orientiert und die sich in ihren fundierenden Mythen, Symbolen, Bildern und literarischen Texten ausprägt. Kulturelle Semantiken verändern und überlagern sich; man darf sich darunter kein monolithisches, wasserdichtes Gehäuse vorstellen. Dennoch bestimmen sie das Handeln und Erleben, Denken, Erinnern und Planen derer, die in ihren Horizonten leben, auf eine entscheidende und vielfach unbewußte Weise. Auch der Monotheismus stellt eine solche kulturelle Semantik, ein semantisches Paradigma dar, das sich in großen Erzählungen und Leitunterscheidungen artikuliert.

Meine Frage ist also, welche Funktion das Thema Gewalt in den Texten erfüllt, in denen der biblische Monotheismus seine Entstehung und Durchsetzung erzählt und erinnert. Wohlgemerkt: ich frage nicht „Warum wurde der Monotheismus so gewaltsam durchgesetzt?", sondern „Warum wurde seine Durchsetzung in der Sprache der Gewalt dargestellt und erinnert?" Das Problem, vom dem ich ausgehe, ist nicht die Gewalt als solche, sondern die Sprache der Gewalt, die Szenen von Massakern, Strafaktionen, Blutvergießen, Vertreibungen, Zwangsscheidungen von Mischehen und so weiter, in denen der Monotheismus in der hebräischen Bibel die Geschichte seiner Entstehung und Durchsetzung schildert. Bereits der durch die gottgesandten Plagen mit Gewalt erzwungene Auszug aus Ägypten, noch mehr aber die mit kriegerischer Gewalt durchgeführte Landnahme in Kanaan, ja selbst die

[1] S. Freud, Der Mann Moses und die monotheistische Religion, in: ders., Gesammelte Werke XVI, hg. v. Anna Freud, (1939; Frankfurt am Main ^{3}1968), 103–246.
[2] J. Assmann, Ägypten – eine Sinngeschichte, München 1996.

Sinai-Offenbarung, der Gründungsakt der monotheistischen Religion, zu dem ja die Geschichte vom Goldenen Kalb und seinen gewaltsamen Folgen unablösbar dazugehört, umgeben die israelitische Ethnogenese und die Einführung des Monotheismus – die beiden Vorgänge sind ja eins und dasselbe – in der biblischen Darstellung mit allen Zeichen der Gewaltsamkeit. Gerade wenn man diese Ereignisse nicht für historisch hält, sondern für Sagen und Legenden, in denen eine Gesellschaft sich eine Vergangenheit konstruiert oder rekonstruiert, die ihren gegenwärtigen Zielen und Problemen Sinn und Perspektive gibt, also für symbolische Erzählungen, stellt sich die Frage nach ihrer Bedeutung mit besonderer Dringlichkeit. Ich frage also nach der Bedeutung dieser Bilder. Warum erzählt man sich solche Geschichten? Was bedeuten sie für das Selbstbild der Gruppe, die damals mit und in ihnen lebte, und was können sie uns heute bedeuten? Ich behaupte ja nicht, wie mir immer wieder unterstellt wird, der Monotheismus habe Gewalt, Hass und den Begriff der Sünde in eine bis dahin friedliche Welt gebracht.[3] Natürlich war die Welt, wie jeder weiß, schon vor der Entstehung des Monotheismus voller Gewalt, Hass und Schuld. Ich konstatiere lediglich, daß der Monotheismus eine Religion ist, in deren kanonischen Texten die Themen Gewalt, Hass und Sünde eine auffallend große Rolle spielen und eine andere, nämlich spezifisch religiöse Bedeutung annehmen als in den traditionellen, „heidnischen" Religionen. Dort gibt es Gewalt im Zusammenhang mit dem politischen Prinzip der Herrschaft, aber nicht im Zusammenhang mit der Gottesfrage. Gewalt ist von Haus aus eine Frage der Macht, nicht der Wahrheit.

Wo beginnen? Wir sollten uns zunächst darüber verständigen, was wir unter Monotheismus verstehen wollen. Der Monotheismus tritt uns in der Geschichte in zwei Gestalten entgegen. Die eine läßt sich auf die Formel bringen: „Alle Götter sind Eins", die andere auf die Formel: „Keine anderen Götter außer Gott!" Die erste Formel findet sich in ägyptischen, babylonischen, indischen und Texten der griechisch-römischen Antike. Wir wollen diese Form des Monotheismus als „inklusiven Monotheismus" bezeichnen. Diese Form des Monotheismus stellt, wie C. S. Lewis einmal formuliert hat, nicht den Gegensatz, sondern den Reifezustand des Polytheismus dar.[4] Alle polytheistischen Religionen führen letzt-

[3] S. hierzu die im Anhang zu J. Assmann, Die Mosaische Unterscheidung oder der Preis des Monotheismus, München 2003 abgedruckten Kritiken.
[4] C. S. Lewis, The Allegory of Love, Oxford 1958, 57: „Monotheism should not be

endlich zu der Einsicht, daß alle Götter Eines sind. Die zweite Formel begegnet uns zuerst um 1350 v. Chr. in Texten des Echnaton von Amarna[5] und dann natürlich massiv im jüdischen, christlichen und islamischen Monotheismus. Diese Form, an die Lewis nicht gedacht hat, wäre als „exklusiver Monotheismus" zu bezeichnen. Sie geht nicht im Sinne der Evolution aus dem Polytheismus hervor, sondern stellt sich ihm im Sinne der Revolution entgegen. Im Rahmen unseres Themas haben wir es nur mit dem exklusiven, revolutionären Monotheismus zu tun, nur er spricht die Sprache der Gewalt. Mit dieser Definition fühle ich mich auch gegen den Vorwurf gefeit, mein Begriff von Monotheismus sei ein ahistorischer Popanz, den es in der Geschichte nie gegeben habe und in der Bibel gar nicht zu finden sei.[6] Niemand wird mir einreden wollen, die Devise „Keine anderen Götter" bzw. „Kein Gott außer Gott" habe es nie gegeben, sei nie vertreten worden.

Rufen wir uns nun, nach diesen Vorbemerkungen, einige der typischen Gewaltszenen noch einmal ins Gedächtnis, mit denen die Bibel die Einführung und Durchsetzung des Monotheismus illustriert. Den Anfang macht die Szene um das Goldene Kalb. Die Israeliten sind rückfällig geworden; sie haben die lange Abwesenheit ihres Führers Mose auf dem Sinai nicht mehr ausgehalten und Aaron gebeten, ihnen ein Gottesbild zu schaffen, eine Repräsentation, die anstelle des Repräsentanten Gottes vor ihnen herziehen soll. Zur Strafe und Entsühnung veranstaltet Mose eine Strafaktion, die in Ex 32,6–28 folgendermaßen beschrieben wird:

> *„Mose trat an das Lagertor und sagte: Wer für den Herrn ist, her zu mir! Da sammelten sich alle Leviten um ihn. Er sagte zu ihnen: So spricht der Herr, der Gott Israels: Jeder lege sein Schwert an. Zieht durch das Lager von Tor zu Tor! Jeder erschlage seinen Bruder, seinen Freund, seinen Nächsten. Die Leviten taten, was Mose gesagt hatte. Vom Volk fielen an jenem Tag gegen dreitausend Mann."*

---

regarded as the rival of polytheism, but rather as its maturity. Where you find polytheism, combined with any speculative power and any leisure for speculation, monotheism will sooner or later arise as a natural development. The principle, I understand, is well illustrated in the history of Indian religion. Behind the gods arises the One, and the gods as well as the men are only his dreams. That is one way of disposing of the many … the gods are to be aspects, manifestations, temporary or partial embodiments of the single power."

[5] E. Hornung, Echnaton. Die Religion des Lichts, Zürich 1995, 103f.

[6] P. Schäfer, „Das jüdische Monopol", in: Süddeutsche Zeitung vom 13.8.2004.

Entscheidend sind die Worte „seinen Bruder, seinen Freund, seinen Nächsten": Die Gewalt wendet sich nicht nach außen, gegen Fremde bzw. „Heiden", sondern nach innen und zerschneidet die allerengsten menschlichen Bindungen. Die Entscheidung, die der monotheistische Gott fordert, der Bund, den er anbietet, überbietet und bricht alle menschlichen Bindungen und Verpflichtungen. Dem läßt sich eine Stelle aus dem Deuteronomium 13,7–12 zur Seite stellen:

> *„Wenn dein Bruder (...) oder dein Freund, den du liebst wie dich selbst, dich heimlich verführen will und sagt: Gehen wir und dienen wir anderen Göttern, (...) dann sollst du nicht nachgeben und nicht auf ihn hören. Du sollst in dir kein Mitleid mit ihm aufsteigen lassen (...) und die Sache nicht vertuschen. Sondern du sollst ihn anzeigen. Wenn er hingerichtet wird, sollst du als Erster deine Hand gegen ihn erheben, dann erst das ganze Volk. Du sollst ihn steinigen und er soll sterben. Du sollst ihn steinigen, und er soll sterben; denn er hat versucht, dich vom Herrn, deinem Gott, abzubringen, der dich aus Ägypten geführt hat, aus dem Sklavenhaus. Ganz Israel soll davon hören, damit sie sich fürchten und nicht noch einmal einen solchen Frevel in deiner Mitte begehen."*

In diesem Fall kann man nachweisen, woher diese Sprache der Gewalt kommt: aus dem assyrischen Königsrecht, das von den Vasallen absolute Loyalität fordert.[7] Der katholische Alttestamentler Othmar Keel hat diesen Zusammenhang sehr treffend beschrieben.[8] Er fragt, ganz in unserem Sinne: „Wie gerät Gott in eine solche Sprache? Wie kommen Menschen dazu, sich Gott so vorzustellen, sich vorzustellen, dass Gott will, dass man seine Nächsten verrät und zu Tode bringt? Wie kommt man auf diesen empörenden Gedanken?" und führt dazu aus: „Die Forschung hat in letzter Zeit immer deutlicher gezeigt, dass dieser beunruhigende Text teilweise wörtlich assyrische Texte kopiert – nicht religiöse, sondern politische. Das im nördlichen Irak beheimatete, expansive

---

[7] E. Otto, Das Deuteronomium, Berlin 1999, konnte zeigen, daß verschiedene Formulierungen des Deuteronomiums geradezu Übersetzungen einer assyrischen Vorlage darstellen, der Treueidverpflichtung auf den Thronfolger Assurbanipal, die Assarhaddon allen Untertanen auferlegte. Otto spricht in diesem Zusammenhang von „subversiver politischer Theologie". Siehe auch H. U. Steymans, Deuteronomium 28 und die adê zur Thronfolgeregelung Asarhaddons. Segen und Fluch im Alten Orient und in Israel (OBO 145), Freiburg/Schweiz – Göttingen 1995.

[8] O. Keel, „Monotheismus – ein göttlicher Makel? Über eine allzu bequeme Anklage", in: Neue Züricher Zeitung 30./31.10.2004, 68.

Assyrerreich hat die von ihm unterworfenen Könige eidlich verpflichtet, nur dem assyrischen Grosskönig zu dienen und jeden und jede unverzüglich zu denunzieren, die sie dazu überreden wollten, vom Grosskönig von Assur abzufallen. Solche Vasallitätsverpflichtungen mussten eine Zeitlang auch die judäischen Könige in Jerusalem übernehmen." Aus derselben Quelle stammen die Strafandrohungen Gottes für den Fall der Vernachlässigung des Gesetzes, die das gesamte 28. Kapitel des Deuteronomiums bilden und eine fast noch deutlichere Sprache der Gewalt sprechen.[9] Diese geradezu sadistisch anmutenden Schilderungen der Vernichtung, Zerstörung, Ausrottung des untreu gewordenen Volkes lesen sich wie eine Vorahnung von Auschwitz und werden ja auch z. B. von Primo Levi in diesem Zusammenhang zitiert.[10]

Statt diese 53 Verwünschungen im einzelnen aufzuzählen, zitiere ich nur Gottes Worte an Salomo in 1 Kg 9,6–7, die dieses Motiv in zwei Sätzen zusammenfassen:

> *„Doch wenn ihr und eure Söhne euch von mir abwendet und die Gebote und Gesetze, die ich euch gegeben habe, übertretet, wenn ihr euch anschickt, andere Götter zu verehren und anzubeten, dann werde ich Israel in dem Land ausrotten, das ich ihm gegeben habe. Das Haus, das ich meinem Namen geweiht habe, werde ich aus meinem Angesicht wegschaffen, und Israel soll zum Gespött und zum Hohn unter allen Völkern werden."*

Solche Drohformeln gehören zum Repertoire politischer Verträge, und das Deuteronomium steht auch hierin in der Tradition der Assyrer, die ihre Vasallenverträge mit ähnlichen Verwünschungen für den Fall des Abfalls beschlossen haben.[11] Das Deuteronomium greift diese Tradition auf, um sie noch weit zu überbieten.

In der altorientalischen Welt ist diese Sprache der Gewalt in den Königsinschriften zuhause und erfüllt dort eine klar bestimmbare Funktion. Sie ergibt sich aus dem Prinzip, „daß Politik und Recht nur möglich sind, wenn sie zu ihrer Durchsetzung auf physische Gewalt zurückgreifen und Gegengewalt wirksam ausschließen kön-

---

[9] Vgl. hierzu J. Assmann, Inscriptional Violence and the Art of Cursing: A Study of Performative Writing, in: Stanford Literature Review Spring 1992, 43–65. Für eine Anthologie mesopotamischer Verfluchungen s. F. Pomponio, Formule di maledizione della Mesopotamia preclassica, Brescia 1990.

[10] P. Levi, Se quest' è un uomo, zitiert bei H. Weinrich, Lethe. Kunst und Kritik des Vergessens, München 1997, 238f.

[11] K. Baltzer, Das Bundesformular, Neukirchen ^{2}1964; Steymans, Deuteronomium 28 (wie Anm. 7).

nen".[12] Die altorientalischen Großreiche gründen naturgemäß auf einer kulturellen Semantik, die darauf abzielt, große Massen von Untertanen und Vasallen unter einem Herrschaftssystem zu vereinigen und bei der Stange zu halten. In dieser Hinsicht sind die Assyrer am weitesten gegangen. Sie forderten von ihren Vasallen absolute Loyalität und bestraften – jedenfalls in der Form ihrer Selbstdarstellung und Erinnerung – jeden Abfall mit äußerster Grausamkeit. Auch hier geht es um einen auch die engsten verwandtschaftlichen Bindungen übersteigenden Gehorsam. Dieses repressive Machtsystem mit seinen totalisierenden Herrschaftsansprüchen ist aber nun genau das, was die Bibel im ägyptischen Pharaonentum als dem Haus der Knechtschaft symbolisiert und woraus der Monotheismus die Menschen befreien will. Aus Ägypten und seinem repressiven Gewaltsystem zieht Israel aus.[13] Warum übernimmt es aber die politischen Gewaltmotive in seine fundierende kulturelle Semantik? Hören wir hierzu noch einmal Othmar Keel: „Am Ende des 7. Jahrhunderts v. Chr. brach das Assyrerreich zusammen. Es entstand ein Machtvakuum. Judäische Theologen hatten die originelle Idee, das Vakuum auszufüllen, indem sie die Forderungen, die der assyrische Grosskönig gestellt hatte, vom Gott Israels, von Jahwe, ausgehen liessen. Damit haben sie das Machtvakuum gefüllt, damit haben sie Israel innerlich von allen Despoten unabhängig gemacht, dem Gott Israels aber gleichzeitig Eigenschaften eines Despoten härtester Sorte zugeschrieben. Man kann den zitierten Text als Beweis für die dem Monotheismus eigene Intoleranz, Aggressivität und Brutalität anführen. Man übersieht dabei aber, dass es sich nicht um einen monotheistischen Text handelt. Er rechnet mit anderen Göttern, die der exklusiven Bindung an den eigenen Gott gefährlich werden können. Der wirkliche Monotheismus geht von der Annahme aus, es gebe nur einen Gott, und Eifersucht hat da keine Grundlage."[14]

Die Transposition des assyrischen Despotismus auf Gott und die neue Form einer exklusiven Gottesbindung war ein Akt der Befreiung, der Israel innerlich unabhängig gemacht hat von äuße-

---

[12] N. Luhmann, „Rechtszwang und politische Gewalt", in: Ausdifferenzierung des Rechts. Beiträge zur Rechtssoziologie und Rechtstheorie, 154–172, Zitat 154, nach D. Conrad, Der Begriff des Politischen, die Gewalt und Gandhis gewaltlose politische Aktion, in: J. Assmann, D. Harth (Hrsg.), Kultur und Konflikt, Frankfurt am Main 1990, 72–112, 77f.

[13] Die Bibel, ebenso wie das jüdische Ritual der Seder-Nacht, hält die Erinnerung an Ägypten wach, um den Zusammenhang von Gesetz und Freiheit herauszustellen. Das Gesetz befreit von allen Formen von Willkürherrschaft und Unterdrückung, für die Ägypten als Symbol steht.

[14] Keel, Monotheismus (wie Anm. 8).

ren Despoten. In dieser Umbuchung[15] artikuliert sich ein geistiger Widerstand, der sich in der Folgezeit als äußerst erfolgreich erweisen sollte. Er ermöglichte es den Juden, die Zerstörung Jerusalems und die Jahrzehnte der Deportation zu überstehen und nach der endlichen Rückführung ein neues Gemeinwesen aufzubauen. Die Unterscheidung zwischen einem wirklichen und einem unreifen Monotheismus vermag jedoch das Problem der in dem Fremdgötterverbot implizierten Gewalt nicht wirklich zu lösen. Es mag ja sein, daß der wirkliche Monotheismus keine Eifersucht kennt. Aber der biblische Gott ist nun einmal ein eifernder Gott, El Qanna', der zwischen Freund und Feind unterscheidet und die Sünden seiner Feinde verfolgt bis ins dritte und vierte Glied, seinen Freunden aber bis ins tausendste Glied seine Gnade erweist.[16] Das ist vielleicht kein wirklicher Monotheismus, aber es ist das Herzstück der Tora und damit der revolutionären Semantik, die wir hier analysieren wollen, weil sie die Grundlage unserer Tradition, unserer geistigen Welt bildet. Das Deuteronomium gehört zu den absolut zentralen Grundtexten der jüdischen, aber auch der christlichen Kultur.[17] Ich gebe Keel vollkommen recht, daß ein „wirklicher" Monotheismus über diese „Eifersucht" hinauskommen muß; wie die Dinge aber liegen und in der Bibel dargestellt werden, trifft dieser Begriff genau den Kern der Sache, der nicht in der Einheit Gottes, sondern in der Abgrenzung und Ausgrenzung der anderen, falschen, verbotenen Götter liegt. Der exklusive Monotheismus rechnet immer mit anderen Göttern, d. h. mit konkurrierenden Macht- und Wahrheitsansprüchen, die er als mit sich unvereinbar zurückweisen, bekämpfen und verfolgen muß. Selbst Paulus drückt sich ja noch in 1 Kor 8,4–6, was die Existenz anderer Götter betrifft, sehr vorsichtig aus:

> *„Was nun das Essen von Götzenopferfleisch angeht, so wissen wir, daß es keine Götzen gibt in der Welt und keinen Gott außer dem einen. Und selbst wenn es im Himmel oder auf der Erde sogenannte Götter gibt – und solche Götter und Herren gibt es viele –, so haben doch wir nur einen Gott, den Vater. Von ihm*

---

15 Zu diesem Begriff s. J. Assmann, Herrschaft und Heil. Politische Theologie in Altägypten, Israel und Europa, München 2000.

16 Diese Unterscheidung zwischen Freund und Feind wird in der Bibel bezeichnenderweise in Verbindung mit dem Fremdgötter- und Bilderverbot getroffen, das am unmittelbarsten auf die Eifersucht Gottes und seinen Anspruch auf exklusive Verehrung bezug nimmt.

17 F. Crüsemann, Die Tora. Theologie und Sozialgeschichte des alttestamentlichen Gesetzes, München 1992.

stammt alles, und wir leben auf ihn hin. Und einer ist der Herr: Jesus Christus. Durch ihn ist alles, und wir sind durch ihn.“

„Solcher Götter und Herren gibt es viele“, aber für uns gibt es nur den Einen: darauf gründet die Unterscheidung, die Entscheidung und die geforderte Treue, um die es hier geht.

Die Idee des eifersüchtigen Gottes ist sicher nicht irgendein marginales und längst überwundenes Zwischenstadium in der Geschichte des Monotheismus. Hier berühren wir vielmehr das Zentrum des monotheistischen Gottesgedankens. Es scheint mir auch vollkommen verfehlt, diese Gottesidee als spezifisch alttestamentlich darzustellen und ihr den christlichen Gott der Liebe gegenüberzustellen. Die Eifersucht Gottes entspringt ja seiner Liebe und immer ist seine Gnade tausendmal größer als sein Zorn. Es ist ein liebender, der Welt und seinem Volk leidenschaftlich zugewandter Gott, der zwischen Freund und Feind unterscheidet.

Was nun unsere Frage nach den Wurzeln der Sprache der Gewalt in den biblischen Texten angeht, scheint mir das Motiv des eifernden bzw. eifersüchtigen Gottes entscheidend. Ihm entspricht nämlich auf menschlicher Seite der Gedanke des Eiferns für Gott, und damit eines der Zentralmotive der Gewalt. Beides, das göttliche und das menschliche Eifern, wird mit derselben hebräischen Wurzel, *qin'ah* ausgedrückt. In diesem Punkt entsprechen sich Gottesbild und Menschenbild, göttliche Eifersucht und menschliches Eifern. Das Vorbild aller Eiferer für Gott ist der Priester Pinhas aus dem Stamm Levi. Die Geschichte steht im 25. Kapitel des Buches Numeri. Wieder geht es wie in der Szene mit dem Goldenen Kalb um einen Fall von Untreue, der hier deutlich sexuell konnotiert ist:

„Als sich Israel in Schittim aufhielt, begann das Volk mit den Moabiterinnen Unzucht zu treiben. Sie luden das Volk zu den Opferfesten ihrer Götter ein, das Volk aß mit ihnen und fiel vor ihren Göttern nieder. So ließ sich Israel mit Baal-Pegor ein. Da entbrannte der Zorn des Herrn gegen Israel, und der Herr sprach zu Mose: Nimm alle Anführer des Volkes, und spieße sie für den Herrn im Angesicht der Sonne auf Pfähle, damit sich der glühende Zorn des Herrn von Israel abwendet. Da sagte Mose zu den Richtern Israels: Jeder soll die von seinen Leuten töten, die sich mit Baal-Pegor eingelassen haben. Unter den Israeliten war einer, der zu seinen Brüdern kam und eine Midianiterin mitbrachte, und zwar vor den Augen des Mose und der ganzen Gemeinde der Israeliten, während sie am Eingang des Offenbarungszeltes weinten. Als das der Priester Pinhas, der Sohn Eleasars, des Soh-

nes Aarons, sah, stand er mitten in der Gemeinde auf, ergriff einen Speer, ging dem Israeliten in den Frauenraum nach und durchbohrte beide, den Israeliten und die Frau, auf ihrem Lager. Danach nahm die Plage, die die Israeliten getroffen hatte, ein Ende. Im ganzen aber waren vierundzwanzigtausend Menschen an der Plage gestorben.

Der Herr sprach zu Mose: Der Priester Pinhas, der Sohn Eleasars, des Sohnes Aarons, hat meinen Zorn von den Israeliten abgewendet dadurch, daß er sich bei ihnen für mich ereiferte. So mußte ich die Israeliten nicht in meinem leidenschaftlichen Eifer umbringen.“

Worin bestand die Sünde des Volkes, für die 24000 an der Pest und wer weiß wie viele weitere auf den Pfählen sterben mußten? Sie hatten sich mit den Midianitern und vor allem Midianiterinnen eingelassen, die sie zur Teilnahme an ihren Opferfesten einluden und dadurch zur Anbetung anderer Götter verführten. In der Alten Welt bot das rituelle Opfer den einzigen Zugang zum Fleischgenuß: man mußte ein Fest anberaumen und ein Tier einer Gottheit, in diesem Fall Baal Pe'or, zum Opfer weihen, um es dann gemeinsam verzehren zu können. Schlachten und opfern war gleichbedeutend. Jedes Fleisch war Opferfleisch.

Überall geht es um die Forderung des exklusiven Monotheismus: Keine anderen Götter! In dieser Frühphase, als die Götter noch als durchaus real-existierende Konkurrenten Jahwes verstanden wurden und nicht als fiktive, eingebildete Größen, ist die Anbetung des Einen eine Sache der unbedingten Treue und Entscheidung, aber auch in späteren Zeiten, als man längst davon überzeugt ist, daß es nur einen Gott gibt, hört der Glaube an den Einen nicht auf, eine Sache der Treue zu sein. Das hebräische Wort *emunah*, das unserem Begriff Glauben entspricht, heißt Treue. Die Sprache der Gewalt hängt mit Eifersucht und Treue zusammen, mit der Angst vor Verführung und den furchtbaren Strafandrohungen, die auf Abfall, Untreue und Ehebruch stehen. Ehe ist eine der Leitmetaphern für diese neuartige Bindung zwischen Gott und Volk, Gott und Mensch. Übrigens sind auch die Strafen, die die in dieser Tradition stehenden Religionen für Ehebruch vorsehen, von einer Grausamkeit, die scharf von der Rechtsprechung etwa in Ägypten absticht.[18]

---

[18] Zur diesbezüglichen Rechtspraxis in Ägypten s. R. Müller-Wollermann, Vergehen und Strafen. Zur Sanktionierung abweichenden Verhaltens im Alten Ägypten, Leiden 2004, 108–119.

Die Angst vor Verführung spricht auch aus den Gesetzen, die sich auf den Umgang mit der Urbevölkerung der zu erobernden Länder beziehen:

„*Du hüte dich aber, mit den Bewohnern des Landes, in das du kommst, einen Bund zu schließen; sie könnten dir sonst, wenn sie in deiner Mitte leben, zu einer Falle werden. Ihre Altäre sollt ihr vielmehr niederreißen, ihre Steinmale zerschlagen, ihre Kultpfähle umhauen. Du darfst dich nicht vor einem andern Gott niederwerfen. Denn Jahwe trägt den Namen ‚der Eifersüchtige'; ein eifersüchtiger Gott ist er. Hüte dich, einen Bund mit den Bewohnern des Landes zu schließen. Sonst werden sie dich einladen, wenn sie mit ihren Göttern Unzucht treiben und ihren Göttern Schlachtopfer darbringen, und du wirst von ihren Schlachtopfern essen. Du wirst von ihren Töchtern für deine Söhne Frauen nehmen; sie werden mit ihren Göttern Unzucht treiben und auch deine Söhne zur Unzucht mit ihren Göttern verführen*" (Ex 34,12–16).

„*Ich setze deine Landesgrenzen fest vom Schilfmeer bis zum Philistermeer, von der Wüste bis zum Strom. Wenn ich die Einwohner des Landes in deine Hand gebe und du sie vertreibst, dann sollst du keinen Bund mit ihnen und ihren Göttern schließen. Sie sollen nicht in deinem Land bleiben. Sonst könnten sie dich zur Sünde gegen mich verführen, so daß du ihre Götter verehrst; denn dann würde dir das zu einer Falle*" (Ex 23,31f.).

Von der Zerstörung der Kultstätten ist auch in Deuteronomium 12 die Rede:

„*Ihr sollt alle Kultstätten zerstören, an denen die Völker, deren Besitz ihr übernehmt, ihren Göttern gedient haben: auf den hohen Bergen, auf den Hügeln und unter jedem üppigen Baum. Ihr sollt ihre Altäre niederreißen und ihre Steinmale zerschlagen. Ihre Kultpfähle sollt ihr im Feuer verbrennen und die Bilder ihrer Götter umhauen. Ihre Namen sollt ihr an jeder solchen Stätte tilgen*" (Dtn 12,2–3).

Die Sätze stehen an vorderster Stelle des anschließenden Gesetzeswerks, sie sind gewissermaßen die Umsetzung des 1. Gebots!

In diesen Zusammenhang gehört auch die Bestimmung, wie im Krieg mit feindlichen Städten zu verfahren ist. Hier wird ein wichtiger Unterschied gemacht, der unmittelbar aus dem Geist des exklusiven Monotheismus und der ihm zugrundeliegenden Unterscheidung hervorgeht:

„Wenn du vor eine Stadt ziehst, um sie anzugreifen, dann sollst du ihr zunächst eine friedliche Einigung vorschlagen. Nimmt sie die friedliche Einigung an und öffnet dir die Tore, dann soll die gesamte Bevölkerung, die du dort vorfindest, zum Frondienst verpflichtet und dir untertan sein. Lehnt sie eine friedliche Einigung mit dir ab und will sich mit dir im Kampf messen, dann darfst du sie belagern. Wenn der Herr, dein Gott, sie in deine Gewalt gibt, sollst du alle männlichen Personen mit scharfem Schwert erschlagen. Die Frauen aber, die Kinder und Greise, das Vieh und alles, was sich sonst in der Stadt befindet, alles, was sich darin plündern läßt, darfst du dir als Beute nehmen. Was du bei deinen Feinden geplündert hast, darfst du verzehren; denn der Herr, dein Gott, hat es dir geschenkt“ (Dtn 20,10–14).

Bis hierhin entspricht das völlig der damals üblichen Praxis. Nun aber wird die erwähnte Unterscheidung eingeführt:

„So sollst du mit allen Städten verfahren, die sehr weit von dir entfernt liegen und nicht zu den Städten dieser Völker hier gehören. Aus den Städten dieser Völker jedoch, die der Herr, dein Gott, dir als Erbbesitz gibt, darfst du nichts, was Atem hat, am Leben lassen. Vielmehr sollst du an den Hetitern und Amoritern, Kanaanitern und Perisitern, Hiwitern und Jebusitern den Bann vollstrecken, so wie es der Herr, dein Gott, dir zur Pflicht gemacht hat, damit sie euch nicht lehren, alle Greuel nachzuahmen, die sie begingen, wenn sie ihren Göttern dienten, und ihr nicht gegen den Herrn, euren Gott, sündigt“ (Dtn 20,15–18).

Fremdstädte dürfen ‚normal‘ erobert werden, an den Städten Kanaans aber muß, wie es an anderen Stellen heißt, „der Bann vollstreckt werden mit der Schärfe des Schwerts“ (Dtn 13,16). Denn die Städte Kanaans sind keine Fremdstädte, sie sind die eigenen Städte, die sich noch nicht der neuen Bewegung angeschlossen haben. Die Chiffre Kanaan repräsentiert, mit einer Formulierung von Reinhard Kratz, das hebräische Heidentum, also ein Mittelding zwischen Heide und Jude, das daher wie alle Mitteldinge phobisch besetzt, mit besonderem Abscheu behaftet ist.[19] Genau wie bei der Geschichte vom Goldenen Kalb sehen wir auch in diesen Bestimmungen, daß sich die monotheistische Gewalt vor allem nach innen wendet und nicht nach außen. Hier, mit der Chiffre Ka-

---

[19] R. G. Kratz, Reste hebräischen Heidentums am Beispiel der Psalmen (NAWG phil-hist. 2004.2), Göttingen 2004.

naan, wendet sie sich gegen die eigene Vergangenheit. Ebenso grausam wie mit den Städten Kanaans ist mit eigenen Städten zu verfahren, die vom Gesetz abgefallen sind:

> *„Wenn du aus einer deiner Städte, die der Herr, dein Gott, dir als Wohnort gibt, erfährst: Niederträchtige Menschen sind aus deiner Mitte herausgetreten und haben ihre Mitbürger vom Herrn abgebracht, indem sie sagten: Gehen wir, und dienen wir anderen Göttern, die ihr bisher nicht kanntet!, wenn du dann durch Augenschein und Vernehmung genaue Ermittlungen angestellt hast und sich gezeigt hat: Ja, es ist wahr, der Tatbestand steht fest, dieser Greuel ist in deiner Mitte geschehen, dann sollst du die Bürger dieser Stadt mit scharfem Schwert erschlagen, du sollst an der Stadt und an allem, was darin lebt, auch am Vieh, mit scharfem Schwert den Bann vollstrecken.*
>
> *Alles, was du in der Stadt erbeutet hast, sollst du auf dem Marktplatz aufhäufen, dann sollst du die Stadt und die gesamte Beute als Ganzopfer für den Herrn, deinen Gott, im Feuer verbrennen. Für immer soll sie ein Schutthügel bleiben und nie wieder aufgebaut werden. Von dem, was dem Bann verfallen ist, soll nichts in deiner Hand zurückbleiben, damit der Herr von seinem glühenden Zorn abläßt und dir wieder sein Erbarmen schenkt, sich deiner annimmt und dich wieder zahlreich macht, wie er es deinen Vätern geschworen hat für den Fall, daß du auf die Stimme des Herrn, deines Gottes, hörst, auf alle seine Gebote, auf die ich dich heute verpflichte, achtest und tust, was in den Augen des Herrn, deines Gottes, richtig ist“* (Dtn 13,13–19).

Dieses deuteronomistische Kriegsrecht ist, wohlgemerkt, eine reine Fiktion und nie geltendes Kriegsrecht gewesen. Es ist aber Teil der kulturellen Semantik der monotheistischen Bewegung und damit ständig in der Lage, in historische Wirklichkeit umgesetzt zu werden.

Das war vielleicht schon der Fall in den 60er Jahren des 2. Jhs. v. Chr., als Judas Makkabäus seiner Widerstandsbewegung gegen den Seleukidenherrscher Antiochus IV. Epiphanes das deuteronomistische Kriegsrecht zugrundelegte.[20] Der Fall ist so interessant, daß er eine etwas eingehendere Betrachtung lohnt. Wir befinden

[20] Zu den Makkabäerkriegen vgl. M. Hengel, Judentum und Hellenismus. Studien zu ihrer Begegnung unter besonderer Berücksichtigung Palästinas bis zur Mitte des 2. Jhs. v. Chr., Tübingen ^{3}1988; E. S. Gruen, Heritage and Hellenism. The Reinvention of Jewish Tradition, Berkeley 1998.

uns hier in einer historischen Situation, die in vieler Hinsicht den Jahrzehnten der assyrischen und babylonischen Unterdrückung entsprach. Wir haben mit Bezug auf das Deuteronomium von Widerstand und symbolischer Gegengewalt gesprochen. Genau dies bestimmt auch die Situation der Juden im Seleukidenreich.

König Antiochus IV., so stellt es 1 Makk dar, war auf den Gedanken verfallen, sein Reich in einen Nationalstaat zu verwandeln. Er „ließ ein Gebot ausgehen, daß nur noch ein einziges Volk sein sollte",[21] d. h. dass die in seinem Herrschaftsgebiet lebenden Ethnien nicht nach ihren eigenen Gesetzen, sondern nach einem einheitlichen Reichsgesetz leben sollten. Sein Mittel zur Herstellung nationaler Einheit bestand also nicht in „ethnic", sondern „cultural cleansing". Es sollte in seinem Reich *eine* Kultur, d. h. *ein* Recht und *eine* Religion herrschen. Zwischen Religion und Recht wurde nicht unterschieden, zum Gesetz gehörten auch die vorgeschriebenen Riten und die Unterlassung verbotener Riten. Opfer dieser neuen Regelung wurden vor allem die Juden, die nach eigenen Gesetzen lebten und deren Religion in diesem Gesetz ihre Mitte hatten (1 Makk 1,43–56).

Angesichts der brutalen Zwangsassimilation ergreift den Hohepriester Mattathias der Eifer des Herrn. „Der leidenschaftliche Eifer für das Gesetz hatte ihn gepackt", heißt es z. B. in 1 Makk 2,26, „und er tat, was einst Pinhas mit Simri, dem Sohn des Salu, gemacht hatte." Diese Szene aus Numeri 25 haben sich die Makkabäer bei ihrem heroischen Widerstandskampf gegen Antiochus vor Augen gestellt. Aber nicht nur bei diesem Widerstand. Was nicht nur aus den Makkabäerbüchern, sondern auch aus anderen Quellen, vor allem Josephus Flavius, deutlich genug hervorgeht, ist die Tatsache, daß es sich hier auch um einen Bürgerkrieg handelte.[22] Unter dem Assimilationsdruck der hellenistischen Hegemonialmacht spaltete sich die jüdische Bevölkerung in zwei Parteien, von denen die eine gegen und die andere für das Gesetz eiferte. In dieser Situation sahen sich die Juden vor eine wahrhaft existentielle Entscheidung gestellt: für oder gegen das Gesetz, ein Drittes gab es nicht. Aus der Tradition, in deren Rahmen man bisher, möglicherweise ohne viel darüber nachzudenken, gelebt hatte, wurde die Sache einer bewußten Entscheidung, einer Frage auf Leben und Tod, so wie sie Mose in der Darstellung des Deutero-

[21] 1 Makk 1,41. Zur durchaus fraglichen Historizität dieser Maßnahme s. allerdings Bickermann, Der Gott der Makkabäer, Berlin 1937 und Hengel, Die Zeloten, Leiden 1961.
[22] Bickermann, Gott (wie Anm. 21); Hengel, Judentum (wie Anm. 20), 503–564.

nomiums (30,19) den Juden von damals vorgelegt hatte: „Den Himmel und die Erde rufe ich heute als Zeugen gegen euch an. Leben und Tod lege ich dir vor, Segen und Fluch. Wähle also das Leben, damit du lebst, du und deine Nachkommen."

Nicht nur der Widerstandskampf gegen Antiochus IV., sondern vor allem der Bürgerkrieg gegen die Gegenpartei war die Sache religiösen Eifers. Judas Makkabäus hat sich nämlich nicht nur mit Gewalt gegen Antiochus IV. gewehrt, sondern, wenn man den Makkabäerbüchern glauben will, das Leben ganzer jüdischer Städte ausgelöscht, die sich dem Hellenismus assimiliert hatten – Maßnahmen, die in den Makkabäerbüchern nicht etwa mit Abscheu, sondern mit Stolz berichtet werden. An diesen Städten „wird der Bann vollstreckt mit der Schärfe des Schwertes", wie es das Deuteronomium für die kanaanäischen Städte vorschreibt. Völlig richtig deutet bereits Jehuda Makkabi „Kanaan" als Chiffre für die Heiden in den eigenen Reihen, denen mit ganz anderer Grausamkeit zu begegnen ist als den Heiden draußen. Dafür benutzt er das archaische und fiktive Kriegsrecht als Drehbuch für seinen Guerillakrieg: damit die Schrift erfüllet werde – *lo techonnem*, „du sollst sie nicht verschonen" (Dtn 7,2). In dieser buchstäblichen Schrifterfüllung äußert sich bereits eine fundamentalistische Haltung. Hier haben wir es mit religiösem Eifer reinster Form zu tun, mit Zelotismus, wie es griechisch heißt, in Übersetzung des hebräischen Begriffs *qin'a* im Sinne eines religiös motivierten Totaleinsatzes des eigenen Lebens; das arabische Äquivalent ist natürlich *dhihad*.[23]

Auch dies ist aber vielleicht reine Literatur, nicht anders als die biblischen Gewaltszenen, die wir bislang betrachtet haben. Die Makkabäerbücher sind zwei Generationen nach den Vorgängen aufgezeichnet worden. Sie kodifizieren die Erinnerung der siegreichen Partei, der Hasmonäer, die ihre Herrschaft auf Judas Makkabäus zurückführen. Da sie selbst sich gern als hellenistische Herrscher gerierten, hatten sie allen Grund, ihre Bewegung als ganz besonders gesetztestreu darzustellen.[24] Es würde sich aber in diesem Fall um eine Literatur handeln, die bereits über den Abstand von vielen Jahrhunderten hinweg auf eine ältere, zum kanonischen, absolut normativen Text erhobene Literatur zurückgreift. Hier wird nicht nur eine Geschichte erzählt, sondern beschrieben, wie eine viel ältere Geschichte – eine Erinnerung – ausagiert wird, und darin liegt ein fundamentalistisches Element. Das umstürzend Neue an dem exklusiven Monotheismus ist, daß er nicht nur eine

---

23 Hengel, Zeloten (wie Anm. 21).
24 Gruen, Heritage (wie Anm. 20), 2.

Sache des Kults und vielleicht auch des allgemeinen Weltverhältnisses ist, sondern die gesamte Lebensführung, Festtag und Alltag, bis in kleinste Details hinein regeln will,

An dieser Stelle ist ein kleiner Exkurs zum Thema Schrift und Schriftlichkeit unumgänglich. Meine These ist, dass der Schritt in die neue, lebensfundierende Form von Religion ohne die Schrift nie hätte getan werden können.[25] Dabei handelt es sich jedoch um eine ganz besondere Form von Schriftlichkeit, die man sich vielleicht an dem Unterschied von informativem und performativem Schriftgebrauch klarmachen kann. Informativ ist z. B. der Hinweis auf der Zigarettenwerbung: „Die Gesundheitsminister der EU: Rauchen kann tödlich sein", performativ dagegen ist das Schild „Rauchen verboten". Der Hinweis vermittelt wichtiges Wissen, das Schild dagegen spricht ein Verbot aus. Wenn ich dem Hinweis nicht folge, ist das mein Risiko, wenn ich dem Schild nicht Folge leiste, mache ich mich strafbar. Die Schriftlichkeit, derer sich die Religion bedient, um gestaltend und umgestaltend auf die gesamte Lebensführung der Menschen einzuwerken, ist von der performativen Art. Wenn ich der Schrift nicht folge, dann ist das nicht mein Risiko, sondern dann versündige ich mich. Das ist etwas völlig Neues in der Geschichte nicht nur der Religion, sondern auch der Schriftkultur, und diese beiden Innovationen hängen, sich gegenseitig bedingend, zusammen. In den altorientalischen Reichen wurde das geltende Recht vom jeweils lebenden König gesprochen und kein Codex konnte dessen Rechtssouveränität einschränken. Dieses Prinzip brachten die Griechen später auf die Formel vom König als nomos empsychos bzw. lex animata. Der König verkörpert das Gesetz. Das Gesetz verkörpert sich im König, um performative Geltung zu erhalten, „in Kraft zu treten". Das verschriftete, „exkarnierte" Recht (um mich des treffenden Ausdrucks von Aleida Assmann zu bedienen[26]) wie z. B. der Codex Hammurapi hat nur noch informative Relevanz. Dieses Verhältnis von Schrift und Leben wird in der performativen Schriftlichkeit der Torah umgekehrt. Das Gesetz gilt, weil es geschrieben steht. Die Schrift informiert nicht, wie Recht gesprochen werden soll, sondern sie spricht Recht, und dieser performative Anspruch macht beim Recht nicht Halt, sondern beansprucht in jedem Satz autoritative und normative Verbindlichkeit für alle Aspekte des Lebens.

---

[25] Vgl. hierzu J. Assmann, Fünf Stufen zum Kanon. Tradition und Schriftkultur im frühen Judentum und in seiner Umwelt (Münstersche Theologische Vorträge 1), Münster 1999, 11–35.

[25] A. Assmann, Exkarnation: Über die Grenze zwischen Körper und Schrift, in: A. M. Müller, J. Huber (Hg.), Interventionen, Basel 1993, 159–181.

Diese gesteigerte Form von Schriftlichkeit nennen wir Kanon.[27] Das Prinzip Kanon wird im Deuteronomium in zwei Formeln ausgedrückt. Erstens: die Schrift ist geschlossen, nichts darf hinzugefügt, nichts darf weggenommen, nichts darf verändert werden. Zweitens: die Schrift muß Tag und Nacht studiert, mit anderen diskutiert, den Kindern eingeschärft und total verinnerlicht, in der Sprache der Bibel „ins Herz geschrieben" werden. Der Einzelne muß sie gewissermaßen re-inkarnieren, um sie in seiner Lebensführung ausagieren zu können. Ein Leben nach der Schrift ist gefordert, mit Thomas Mann zu reden: ein „zitathaftes Leben"[28]. Für jede Lebenssituation, jede Lebensentscheidung gilt es das richtige Schriftwort zu finden. Leben ist Schrifterfüllung.[29] Gewiß, in dieser extremen Form gilt das nur für das Judentum. Aber es gilt doch zu bedenken, dass alle monotheistischen Religionen auf einem Kanon aufruhen. Allen monotheistischen Religionen ist die performative Schriftlichkeit und der Anspruch auf Grundlegung der individuellen Lebensführung ebenso gemeinsam wie ein Kanon heiliger Schriften, in denen die Grundsätze dieser Lebensregeln als Ansprüche, die Gott an uns stellt, niedergelegt sind.

Das gilt nun auch und ganz besonders für das Sterben.[30] Die Makkabäerbücher konfrontieren uns mit einer ganz anderen, geradezu entgegengesetzten Form des Eiferns für Gott, die sich nicht im Töten, sondern im Sterben für das Gesetz manifestiert, dem Martyrium. Martyrium heißt „sterben für das Gesetz", es ist die äußerste Form eines Lebens im oder nach dem Gesetz, eines Ausagierens der zum „Drehbuch" der Lebensführung verinnerlichten Schrift. Das Martyrium, das dann später ein so zentrales Motiv der jüdischen und christlichen Religion wird, tritt uns zum ersten Mal in den Makkabäerkriegen entgegen. Das ist ebenso wie sein aktives Gegenstück, das Töten für Gott, ein Phänomen, das nur im Horizont des exklusiven Monotheismus und seiner Devise „Keine anderen Götter!" denkbar ist.

---

[27] S. hierzu A. u. J. Assmann (Hg.), Kanon und Zensur, München 1987; J. Assmann, Das Kulturelle Gedächtnis, Schrift, Erinnerung und politische Identität in frühen Hochkulturen, München 1992, 103–129.

[28] S. hierzu J. Assmann, Zitathaftes Leben. Thomas Mann und die Phänomenologie der kulturellen Erinnerung, in: Thomas Mann Jahrbuch 6 (1993) 133–158, wiederabgedruckt in J. Assmann, Religion und Kulturelles Gedächtnis. Zehn Studien, München 2000, 185–209.

[29] M. Halbertal, People of the Book. Canon, Meaning, and Authority, Cambridge Mass, 1997.

[30] S. hierzu besonders eindrucksvoll: A. R. G. Agus, The Binding of Isaac and Messiah. Law, Martyrdom and Deliverance in Early Rabbinic Religiosity, New York 1988 sowie D. Boyarin, Dying for God. Martyrdom and the making of Christianity and Judaism, Stanford 1999.

Ein drittes, nur in diesem Horizont denkbares Phänomen ist die Konversion, und hier liegt vielleicht der Schlüssel für das Problem der Sprache der Gewalt. Konversion gehört genau wie Martyrium auch zu Phänomenen, die es nur im Horizont des exklusiven Monotheismus bzw. der Devise „Keine anderen Götter!" gibt.[31] Zu den traditionellen, „heidnischen" Religionen kann man nicht konvertieren. Das hängt erstens damit zusammen, daß diese neue Religionsform den ganzen Menschen, das ganze Leben, Festtag und Alltag ergreift und nicht eine Frage von Kult und Weltbild ist, zweitens und vor allem aber mit der Kategorie der Unvereinbarkeit, der Exklusion, die mit dieser Devise einhergeht. Konversion ist die Sache einer lebenswendenden Entscheidung, und eine Entscheidung setzt eine Unterscheidung voraus. Es ist genau die Unterscheidung, um die es bei der Devise „Keine anderen Götter!" geht: die Unterscheidung zwischen wahr und falsch, dem wahren Gott und den falschen Göttern, der wahren und der falschen Religion. Hier geht es um einen neuen, gesteigerten, emphatischen Wahrheitsbegriff, der keine Kompromisse duldet mit dem als Unwahrheit ausgegrenzten. Hier muß man sich entscheiden.[32] Die Devise „Keine anderen Götter!" bleibt gültig, auch wenn an die Stelle der anderen Götter der Teufel, der Materialismus, die Sexualität, das Streben nach Macht und Reichtum und andere Verführungen dieser Welt treten, die dem einen Gott bei all seiner Einheit und Einzigkeit Konkurrenz machen.[33] Daher bedarf der exklusive Monotheismus dieser Semantik des Bruchs, der Abgrenzung, der Konversion. In diesem Zwang zur Entscheidung, der Pflicht zu Erinnerung und ständigem innerem Nachvollzug und der Angst vor Rückfall und Vergessen wurzeln die Motive der Gewalt, die tief in die Fundamente der kulturellen Semantik monotheistischer Religionen eingelassen sind.

Das Alte Testament ist das Dokument einer Gesellschaft, die – in wiederholten Situationen extremer Unterdrückung – eine in der damaligen Zeit einzigartige kulturelle Metamorphose durchgemacht hat. In evolutionistischen Begriffen wie „vom Polytheismus über die Monolatrie zum Monotheismus" läßt sich diese Metamorphose nur höchst unzureichend beschreiben. Jedenfalls handelt es sich hier nicht um eine Entwicklung entlang irgendwelcher kultur-evolutionärer Linien, für die sich Parallelen und Ge-

---

[31] A.D. Nock, Conversion. The Old and the New in Religion from Alexander the Great to Augustinus of Hippo, Oxford 1933.

[32] Für eine ausführlichere Analyse und Begründung siehe Assmann, Mosaische Unterscheidung (wie Anm. 3).

[33] Vgl. hierzu M. Halbertal / A. Margalit, Idolatry, Cambridge Mass. 1992, 37–66.

setzmäßigkeiten nachweisen ließen, sondern eher um einen revolutionären Prozeß, der sich auf der Ebene individueller Erfahrung nur mit einer Konversion vergleichen läßt. Für den Konvertiten gilt, daß er seine Vergangenheit nicht vergessen darf; er muß sich ein lebendiges Bewußtsein seiner alten Existenzform bewahren, um seine neue Identität mit umso größerer Entschiedenheit und Beständigkeit festhalten zu können.[34] So jedenfalls sehen die biblischen Berichte in der erinnernden und deutenden Rückschau diese Wende, wie immer sie sich auch in der historischen Wirklichkeit abgespielt haben mag.

Das Gegenstück zur Konversion ist die Assimilation: sie setzt im Gegenteil das völlige Vergessen der Herkunftsidentität voraus. Man konvertiert zu einer Religion mit dem Anspruch der höheren Wahrheit; man assimiliert sich einer Kultur mit der Verheißung besserer Glückschancen. Diese beiden psychologischen Mechanismen prägen sich sehr deutlich auch auf kultureller Ebene in den Schriften des Alten Testaments und insbesondere im Deuteronomium aus. Das Deuteronomium ist von einer Sorge beherrscht: das ist die Sorge um das Gedächtnis und die Angst vor dem Vergessen.[35] Immer wieder schärft es seinen Hörern und Lesern die Warnung vor Vergessen ein. Vergessen ist dabei gleichbedeutend mit Assimilation, nämlich an Brauchtum und Vorstellungswelt des Landes, in das die Israeliten einziehen werden, also Kanaan. Wenn man sich klar macht, daß Kanaan für die eigene Vergangenheit und für die unmittelbaren Nachbarn steht, die die Metamorphose noch nicht durchgemacht haben, dann versteht man, daß Assimilation bzw. Vergessen hier gleichbedeutend ist mit einem Rückfall in die frühere Existenzform, dem Schrecken aller Konvertiten. Hinter dem ausgeprägten Anti-Kanaanismus des Deuteronomiums und der deuteronomistischen Tradition steht also das Pathos der Konversion, die Leidenschaft einer lebenswendenden Entscheidung, die Angst vor dem Rückfall und die Entschlossenheit, den Heiden in sich auszurotten.

Von solchem Pathos der Konversion ist auch der Ruf zur Reue, hebräisch *t^e^schuvah,* griechisch *metanoia*, getragen. Auch dieser Begriff bedeutet eine radikale Umgestaltung der Lebensführung. Natürlich gibt es überall und seit eh und je Schuld und die entsprechenden Reaktionen der Scham, Reue und Buße. Überall macht der Mensch Fehler und hat hinterher Anlaß, sie zu bereuen. Das

---

34 Siehe T. Luckmann, Kanon und Konversion, in: A. u. J. Assmann (Hg.), Kanon (wie Anm. 27).

35 S. dazu Assmann, Kulturelle Gedächtnis (wie Anm. 27), Kap. 5 (196–228).

ist hier nicht gemeint. Hier geht es um eine existenzielle Umkehr auf Grund eines Innegewordenseins der Schuldbeladenheit des bisherigen Lebens. Es geht nicht um ein spezielles Vergehen, sondern um so etwas wie eine grundsätzliche, existentielle Sündhaftigkeit. Vergänglichkeit, Gottesferne des menschlichen Lebens vor Gott, wie sie etwa in Ps 51 zum Ausdruck kommt. Dort heißt es in Vers 7: „Denn ich bin in Schuld geboren; in Sünde hat mich meine Mutter empfangen" und in Vers 19: „Das Opfer, das Gott gefällt, ist ein zerknirschter Geist, ein zerbrochenes und zerschlagenes Herz wirst du, Gott, nicht verschmähen." Darin scheint sich mir ein neues Lebensgefühl zu äußern, das mit dem neuen, monotheistischen Gottesbegriff zusammenhängt. Ein monotheistischer Gott, ein *monos theos*, hat keine götterweltlichen Partner, sein Partner ist der Mensch, und zwar sowohl in Gestalt des Gottesvolkes, Israel, als auch in Gestalt des einzelnen Menschen, der sich in dieser Religion in einer ganz neuen Weise gefordert, ernst genommen, vor Gott hingestellt und als Gegenstand göttlicher Zuwendung und Aufmerksamkeit seinem allwissenden Blick ausgeliefert fühlt. Das ‚Ich' der Psalmen steht einerseits für ein einzelnes leidendes oder jubelndes, flehendes oder dankendes Individuum, andererseits für jeden, der in vergleichbarer Situation sich vor Gott hingestellt sieht und ‚Ich' sagen will, und drittens für das Kollektiv-Ich oder Wir des Volkes Israel. In der Exponiertheit dieser neuen Gottesbeziehung ist es ein überlebensgroßes Ich, in dem alle drei Bedeutungen Platz finden. Das Ich ist die wichtigste Arena der Gott-Welt-Beziehung, der Weltzuwendung Gottes, seines innerweltlichen strafenden und heilenden und letztlich erlösenden Wirkens. Was sich theologisch beschreiben ließe als ein Heraustreten Gottes aus der Götterwelt in die Einsamkeit und Einzigkeit der Transzendenz, das tritt in anthropologischer Perspektive in den Blick als eine neue, gesteigerte Form von Subjektivität. Diese neue Subjektivität findet ihren reinsten und stärksten Ausdruck im Gefühl der Reue. Dieses Gefühl scheinen die herkömmlichen Religionen nicht zu kennen. Die Konversion ist der Reue verwandt, auch sie ist eine Umkehr, wenn auch nicht eine Rückkehr wie die Reue. Der Konvertit kommt von außen, er hat sich nicht von Gott entfernt, sondern war ihm in seinem bisherigen Leben fern geblieben; nun aber „bekehrt" er sich und kehrt um, weil er den bisherigen Weg als den falschen erkannt hat. Konversion und Reue erfordern beide diese negative Selbsterkenntnis; nur wer sein bisheriges Leben als falsch oder sein bisheriges Tun als sündhaft erkennt, ist zur Umkehr fähig. Reue und Konversion sind Dramen, die auf der inneren Bühne spielen und den inneren Menschen betreffen, und die Vermutung drängt sich auf, dass sich diese innere Bühne, die nun zum Schauplatz solcher existentieller Wandlungen wird, zugleich und in Verbindung mit der monotheistischen Wende in Israel entwickelt.[36]

Für uns heute, die wir in einer anderen Zeit leben, ist es wichtig, sich klarzumachen, daß die Gewalt dem Monotheismus nicht als eine notwendige Konsequenz eingeschrieben ist. Warum sollte die Unterscheidung zwischen wahr und falsch gewalttätig sein? Die Sprache der Gewalt entstammt dem politischen Druck, aus dem der Monotheismus gerade befreien will. Sie gehört in die revolutionäre Rhetorik der Konversion, der radikalen Wende und Abkehr, des kulturellen Sprungs aus dem Alten ins Neue. Über diese Schwelle sind wir längst geschritten; sie bedarf keiner eifernden Einschärfung mehr.

Das semantische Dynamit, das in den heiligen Texten der monotheistischen Religionen steckt, zündet in den Händen nicht der Gläubigen, sondern der Eiferer, der Fundamentalisten, denen es um politische Macht geht und die sich der religiösen Gewaltmotive bedienen, um die Massen hinter sich zu bringen. Die Sprache der Gewalt wird als eine Ressource im politischen Machtkampf mißbraucht, um Feindbilder aufzubauen und Angst und Bedrohungsbewußtsein zu schüren. Daher kommt es darauf an, diese Motive zu historisieren, indem man sie auf ihre Ursprungssituation zurückführt. Es gilt, ihre Genese aufzudecken, um sie in ihrer Geltung einzuschränken.

---

[36] J. Assmann, T. Sundermeier (Hg.), Die Erfindung des inneren Menschen, Gütersloh 1993.

Der Mosaische Monotheismus im Spannungsfeld von Gewalttätigkeit und Gewaltverzicht

Eine Replik auf Jan Assmann

Erich Zenger

1. Neue Akzente in der Monotheismuspräsentation von J. Assmann

In seinem Beitrag „Monotheismus und die Sprache der Gewalt", aber auch bereits in dem 2003 erschienenen Buch „Die Mosaische Unterscheidung" hat J. Assmann seine früher vorgelegten Thesen über das dem biblischen Monotheismus offensichtlich inhärente Gewaltpotential[1] nicht nur präzisiert, sondern revidiert. Die neuerlichen Stellungnahmen erwecken auch nicht mehr den Eindruck, Assmann stimme dem modischen Lobgesang auf den angeblich weniger gewalttätigen Polytheismus oder auf einen friedensstiftenden Atheismus zu.[2] Die aus meiner Sicht wichtigsten Aussagen der neuen Monotheismuspräsentation Assmanns lassen sich so zusammenfassen:

1. Der mosaische Monotheismus war und ist nicht *per se* gewalttätig. Er brachte auch nicht mit seiner Unterscheidung zwischen einem wahren Gott und den falschen Göttern erstmals Gewalt

---

[1] Vgl. J. Assmann, Monotheismus als theologisch-politisches Problem, in: Jahrbuch Politische Theologie 4 (2002), 122–132, 132: „Wenn man die monotheistische Idee retten will, dann muß man sie ihrer inhärenten Gewalttätigkeit entkleiden". So lautet auch der Schlusssatz von J. Assmann, Monotheismus und Ikonoklasmus als politische Theologie, in: E. Otto (Hg.), Mose. Ägypten und das Alte Testament (SBS 189), Stuttgart 2000, 139.

[2] In diese Richtung ging die Kritik mehrerer Stellungnahmen zu Assmanns 1998 erschienener Monographie Moses der Ägypter. Entzifferung einer Gedächtnisspur (die amerikanische Ausgabe, die in ihrer „anti-monotheististischen" Polemik an einigen Stellen schärfer war als die deutsche Version, erschien bereits 1997). In J. Assmann, Die Mosaische Unterscheidung oder der Preis des Monotheismus, München – Wien 2003 sind einige dieser ursprünglich an anderen Orten erschienenen Stellungnahmen wieder abgedruckt: R. Rendtorff, Ägypten und die „Mosaische Unterscheidung", ebd. 193–207; E. Zenger, Was ist der Preis des Monotheismus?, ebd. 209–220; K. Koch, Monotheismus als Sündenbock?, ebd. 221–238; G. Kaiser, War der Exodus der Sündenfall?, ebd. 239–271; K.-J. Kuschel, Moses, Monotheismus und die Kultur der Moderne, ebd. 273–286.

und Hass in eine bis dahin friedliche Welt. Aber es ist nicht zu übersehen, dass in der Hebräischen Bibel Ausgrenzung, Hass, Gewalt und Sündenvorwurf eine auffallend große Rolle spielen – und zwar gerade im Zusammenhang mit der Frage nach dem wahren Gott. Die Hebräische Bibel erzählt und erinnert die Entstehung und die Durchsetzung des Monotheismus Israels inmitten und gegenüber einer polytheistischen Welt mit Geschichten und Bildern grausamer Gewalt. Gerade wenn man aus historischer Perspektive feststellen muss, dass diese Geschichten und Bilder „nur" konstruierte Fiktionen und theoretische Programme waren, werden die sich uns stellenden Fragen noch dringlicher: Warum erfindet und erzählt die monotheistische Tradition solche Geschichten über den wahren Gott? Was bedeuteten diese Gewaltbilder für das Selbstbild der Gruppe, die sie schuf und die offensichtlich ihre Identität weitgehend aus ihnen suchte? Was können diese Geschichten und Bilder heute bedeuten, insbesondere für die drei Religionen Judentum, Christentum und Islam, in denen diese Überlieferungen weiterhin religiöse Dignität haben? Wie der von Assmann gewählte Titel seines Beitrags „Monotheismus und die Sprache der Gewalt" bereits anzeigt, geht es ihm also nicht um die Frage nach der Historizität der in den biblischen Texten geschilderten oder geforderten Gewalt im Namen des wahren Gottes, sondern um die Funktion der Sprache der Gewalt – freilich im Horizont der monotheistischen Idee.

2. Die kulturelle Semantik der biblischen Gewalttexte hat zwei Wurzeln. Sie hängt zum einen sehr eng mit der Herausbildung des exklusiven Monotheismus Israels („Keine anderen Götter!") zusammen, insofern dieser nicht als Resultat eines evolutiven Prozesses aus dem Polytheismus hervorging, sondern als revolutionäres Gegenbild zum polytheistischen Gotteskonzept entstand und durchgesetzt wurde. Der als der einzig wahre Gott propagierte Gott Israels forderte eine unzweideutige Entscheidung der umfassenden Treue zu ihm allein, wobei dieser wahre Gott für den Fall der Untreue entsprechende Strafsanktionen androhte. Die monotheistische Semantik arbeitet deshalb mit Kategorien und Bildern der Eifersucht dieses Gottes, des Ehebruchs Israels, der Angst vor Verführung durch die „falschen" Götter, aber auch der Diffamierung dieser Götter und ihres Kultes. Zum anderen greift die monotheistische Bewegung die in der Umwelt Israels für die Durchsetzung der politischen Macht sowohl nach innen als auch gegenüber den „Feindvölkern" verwendeten Sprachmuster der Gewalt auf und überträgt sie auf das Verhältnis Gott – Israel bzw. Gott – Völkerwelt. Die Gewalt erhält so eine neue Dimension: Während in der polytheistischen

Umwelt Israels die Gewalt der Götter und die göttlich legitimierte Gewalt im Zusammenhang mit dem politischen Prinzip der Herrschaft stehen, wird in Israel die Gewalt mit der Gottesfrage selbst verbunden. Gewalt dient hier nicht nur der Macht des Staates bei der Verteidigung der politischen Ordnung gegenüber inneren und äußeren Feinden, sondern bei der Durchsetzung des als einzig wahr proklamierten monotheistischen Gotteskonzepts.

3. In historischer Hinsicht ist die Genese der biblischen Gewaltsprache eng mit dem politischen Druck vor allem des neuassyrischen Weltherrschaftsanspruchs verbunden, der Israels Identität, ja Israels Existenz fundamental bedrohte. Von diesem politischen Druck wollte die monotheistische Bewegung Israel befreien, indem sie die politische Bedrohung als einen Religionskonflikt präsentierte und mit ihren gewalttätigen Gegenbildern ein kräftiges Widerstands- und Reformpotential schuf. Die biblische Sprache der Gewalt gehört nicht konstitutiv zum Monotheismus, wohl aber ist sie eng mit seiner historisch bedingten Profilierung verwoben. Sie gehört in die revolutionäre Rhetorik der radikalen Abgrenzung gegenüber der als feindlich empfundenen bzw. erfahrenen Umwelt. Sie markiert die Wende zum Neuen, die der Monotheismus gegenüber dem Polytheismus bedeutet.

4. Es ist gerade heute wichtig, den skizzierten *historisch* und *politisch* bedingten, aber nicht essentiell konstitutiven Zusammenhang von biblischer Gewaltsprache und Monotheismus zu erkennen und bewusst zu machen, um diese Gewaltbilder vor ihrem möglichen Missbrauch, nicht zuletzt durch religiöse Fundamentalisten, zu schützen.

5. Es ist ebenso wichtig, die Leistung und die Leistungsfähigkeit des biblischen Monotheismus wahrzunehmen. „Die Mosaische Unterscheidung steht … für einen ‚Fortschritt der Geistigkeit', der – wie teuer auch immer erkauft – nicht wieder aufgegeben werden darf. An der Unterscheidung zwischen wahr und falsch, an klaren Begriffen dessen, was wir mit unserer Überzeugung als unvereinbar empfinden, werden wir festhalten müssen, wenn anders diese Überzeugungen irgendeine Kraft und Tiefe besitzen sollen. Nur werden wir diese Unterscheidung nicht mehr auf ein- für allemal festgeschriebene Offenbarungen gründen können. In dieser Weise müssen wir die Mosaische Unterscheidung selbst zum Gegenstand einer unablässigen Reflexion und Redefinition, einer ‚diskursiven Verflüssigung' (Jürgen Habermas) machen, wenn sie uns Grundlage eines Fortschritts in der Menschlichkeit bleiben soll".[3]

[3] Assmann, Mosaische Unterscheidung (wie Anm. 2) 165.

Der von J. Assmann neuerdings gezeichneten Skizze der Präsenz von Gewalt in der Hebräischen Bibel ist grundsätzlich zuzustimmen (wenngleich ich seiner These, die „Massakergeschichten" seien zentral für die biblische Darstellung der Durchsetzung des Monotheismus, widersprechen müsste; insbesondere müsste Ex 32,26–29 differenzierter gelesen werden). Dies gilt auch für die These von den zwei „Religionen" bzw. für den Antagonismus Polytheismus – Monotheismus, der in der Hebräischen Bibel auf vielfältige Weise zur Sprache kommt.[4] Dieser Antagonismus ist in der Tat insofern asymmetrisch angelegt, als das monotheistische Gotteskonzept sich dezidiert gegen das polytheistische Gottes- und Weltkonzept richtet. Deshalb kann man den mit der Mosefigur als einer prophetisch-charismatischen Gestalt verbundenen Monotheismus zu Recht als eine Gegenreligion zu den Polytheismen der biblischen Zeit begreifen. Die damit gegebene Unterscheidung zwischen wahrer und falscher Religion bedeutete nach meinem Verständnis der Hebräischen Bibel aber gerade nicht eine zusätzliche Radikalisierung religiös bestimmter Gewalttätigkeit oder Gewaltsprache, sondern löste im Gegenteil eine Denkbewegung aus, die als Proprium der „wahren" Religion gerade das Ende der Gewalt und den Gewaltverzicht erkannte und als Ideal propagierte. Dort, wo der biblische Monotheismus sich selbst und seine Implikationen reflektierte, wo er insbesondere seine universalistische Dimension schöpfungstheologisch und weltpolitisch bedachte, präsentierte er sich gewaltkritisch und gewaltlos zugleich. *Diese* Leistung des mosaischen Monotheismus kommt in Assmanns Darstellung zu kurz bzw. überhaupt nicht zur Sprache.[5] Gerade sie aber ist für die Fragestellung Polytheismus – Monotheismus – Gewalt von entscheidender Relevanz. Diese Leistung des monotheistischen Gotteskonzepts soll im Mittelpunkt meiner Ausführungen stehen.

Die Gewaltspur, die sich durch die Hebräische Bibel zieht, darf weder geleugnet noch verharmlost werden.[6] Gleichwohl wage ich

---

[4] Inwiefern man diesen Antagonismus mit der Unterscheidung „primäre Religion" – „sekundäre Religion" charakterisieren kann (so J. Assmann im Anschluss an Th. Sundermeier) und was diese Unterscheidung *religionsgeschichtlich* und *theologisch* bedeutet, müsste weiter diskutiert werden.

[5] Zur diesbezüglichen Kritik an Assmann vgl. auch N. Lohfink, Gewalt und Monotheismus. Beispiel Altes Testament, in: H. Düringer (Hg.), Monotheismus – eine Quelle der Gewalt? (Arnoldshainer Texte 125), Frankfurt am Main 2004, 60–78; R. Kessler, Die Ägyptenbilder der Hebräischen Bibel. Ein Beitrag zur neueren Monotheismusdebatte (SBS 197), Stuttgart 2002, 154–162.

[6] Die Liste der Publikationen zum Thema Gewalt in der Hebräischen Bibel ist in den letzten Jahrzehnten immens gewachsen. Ich wähle einige größere Monographien aus: N. Lohfink (Hg.), Gewalt und Gewaltlosigkeit im Alten Testament (QD 96), Freiburg

die These: *Diese* Gewaltspur ist dort besonders massiv, wo die Texte noch nicht das reflektierte Monotheismuskonzept bieten, sondern noch in den polytheistischen Kategorien der Anfänge der Religion des biblischen Israel denken und reden. Ich kann hier nicht die Metamorphose der Religion Israels von einem Polytheismus *sui generis* bis hin zu einem reflektierten Monotheismus nachzeichnen: Ich verweise auf eine Darstellung dieses komplexen Prozesses, die ich andernorts gegeben habe.[7] Aber ich will an den drei Vorstellungsbereichen Schöpfung, Königtum und Krieg aufzeigen, dass die Gewaltbilder der Hebräischen Bibel gerade nicht monotheistisch, sondern polytheistisch inspiriert und imprägniert sind. Zugleich will ich dabei zeigen, dass und wie das dezidiert monotheistische Gotteskonzept diese gewalttätigen Vorstellungen modifizierte und revidierte.

2. Gewaltaspekte in polytheistischen Schöpfungsmythen und deren Überwindungen im monotheistischen Gotteskonzept der Bibel

Nicht aus apologetischer Absicht, sondern im Hinblick auf eine sachgerechte Debatte müssen gegenüber vielen Spielarten pauschaler Monotheismuskritik, insbesondere wenn diese mit kokettierender Polytheismusschwärmerei verbunden ist, die faktischen Gewalttätigkeiten und die ideologischen Gewaltpotentiale der antiken Polytheismen sowie der imperialen Herrschaftssysteme, die sich polytheistisch legitimierten, nüchtern erkannt und dargestellt werden. Nur wer nichts weiß von den gewalttätigen Götterkämpfen, von denen die polytheistischen Schöpfungsmythen erzählen, kann so naive Polytheismusbilder erfinden, wie sie z. B. Martin Walser beschreibt: „Da war in jedem Baum, in jeder Quelle und in jedem Bach ein anderer Gott. Unvorstellbar, dass unterm Schirm einer über Wiesen und Wälder hingestreuten Göttervielfalt dem Planeten je hätte Gefahr drohen können".[8]

1983; J. Ebach, Das Erbe der Gewalt. Eine biblische Realität und ihre Wirkungsgeschichte, Gütersloh 1987; M. McEntire, The Blood of Abel. The Violent Plot in the Hebrew Bible, Macon GA 1990; W. Dietrich – Ch. Link, Die dunklen Seiten Gottes. Band 1: Willkür und Gewalt, Neukirchen-Vluyn ²1997. Einen kurzen Überblick bietet: W. Dietrich, Im Zeichen Kains. Gewalt und Gewaltüberwindung in der Hebräischen Bibel, in: EvTh 64 (2004) 252–267.

7 E. Zenger, Der Monotheismus Israels. Entstehung – Profil – Relevanz, in: Th. Söding (Hg.), Ist der Glaube Feind der Freiheit? Die neue Debatte um den Monotheismus (QD 196), Freiburg 2003, 9–52.

8 M. Walser, Ich vertraue. Querfeldein. Über das Gift der Verachtung gegen das Nächste, in: Neue Zürcher Zeitung vom 10./11.10.1998.

Schon ein kurzer Blick in die altorientalischen *Sintflutüberlieferungen* und auf deren biblische Rezeption zeigt die Differenz zwischen einer polytheistisch „beherrschten“ Welt und dem monotheistischen Weltverständnis.[9] Während in altorientalischen Sintflutgeschichten die zerstörerische Flut als Folge eines irrationalen Götterzorns oder eines Götterkonflikts, denen die Menschen ohnmächtig ausgeliefert sind, präsentiert wird, führt die biblische Sintflutgeschichte die gesellschaftliche Gewalt *der Menschheit* als Auslöser der Sintflut ein (vgl. Gen 6,11f) – und lässt die Darstellung gerade in einer feierlichen Erklärung des (monotheistischen) Gottes kulminieren, dass er nie (wieder) eine derartige destruktive Gewalttätigkeit gegenüber „seiner“ Welt und „seinen“ Geschöpfen ausüben werde, sondern im Gegenteil sein unbedingtes Ja zur Welt als *seiner* Schöpfung zusichert (vgl. Gen 9,8–17). Die (priesterschriftliche) Sintfluterzählung ist geradezu eine Geschichte gegen die Angst vor einem unberechenbaren, gewalttätigen Gotteszorn. Der „Bogen in den Wolken“ ist ein Symbol des göttlichen Gewaltverzichts und des Bundes Gottes mit allem Leben.[10] Analog verzichten die biblischen *Schöpfungserzählungen* auf alle Formen göttlicher Gewalttätigkeit. Zwar spielen biblische Texte bisweilen die mythischen Bilder vom urzeitlichen Chaoskampf ein (freilich immer nur als Nebenmotiv eines anders orientierten Aussagezusammenhangs[11]), aber dort, wo explizit und reflektiert monotheistisch die Welt- und Menschenschöpfung erzählt wird, gibt es gerade keine göttliche Gewalt. Der monotheistische Schöpfergott der Bibel zerstückelt nicht gewalttätig wie der babylonische Gott Marduk das göttliche Urflutmonster Tiamat, um dann einen Teil ihres Leichnams zum Bau des Kosmos zu verwenden (vgl. den babylonischen Mythos *Enuma elisch* IV[12]), sondern er trennt ganz einfach

[9] Vgl. H.-P. Müller, Das Motiv für die Sintflut. Die hermeneutische Funktion des Mythos und seiner Analyse, in: ders. (Hg.), Mythos – Kerygma – Wahrheit. Gesammelte Aufsätze zum Alten Testament in seiner Umwelt und zur Biblischen Theologie (BZAW 200), Berlin 1991, 88–109.

[10] Vgl. dazu E. Zenger, Gottes Bogen in den Wolken. Untersuchungen zu Komposition und Theologie der priesterschriftlichen Urgeschichte (SBS 112), Stuttgart ²1987, 103–166; K. Löning / E. Zenger, Als Anfang schuf Gott. Biblische Schöpfungstheologien, Düsseldorf 1997, 135–174.

[11] Vgl. z. B. Ps 74,13–15 zur Deutung von Exodus und Landnahme. Zum Chaoskampfmotiv vgl. besonders: Th. Podella, Der „Chaoskampfmythos“ im Alten Testament. Eine Problemanzeige, in: M. Dietrich / O. Loretz (Hg.), Mesopotamica – Ugaritica – Biblica. FS K. Bergerhof (AOAT 232), Kevelaer – Neukirchen-Vluyn 1993, 283–329.

[12] Eine deutsche Übersetzung von *Enuma elisch* bietet: W.G. Lambert in: O. Kaiser (Hg.), Texte aus der Umwelt des Alten Testaments. Band III. Weisheitstexte, Mythen und Epen, Gütersloh 1994, 565–602.

durch sein Wort bzw. wie ein Baumeister mittels eines Gewölbes die Urwasser und schafft so einen Hohlraum, den er dann zu einem Lebenshaus für die Tiere und die Menschen ausgestaltet (vgl. Gen 1).[13] Gewiss ist die kosmogonische Theomachie nicht die einzige und auch nicht die zentrale altorientalische Schöpfungsvorstellung,[14] gleichwohl kann sie als Sonderform der verbreiteten und gerade für das polytheistische Gotteskonzept typischen Götterkampfvorstellung gelten. Inwieweit dieses Kampfmodell, das die (mythische und rituell immer wieder aktualisierte) Tötung von chaotischen Gottheiten als Voraussetzung kosmischer, staatlicher und kultureller Ordnung proklamiert, zugleich als göttliche Legitimation politischer Machtausübung konzipiert und propagiert wurde, kann hier nicht diskutiert werden. In jedem Fall ist unbestreitbar: *Diese* die Gewalt als *schöpferisches* Gotteshandeln präsentierende Vorstellung ist dem biblischen Monotheismus nicht nur fremd, sondern wird von ihm gezielt abgewiesen.

Dies gilt übrigens auch von der ebenfalls im *Enuma-elisch*-Mythos bezeugten Vorstellung, dass für die Menschenschöpfung eine chaotische Gottheit geschlachtet wird (Kingu, der Anführer der Kampftruppe der zuvor getöteten Tiamat, s.o.), damit aus der Vermischung seines Blutes mit Lehm der erste Mensch geformt werden kann (vgl. *Enuma elisch* VI, 1–34). Da die Menschen nach der altorientalischen Tradition als „Göttersatz" geschaffen werden, die die Fronarbeit an Stelle der niederen Götter verrichten sollen, damit auch diese – wie die oberen Götter – ein Götterleben ohne Arbeit genießen können, wird ihnen bei der Schöpfung ein göttliches Element mitgegeben, eben das Blut des getöteten Gottesrebellen Kingu.[15] Auch davon setzt sich die biblische Tradition

---

[13] Vgl. O. Keel / S. Schroer, Schöpfung. Biblische Theologien im Kontext altorientalischer Religionen, Göttingen – Freiburg/Schweiz 2002, 123–133.

[14] Vgl. die Modelle „Schöpfung als Selbstentfaltung", „Schöpfung als Zeugung oder Geburt", „Schöpfung als handwerkliches/technisches Tun", „Schöpfung durch Zauber oder Machtwort".

[15] Dies scheint eine verbreitete Vorstellung zu sein, wie der um 800 v. Chr. zu datierende altorientalische Schöpfungstext KAR 4, der in sumerischer Fassung mit babylonischer Interlinearübersetzung gefunden wurde, bezeugt. In dem Text heißt es u. a.

„Die großen Götter, die da standen,
und die Anunna, die das Schicksal entscheiden,
sie beide antworteten darauf dem Enlil:
‚In Uzuma von Duranki
wollen wir die Lamga-Götter schlachten,
damit ihr Blut die Menschheit hervorsprießen lasse;
die Arbeitsaufgabe der Götter sei ihre Arbeitsaufgabe ...'"

(Übersetzung nach G. Pettinato, Das altorientalische Menschenbild und die sumerischen und akkadischen Schöpfungsmythen, Heidelberg 1971, 78).

deutlich ab. Damit die vom Schöpfergott geformte Lehmfigur zum lebendigen Menschen wird, haucht ihm der Schöpfergott seinen eigenen Lebensatem ein und der Mensch muss dann nicht für die Götter arbeiten, sondern für seinen *eigenen* Lebensunterhalt (vgl. Gen 2–3). Im monotheistischen Gotteskonzept von Gen 1 werden die Menschen sogar als „Bilder" des Schöpfergottes selbst geschaffen, „ihm ähnlich" (vgl. Gen 1,26–28). Während in den polytheistischen Konzepten der Umwelt Israels die Prädikation „Bild" der Schöpfergottheit für Könige oder Oberpriester reserviert wird, spricht der reflektierte Monotheismus der Priesterschrift diese Würde jedem und allen Menschen zu.[16] Das ist eine universalistische Perspektive, die eine fundamentale Gleichheit aller Menschen, unabhängig von Geschlecht und Rasse, Ethnie und Religion proklamiert. Ich wage die These: Die (neuzeitliche) Idee der Menschenrechte ist in diesem monotheistischen Gottes- und Schöpfungskonzept grundgelegt. Während der Polytheismus, insbesondere in der hierarchischen Ausprägung des Götterpantheons, die Klassengesellschaften legitimierte, ist der biblische Monotheismus von seinem Ansatz her herrschaftskritisch, antielitär und „demokratisch". Mehr noch: Er ist, wie Gen 1 weiter zeigt, gewaltkritisch: In der vom Schöpfergott in Gen 1,29–30 als *Schöpfungsideal* entworfenen Ordnung des Zusammenlebens von Mensch und Tier wird mit dem Gebot der strikten vegetarischen Ernährung das Blutvergießen für den Fleischgenuss und damit implizit jede Gewalttat ausgeschlossen.[17] Und nur in der realistischen Akzeptanz des den Menschen und den Tieren faktisch eigenen Hangs zur Gewalt toleriert der Schöpfergott das Töten von Tieren durch den Menschen unter bestimmten Bedingungen (vgl. Gen 9,1–7). Auch hier liegt ein differenzierter Umgang mit dem Thema „Gewalt" im Bereich der Schöpfung vor, dessen Bedeutung gerade im Vergleich mit den altorientalischen Schöpfungstraditionen, die teilweise aufgenommen und uminterpretiert wurden, erkennbar wird. Die monotheistische Sicht der Hebräischen Bibel hebt sich

---

[16] Während die altorientalische Tradition eine zweifache Menschenschöpfungstradition bietet, die eine Erschaffung des „Königsmenschen" und des „Durchschnittsmenschen" unterscheidet und dem „Königsmenschen" u. a. die Kampfinsignien der Kriegsgötter und die Herrschaftsgewalt über die „Durchschnittsmenschen" übergibt, definiert der vom monotheistischen Gotteskonzept geprägte Ps 8 *alle* Menschen als königliche Menschen; zu dem entsprechenden altorientalischen Schöpfungsmythos VAT 17019 (BE 13383) vgl. W. R. Mayer, Ein Mythos von der Erschaffung des Menschen und des Königs, in: Or 56 (1987) 55–68; H.-P. Müller, Eine neue babylonische Menschenschöpfungserzählung im Licht keilschriftlicher und biblischer Parallelen. Zur Wirklichkeitsauffassung im Mythos, in: ders., Mythos (wie Anm. 9) 43–67.

[17] Vgl. Zenger, Gottes Bogen (wie Anm. 10) 96–98.

hier offenkundig von den polytheistischen Gewaltkonzepten der mesopotamischen Tradition ab.

Derartige Gewaltperspektiven gibt es auch in den griechischen Theogonien und Kosmogonien. Nicht nur in Hesiods Theogonie (um 700 v. Chr.) wird die Entstehung der Welt als eine Sukzession von Kämpfen der Göttergenerationen erzählt und damit werden zugleich die katastrophischen und gewaltsamen Widerfahrnisse der Geschichte reflektiert. Noch in der Philosophie Heraklits[18] wirken die Götterkampfmythologeme fort, wenn er in seinem berühmten Prinzip „Krieg ist aller Dinge Vater" die Gewalt als den Logos der Welt proklamiert. Dementsprechend sind in der griechisch-römischen Literatur die „großen" Geschichten über die Geburt des kulturellen Lebens nicht selten Geschichten erschreckender Gewalt. Sie sind „voll von Krieg, Verrat, Folter, Mord, Schändung, Verstümmelung und Menschenopfer. Homers Epen erzählen von der aus scheinbar nichtigem Anlass vollzogenen militärischen Vertilgung eines ganzen Volkes. Geschwister- und Elternmord, Blutschande und Selbstzerstörung sind die bevorzugten Themen von Aischylos, Sophokles, Euripides, Seneca und vielen anderen Dramendichtern".[19]

In der Tat: Gewalt von Göttern gegen Götter und von Göttern gegen die Menschen gehören zur Substanz der polytheistischen Gotteskonzepte. Ja, die Göttlichkeit von Göttern erweist sich nach diesen Konzepten gerade in ihrer ungehinderten Gewalttätigkeit. Das Königtum in der Götterwelt erhält jener Gott, der sich als gewalttätiger Kämpfer durch die Tötung seiner Rivalen durchsetzt. Da dieser Mythos auch eine politische Funktion für den Raum hat, in dem er die kulturelle Semantik bestimmt, legitimiert er zugleich die Gewalttätigkeit der herrschenden Klasse. Dass derartige polytheistische Gotteskonzepte friedfertiger seien als das monotheistische Gotteskonzept der Hebräischen Bibel kann wirklich nur behaupten, wer die religionsgeschichtliche Welt nicht kennt, in der die Bibel entstanden ist.

---

[18] Zu Heraklit vgl. G. Kirk / J.E. Raven / M. Schofield, Die vorsokratischen Philosophen. Einführung, Texte und Kommentare, Stuttgart – Weimar 1994, 198–236.

[19] D. Harth, Literatur und Terror, in: J. Assmann / ders., (Hg.), Kultur und Konflikt, Frankfurt am Main 1990, 345.

3. Gewaltperspektiven in den assyrischen und jerusalemischen Königtumskonzeptionen

Aus den umfangreichen altorientalischen Textzeugnissen, aus denen sich das politische und religiöse Selbstverständnis der Institution des Königtums ablesen lässt, will ich hier nur einige neuassyrische Beispiele kurz kommentieren. Im Zusammenhang unserer Diskussion sind diese Beispiele insofern besonders aussagerelevant, als Israel einerseits sowohl Bildwelt als auch Programmatik dieser Texte für die Formulierung seiner eigenen Königstheologie aufnahm und weil Israel andererseits an der realpolitischen und militärischen Verwirklichung dieser assyrischen Königspropaganda zu leiden hatte. Der im 9. Jh. v. Chr. beginnende militärisch durchgesetzte Aufstieg des assyrischen Reichs zur politischen Weltmacht, deren Machtsphäre bis nach Ägypten reichte, wurde von den jeweiligen Königen als Auftrag wechselnder Kriegs-Gottheiten legitimiert und als Rekapitulation bzw. Aktualisierung des urzeitlich-mythischen Götterkampfes gegen das Chaos und als Unterwerfung der Welt unter die Weltherrschaft des assyrischen Reichsgottes gefeiert. „Das enge Zusammenspiel von Gottheit und König im Kriege wurde in einem neuassyrischen Ritual für den Einsatz des Götterstreitwagens, der auf den Feldzügen mitgeführt wurde, unterstrichen. In einem mit dem Götterstreitwagen verbundenen Ritual, das Züge aufweist, die denen der ägyptischen Ächtungstexte ähneln, wurden die Feinde zu Beginn des Feldzuges bereits rituell besiegt. Der König an der Spitze der Feldpriester der Götter Nergal und Adad schoss mit den Worten ‚Pfeil des Aššur, geh hinweg‘ Pfeile ‚mitten ins Herz der Feinde‘, die der König anschließend rituell in Gestalt von Puppen niedermachte“.[20] Mit der Thronbesteigung wird der assyrische König Repräsentant des Gottes Aššur und übernimmt „seine“ Weltherrschaft, wie das folgende Gebet Sanheribs zu Aššur zeigt:

„Aššur, Vater des Himmels, Herrscher der Götter, Bestimmer der Schicksale,
du allein hältst die Tafel der Schicksale der Götter in deinen Händen,
halte die Regierung Sanheribs, des Herrn von Aššur in deinen Händen:

[20] E. Otto, Krieg und Frieden in der Hebräischen Bibel und im Alten Orient. Aspekte für eine Friedensordnung in der Moderne (Theologie und Frieden 18), Stuttgart 1999, 42.

Das ist ein gutes Schicksal, ein Schicksal der Lebensförderung, ein Schicksal des Herrschaftserhalts.
Erhöhe mein Haupt über alle, die auf einem Thron sitzen, und lass den Sockel meines Thrones fest sein wie ein Berg für lange Zeit.
Unterwerf mir, mein für mich Sorgender, von Ost bis West alle Länder meinem Joch …"[21]

Da der König eigentlich die Königsherrschaft des Gottes Aššur ausübt, wird seine Thronbesteigung, wie der Krönungshymnus Assurbanipals[22] belegt, mit der Akklamation begleitet:

„Aššur ist König, Aššur ist wahrhaftig König!
Assurbanipal ist das Abbild Aššurs, Geschöpf seiner Hand."

Wer sich dem assyrischen König und seinem göttlichen Herrschaftsanspruch nicht unterwirft, begeht eine „Sünde" gegen den Gott Aššur, die mit dem Tod bestraft werden muss, mag diese „Sünde" innenpolitisch die Gestalt einer Konspiration gegen den König oder außenpolitisch die Gestalt von Tributverweigerung oder offener Rebellion haben. Dementsprechend begründet Asarhaddon auf der sog. Sendschirli-Stele seine Expansionskriege folgendermaßen:

„Als der große Herr Aššur, um die Herrlichkeit meiner mächtigen Taten den Leuten zu zeigen, mein Königtum herrlicher gemacht hatte als das der übrigen Könige der vier Weltgegenden, den Ruf meines Namens groß gemacht hat, mir ein zorniges Zepter zum Zerschmettern der Feinde in meine Hände gelegt hatte, mir jedes Land, das gegen Aššur gesündigt, Verbrechen begangen und ihn verachtet hat, überantwortet hatte, um es zu plündern, auszurauben und das assyrische Gebiet zu vergrößern, habe ich, nachdem der Gott Aššur und die großen Götter, meine Herren, den Befehl zum Aufbruch gegeben hatten, ferne Wege, steile Berge und gewaltige Sanddünen, Orte des Durstes, gehorsam und wohlbehalten zurückgelegt."[23]

Die zitierten Texte sind repräsentativ für die polytheistisch begründete Gewalttätigkeit der assyrischen Könige, die ihr politi-

---

[21] Text nach ebd., 43.
[22] Vgl. dazu vor allem M. Arneth, „Sonne der Gerechtigkeit". Studien zur Solarisierung der Jahwe-Religion im Lichte von Psalm 72 (BZAR 1), Wiesbaden 2000, 54–95.
[23] Otto, Krieg (wie Anm. 20) 53f.

sches Programm konsequent durchsetzten. Es lässt sich mit E. Otto folgendermaßen zusammenfassen: „Die triumphale Gotteskonzeption des assyrischen Nationalgottes Aššur, verbunden mit den Gotteskonzeptionen anderer Götter des assyrischen Pantheons wie Ninurta, Adad, Nergal und šamaš schlagen auf die als politische Theologie konzipierte politische Staatstheorie des neuassyrischen Reiches durch: Eine Friedensordnung ist nur als eine *pax assyrica* denkbar. Es ist die Aufgabe des assyrischen Großkönigs, das Chaos in Gestalt der noch nicht unterworfenen und in einem Vertragsverhältnis mit dem assyrischen König stehenden Völker zurückzudrängen und also um des Friedens willen eine expansive Militärpolitik zu treiben. Die Frage nach dem gerechten Krieg ist assyrisch so beantwortet, dass jeder Krieg, den der assyrische Staat führt, ein gerechter ist, da der Gegner sich nicht freiwillig dem assyrischen König unterwirft".[24] Zwar wurden diese Kriege nicht geführt, um die assyrische Religion „weltweit" durchzusetzen. Gleichwohl wurden sie insofern religiös begründet, als sie den Weltherrschaftsanspruch des assyrischen Königs als des Repräsentanten des göttlichen „Weltkönigs" Aššur demonstrierten und realisieren sollten.

Mit der Ideologie *und* der Realität dieses Weltherrschaftsanspruchs wurden auch das Nordreich Israel und das Südreich Juda im 8. und 7. Jh. konfrontiert. Das Nordreich Israel verlor seine Eigenstaatlichkeit und wurde als Provinz in das assyrische Weltreich integriert. Das Südreich Juda behielt zwar seine Eigenstaatlichkeit, aber nur gegen Zahlung hoher Tributleistungen und in vertraglich gebundener Vasallität. Diese politische Realität bedeutete für die religiöse Symbolwelt beider Staaten, die sich auf den Gott JHWH als ihren politischen Schutzgott beriefen, eine irritierende Herausforderung, auf die es unterschiedliche Antworten gab. *Eine* dieser Antworten, die im Umkreis des Jerusalemer Tempels und des Königshofs entwickelt wurde, griff die skizzierte assyrische Königstheologie auf und übertrug sie als eine Art Gegenentwurf so auf das Jerusalemer Königtum, dass JHWH die Rolle des Gottes Aššur übernahm, der den Jerusalemer König zur Durchsetzung des Weltherrschaftsanspruchs JHWHs beauftragt habe. Diese aus heutiger Sicht doch sehr erstaunliche Konzeption hatte zumindest einen realpolitischen Anknüpfungspunkt in der historischen Tatsache, dass Jerusalem und das Jerusalemer Königtum im Jahre 701 den assyrischen Angriff überstanden hatten, was als wunderbare Rettung durch JHWH gefeiert wurde.

[24] Ebd., 59.

Als Beispiel dieser polytheistisch inspirierten Jerusalemer Königstheologie, die bis in die Formulierungen hinein die assyrischen „Vorlagen“ imitierte, kann *Psalm 2* dienen, dessen Primärfassung V 1–9 im 7. Jh. (möglicherweise für die Inthronisationsfeierlichkeiten des Königs Joschija) entstanden sein dürfte.[25] Diese Primärfassung, die den „urzeitlichen“ Gründungsmythos des Zionkönigtums erzählt, besteht aus drei Teilen: Der erste Teil V 1–3 schildert die weltweite Verschwörung der Fremdvölker und ihrer Könige gegen JHWH und seinen „Gesalbten“ (= Jerusalemer König); der Abschnitt kulminiert in einer (nicht mit Zitationsformel eingeleiteten) direkten Rede der Rebellen, die sich nicht länger der Weltherrschaft JHWHs und dem Jerusalemer König als seinem Repräsentanten unterwerfen wollen:

2,1 Wozu tosten die Völker
und wozu murmeln Eitles die Nationen,
2,2 stellen sich hin die Könige der Erde
und schließen sich die Fürsten zusammen
gegen JHWH und gegen seinen Gesalbten?
2,3 „Lasst uns zerreißen ihre Stricke
und lasst uns werfen von uns ihre Seile!“

Der zweite Teil V 4–6 schildert die Reaktion JHWHs. Während der erste Teil auf der Erde spielt, richtet dieser Teil den Blick in den Himmel und zeigt den auf seinem Thron sitzenden Weltenkönig JHWH, der über die versuchte Revolte gegen ihn „lacht“ (Ausdruck seiner Souveränität) und in seinem „Zorn“ (Ausdruck der „politischen“ Entschlossenheit, seine Weltordnung gegen alle Machtansprüche anderer Götter und der sich auf diese berufenden Könige zu verteidigen) verkündet, dass er den Jerusalemer König als seinen Repräsentanten eingesetzt hat (abermals direkte Rede ohne einleitende Zitationsformel!):

2,4 Der im Himmel Thronende lacht,
der Allherrscher spottet über sie.

---

[25] Zur literarkritischen Unterscheidung zwischen der Primärfassung Ps 2,1–9 und der Fortschreibung Ps 2,10–12 vgl. F.-L. Hossfeld / E. Zenger, Die Psalmen. Psalm 1–50 (NEB), Würzburg 1993, 49–51; allerdings halte ich die Primärfassung Ps 2,1–9 nun für vorexilisch (7. Jh.?) und nicht (wie ebd. 51) erst für spätnachexilisch (3. Jh.). Zum religionsgeschichtlichen Kontext der Gewaltmetaphorik der Primärfassung vgl. K. Koch, Der König als Sohn Gottes in Ägypten und Israel, in: E. Otto / E. Zenger (Hg.), „Mein Sohn bist du“ (Ps 2,7). Studien zu den Königspsalmen (SBS 192), Stuttgart 2002, 1–32 sowie E. Otto, Politische Theologie in den Königspsalmen zwischen Ägypten und Assyrien. Die Herrscherlegitimation in den Psalmen 2 und 18 in ihren altorientalischen Kontexten, ebd. 33–65.

2,5 Damals sprach er zu ihnen in seinem Zorn,
und in seiner Zornesglut versetzte er sie in Schrecken:
2,6 „Ich, ja ich habe geschaffen meinen König
auf dem Zion, meinem heiligen Berg."

Der dritte Teil V 7–9 richtet den Blick auf den Zion und bietet die Reaktion des von JHWH eingesetzten Königs, der nun seinerseits mit Zitat der in der mythischen Urzeit gesprochenen JHWH-Rede seinen „Königsauftrag" gegenüber den Fremdvölkern und ihren Königen proklamiert. Während V 7 mit der Gottessohnschaft ein zentrales Motiv der ägyptischen Königstheologie aufgreift, inspiriert sich der in V 8–9 proklamierte Weltherrschaftsauftrag, insbesondere mit den Gewaltbildern in V 9, an der assyrischen Königstheologie:

2,7 Ich will verkünden die Setzung JHWHs.
Er sprach zu mir: „Mein Sohn – Du!
Ich habe dich heute gezeugt/geboren.
2,8 Erbitte von mir und ich gebe dir Völker als dein Erbteil
und als deinen Besitz die Enden der Erde.
2,9 Du sollst sie zerschlagen mit einem eisernen Stab
und wie Töpfergefäße sollst du sie zerschmettern!"

Dieses Regierungsprogramm des Jerusalemer Königs entspricht in der Tat dem Verständnis der politischen Herrschaft der assyrischen Könige, wie wir es oben gesehen haben. Diese *pax jerusalemitica* ist wie die *pax assyrica* und die *pax persica*[26] (sowie später auch die *pax romana* der römischen Kaiser) eine mit Gewalt und Unterdrückung erzwungene Unterwerfung unter den sich als Repräsentanten des höchsten und mächtigsten Gottes präsentierenden König. Gewiss, der Jerusalemer König hatte nie die militärische Macht, diesen Anspruch in konkrete Politik umzusetzen. Das war auch nicht die Erwartung der in Ps 2,1–9 proklamierten

[26] Meist wird die Politik des persischen Weltreichs im Vergleich mit der assyrischen und babylonischen Politik als tolerant und friedfertig dargestellt. Die Realität war wohl anders. Auch die *pax persica* wurde mit brutaler Gewalt erzwungen und aufrechterhalten. Das gilt nicht nur für die Machtübernahme durch Kyrus, sondern besonders für den Regierungsantritt von Darius I. im Jahre 522 v. Chr., der mehrere Aufstände blutig niederschlug. Die dadurch herbeigeführte *pax persica* wird von W. Hinz folgendermaßen charakterisiert: „Insgesamt hatte die Niederwerfung der Aufstände in den Kerngebieten des Achämenidenreiches wohl gegen hunderttausend Opfer gefordert – für jene Zeit ein furchtbarer Blutzoll. Er wirkte wie ein Schock, der in den Herzen der Menschen jener Zeit noch lange nachzitterte" (W. Hinz, Darius und die Perser. Eine Kulturgeschichte der Achämeniden. Band I, Baden-Baden 1976, 166).

Königstheologie. Das Hauptanliegen dieses Textes war es, den Machtbereich des Gottes JHWH gegenüber den Machtansprüchen anderer Gottheiten, vor allem des Gottes Aššur, so auszuweiten, dass er – allem Augenschein zum Trotz – im Vergleich mit den Göttern der anderen Völker der „eigentliche", weil „allmächtige", Gott sei. Hinter Ps 2,1–9 steht damit letztlich ein polytheistisches Gotteskonzept, das JHWH zugleich eine Einzigartigkeit zuspricht – freilich mit einer problematischen Konzentration auf Gewalt und Unterdrückung.

4. Das „messianische" Konzept des Gewaltverzichts als Konsequenz des reflektierten Monotheismus

Das gewalttätige Gotteskonzept und die mit ihm verknüpfte Theologie des Jerusalemer Königtums sind durch die Ereignisse der politischen Geschichte im 6. Jh. massiv erschüttert worden. Die Zerstörung des JHWH-Tempels, das Ende der Eigenstaatlichkeit Judas und die Entmachtung des davidischen Königtums durch die Babylonier stellten das hinter Ps 2,1–9 stehende Gottes- und Königskonzept massiv in Frage und führten zur Beseitigung der problematischen Gewaltaspekte aus der Jerusalemer Königstheologie – und zwar gerade im Horizont des reflektierten monotheistischen Gotteskonzepts, das sich in der exilischen und frühnachexilischen Theologie herausbildete. Ich kann dieses für das Thema „Monotheismus und Gewalt" hochrelevante Phänomen aus Raumgründen nur kurz und exemplarisch skizzieren.

Die Auseinandersetzung mit der Katastrophe von 586 v. Chr. und ihren Folgen präsentiert sich in den biblischen Texten als die Doppelfrage „Warum bzw. wozu ist dies geschehen?" (also als Frage nach den Ursachen und nach der Sinnhaftigkeit) und „Wie kann es weitergehen? Was muss anders werden?" (also als Frage nach einem Neuanfang und nach einer heilvolleren Zukunft). Auf diese Fragen gab es nach Ausweis der Texte zahlreiche und unterschiedliche Antworten. Im Zusammenhang unserer Thematik erscheint mir auffallend, dass nun eine Königstheologie entworfen wurde, die explizit auf Gewalt verzichtet und die Solidarität gerade mit den Schwachen zum Leitprinzip der Politik macht. *Zwei Textbeispiele* sollen diese These belegen.

Das *erste Textbeispiel* stammt aus dem Jesajabuch, dessen nachexilische Redaktion die drei Kapitel Jes 7 9 11, in denen die Verheißung der Geburt eines Königssohnes (Jes 7), die Feier seiner Geburt (Jes 9) und sein Amtsantritt bzw. seine Amtsausübung

(Jes 11) verkündet werden, zu einem kunstvollen Triptychon ausgestaltet hat. Im Sinne der Redaktion wird hier ein erneuertes („messianisches") Königtum verheißen, das teilweise als Kontrast sowohl zum vorexilischen Jerusalemer Königtum als auch zum assyrischen Königtum (die leidvolle Erfahrung der Gewalttätigkeit der Assyrer ist in der Komposition Jes 1–12 der politische und ideologische Hintergrund; die Assyrerperikope Jes 10,5–34 ist sogar in literarischer Hinsicht der Gegentext zu Jes 11[27]) gezeichnet ist. Nach Jes 11,1–10 besteht die wichtigste Differenz darin, dass dieser König, der in Jes 9,5 den Titel „Fürst des Friedens" trägt, in der Vollmacht des Geistes JHWHs nicht mehr mit brachialer und militärischer Gewalt sein Amt ausübt, sondern mit der Autorität seines Wortes Recht und Gerechtigkeit schafft und weltweiten, ja sogar kosmischen Frieden stiftet, indem er die Solidarität mit den Schwachen zur Grundoption des Zusammenlebens macht. Dieses auf Gewalt verzichtende und Gerechtigkeit schaffende Königreich wird auf dem Zion Wirklichkeit werden – und dieses politische Wunder der Gewaltlosigkeit, der Gerechtigkeit und des Friedens wird die Könige und die Völker der Welt herbeilocken und auch sie zu einer Politik der Gewaltlosigkeit und des friedlichen Zusammenlebens bewegen. Werfen wir also einen kurzen Blick auf Jes 11,1–10:

11,1 Doch aus dem Baumstumpf Isais geht ein Reis hervor,
ein junger Trieb aus seinen Wurzeln bringt Frucht.
11,2 Es lässt sich nieder auf ihm der Geist JHWHs:
der Geist der Weisheit und der Einsicht,
der Geist des Rates und des Kampfes,
der Geist der Erkenntnis und der Furcht JHWHs.
11,3 Er selbst begeistert ihn mit der Furcht JHWHs.
Nicht nach dem Augenschein schafft er Recht,
und nicht nach dem Hörensagen schlichtet er.
11,4 Er schafft Recht mit Gerechtigkeit den Kleinen,
und er schlichtet mit Heil für die Armen des Landes.
Er unterwirft das Land mit dem Stab seines Mundes,
und mit dem Hauch (Geist) seiner Lippen tötet er den Frevler.
11,5 Gerechtigkeit ist der Gürtel um seine Hüften
und Treue der Gürtel um seine Lenden.

[27] Vgl. dazu W. A. M. Beuken, Jesaja 1–12 (HThKAT), Freiburg 2003, 303–306.

11,6 Dann wohnt der Wolf (als Gast) beim Lamm,
und der Leopard lagert sich (friedlich) beim Böcklein,
Kalb und Junglöwe mästen sich zusammen,
ein kleiner Knabe leitet sie (als ihr Hirte),
11,7 Kuh und Bärin sind Weidegenossen,
zusammen lagern sich ihre Jungen,
der Löwe frisst Stroh wie das Rind.
11,8 Der Säugling spielt am Schlupfloch der Kobra,
und in die Höhle der Otter streckt der Entwöhnte seine Hand.
11,9 Sie tun nichts Böses und handeln nicht verderbt
auf meinem ganzen heiligen Berg,
denn erfüllt ist das ganze Land von Erkenntnis JHWHs,
wie die Wasser das Meer zudecken.
11,10 Und es wird geschehen an jenem Tag:
Der Wurzelspross Isais wird dastehen als Zeichen für die Völker,
zu ihm kommen suchend die Nationen,
sein Ruheplatz wird voll Herrlichkeit sein.

Hier ist keine differenzierte Auslegung dieses kunstvoll gestalteten Textes möglich.[28] Ich beschränke mich auf einige Gesichtspunkte, die für die Gewaltproblematik im Horizont des monotheistischen Gotteskonzepts wichtig sind:

1. Der „messianische“ Friedensfürst ist ein Spross aus Isais Baumstumpf. Er steht also einerseits in der Kontinuität des davidischen Königtums, aber er ist andererseits ein in vielfacher Hinsicht neuer Spross. Er heißt nicht „König“ und trägt überhaupt keine amtlichen Titel. Er ist „nur“ Träger des Geistes JHWHs und als solcher schafft er umfassende Gerechtigkeit und fördert er das Leben.

2. Er schlägt nicht wie der König von Ps 2 mit einem eisernen Stab die Völker nieder (Ps 2,9), sondern er „unterwirft mit dem Stab seines Mundes“ und „tötet die Frevler mit dem Hauch seiner Lippen“ (Jes 11,4). Diese eigenartige Metapher kombiniert die Gewaltbilder der traditionellen Königstheologie („unterwerfen“, „töten“) mit Bildern der Gewaltlosigkeit („Mund“ und „Lippen“ als Organe des Sprechens): Was das traditionelle Königtum mit Gewalt erreichen wollte, das erreicht dieser Friedensfürst mit der

[28] Vgl. die Auslegung bei Beuken, Jesaja (wie Anm. 27) 307–323 sowie die Beobachtungen zur Metaphorik des Textes bei Löning / Zenger, Als Anfang (wie Anm. 10) 231–242.

„Macht" seiner Worte – nämlich Recht und Gerechtigkeit für *alle*. Mir scheint, dass die eigenartige Kompositmetapher von Jes 11,4 eine dezidierte Gewalt ablehnende Relecture von Ps 2,9 sein will. Diesem neuen König geht es nicht um Herrschaft, sondern um die Weitergabe der göttlichen Lebenskraft (*ruach*) an alle.

3. Das Ende der Gewalt, das dieses „neue" Königtum bringt, ist so total, dass kein Lebewesen mehr ein anderes bedroht oder auf seine Kosten lebt. Was auf den ersten Blick wie eine Idylle wirkt, wenn Löwen nicht mehr reißen, sondern friedlich wie Lämmer grasen, wenn ein wehrloser Säugling mit der heimtückischen, todgefährlichen Schlange spielen kann, entwirft in Wirklichkeit die Vision, dass die Schöpfung zu jener Vollendung kommt, die der Schöpfergott gemäß Gen 1–3 herbeiführen will (Jes 11,6–8 greift einerseits die Schöpfungsidee von Gen 1,29–30 auf und setzt andererseits die urgeschichtliche Feindschaft von Gen 3,15 außer Kraft). Dass das Ende der Gewalt und der Leben vernichtenden Feindschaft auf eine Weise geschieht, die diametral dem politischen Modell des polytheistischen Gotteskonzepts entgegensteht, wohl aber dem in Gen 1 entfalteten monotheistischen Gotteskonzept entspricht, ist die Botschaft der Bildwelt von Jes 11,6–8. Dass Jes 11,6–8 eben nicht das Ende der Feindschaft dadurch herbeikommen sieht, dass die Raubtiere und die todgefährlichen Schlangen vernichtet, sondern zu friedlichen Weidegenossen und Spielgefährten verwandelt werden, ist die besondere Pointe der Utopie von Jes 11,1–10.

4. Jes 11,6–8 proklamiert nicht nur die Gewaltlosigkeit als gottgewolltes Lebensprinzip der Schöpfung, sondern geht sogar noch einen Schritt weiter. Der Text weiß einerseits um die Realität, dass es im Lebenshaus der Schöpfung Starke und Schwache gibt, und so präsentiert er ein Lebensmodell, in dem die Starken sich freiwillig zurücknehmen und sich in ihrer Lebenspraxis den Schwachen anpassen bzw. sogar unterordnen. J. Ebach hat dies folgendermaßen auf den Punkt gebracht: „Die Passage vom Tierfrieden beginnt mit einem Satz, der die Umkehrung der vorfindlichen Normen doppelt anzeigt. ‚*Da wird Gast sein der Wolf beim Lamm …*' Hier ist einmal das friedliche Zusammenleben bisheriger Todfeinde bezeichnet. Die Utopie verweist … auf die Überwindung nicht des Feindes, sondern des Feind-Seins. Doch enthält das Bild mehr. Zu beachten ist die Rolle der jeweiligen Tiere im Zustand überwundener Feindschaft. ‚Gast sein' (das hebr. Wort *gūr* kann geradezu ‚als Fremdling, als Schutzbürger weilen' bedeuten) wird nicht das schwache Tier beim starken, sondern *umgekehrt*: der Wolf beim Lamm, der Leopard beim Böcklein … Blie-

be … die Vorstellung der sicheren Hut, die der Schwache beim Starken findet, affirmativ gegenüber den bestehenden Machtverhältnissen als deren bloße Idealisierung (weshalb sie ein stehender Topos von Königsideologie ist), so enthält die Konstellation von Jes 11,6 die Umwertung der vorfindlichen Normen. Das Bild erweist sich insofern als Fortsetzung der Erwartung an den Friedensherrscher, bei der alles darauf ankommt, dass der Schwache aufgerichtet wird, zu seinem Recht kommt, d. h. nicht auf die Mildtätigkeit der Mächtigen verwiesen bleibt".[29]

5. Die Vision einer gewaltlosen Gesellschaft wird nach Jes 11,9 ihre Realisierung auf dem Zion beginnen – und zwar dann, wenn die dort lebenden Menschen die monotheistische Gotteswahrheit und ihre Implikationen erkennen und zum Maßstab ihrer Lebenspraxis machen.

6. Wenn der Zion zu einem Ort lebensförderlicher Gewaltlosigkeit und solidarischer Gerechtigkeit wird, werden – so sagt es Jes 11,10 – die Völker freiwillig dorthin kommen, um diese Lebensordnung zu lernen (vgl. Jes 2,1–5: dazu s.u.). Dann wird JHWHs Weltherrschaft politische Realität werden. Das ist ein klarer Gegenentwurf zu der mit Gewalt und Ausbeutung erzwungenen Weltherrschaft, wie wir sie oben im Horizont des polytheistischen Gotteskonzepts bzw. des assyrischen Imperialismus kennengelernt haben.

Das *zweite Textbeispiel* stammt aus dem Sacharjabuch und zwar aus dem Teil Sach 9–11, den die Exegese Deuterosacharja nennt. Er setzt sich nach verbreiteter Auffassung mit der durch Alexander den Großen durch konsequente Kriegsgewalt durchgesetzten Veränderung der damaligen politischen Landkarte auseinander, unter der auch Jerusalem und die Region zu leiden hatten.[30] Gegen die von der griechischen Propaganda proklamierte Apotheose Alexanders als eines göttlichen Heilbringers setzte Sach 9–11 die Vision von einem wahren Heilbringer, dessen Profil – wie das in Jes 11,1–10 gestaltete – sich gerade durch seine demonstrative Gewaltlosigkeit auszeichnete. Auch hier ist wieder keine detaillierte Analyse und Interpretation möglich, die vor allem deshalb notwenig wäre, weil es innerhalb von Sach 9–11 *auch* Gewaltbilder gibt, deren Funktion beschrieben werden müsste. Ich führe nur den

---

[29] J. Ebach, Ursprung und Ziel. Erinnerte Zukunft und erhoffte Vergangenheit, Neukirchen-Vluyn 1986, 78f.

[30] Eine breite Diskussion über die Datierungsprobleme von Sach 9,1–10 sowie über die theologische Programmatik bietet A. Kunz, Ablehnung des Krieges. Untersuchungen zu Sacharja 9 und 10 (HBS 17), Freiburg 1997, 45–242 (mit freilich anderer Datierung des Textes: um 200 v. Chr.).

kurzen Text von Sach 9,9–10 an und kommentiere ihn mit einigen Beobachtungen, die mir für unsere Thematik aufschlussreich zu sein scheinen:

9,9 Juble laut, Tochter Zion! Jauchze, Tochter Jerusalem! Siehe, dein König kommt zu dir: Er ist gerecht und hat selbst erfahren, was Rettung bedeutet, er kommt wie einer, der arm und schwach ist, er reitet auf einem Esel, dem Fohlen einer Eselin.

9,10 Ich aber vernichte die Streitwagen aus Efraim und die Kampfrosse aus Jerusalem. Vernichtet wird der Kriegsbogen.
Er aber wird mit Worten den Völkern den Frieden stiften.
Und seine Herrschaft reicht von Meer zu Meer und vom Eufrat bis an die Enden der Erde.

Dieser Textabschnitt ahmt die Gattung des Heroldsrufs nach. Er fordert Zion/Jerusalem auf, den einziehenden „messianischen" Friedenskönig mit dem „Königsjubel" zu empfangen und zu feiern. Dieser „neue" König ist nicht nur ein Gegenbild zur Königstheologie von Ps 2,1–9, sondern auch und besonders gegen die hellenistische Königsideologie und deren politische Praxis. Während sich der hellenistische König als Kriegskönig präsentiert und legitimiert, zieht der König Jerusalems in seine Hauptstadt nicht auf dem Kriegsross und an der Spitze eines siegreichen Heeres ein, sondern auf dem Esel, dem Reittier der Richter der Richterzeit (vgl. Ri 10,4; 12,14) bzw. gemäß der Verheißung Gen 49,11. Die ihm in V 9 zugesprochenen Eigenschaften verstärken diese Aussagetendenz: Er ist gerecht, d. h. er praktiziert selbst die Gerechtigkeit und diese ist die Leitperspektive seiner Amtsführung, und er ist einer, der selbst Rettung und Hilfe erfahren hat, d. h. er hat beides erfahren: Not *und* Rettung, und dies qualifiziert ihn in besonderer Weise für seine Aufgabe. Die dritte in V 9 genannte Eigenschaft, seine Demut, unterscheidet ihn von den Machthabern der bisherigen Geschichte, denen meist „Hochmut" und „Gewalt" vorgeworfen wird. Die Friedensherrschaft dieses Königs beginnt damit, dass JHWH in Efraim (= Gebiet des Nordreichs) und in Jerusalem, d. h. im ganzen Gebiet Israels, Streitwagen, Rosse und Kriegsbogen, also die Kriegsarsenale, vernichtet. Dass hier beispielhaft Streitwagen und Rosse genannt werden, greift die Verheißung Hag 2,22 auf, steht aber auch in der Tradition der prophetischen Kritik, wonach Streitwagen und Pferde Ausdruck des politischen „Hochmuts" (vgl. Jes 2,7; 30,16; 31,1.3 u.ö.) und deshalb das Gegenbild zu dem „demütigen" Friedenskönig sind. JHWH ist hier also der Gott, der den Kriegen ein Ende setzt. Und das ist auch der Regierungsauftrag seines „messianischen" Repräsentanten in Jerusalem, der mit der Kraft seines Wortes weltweiten Frieden herbeiführen wird „von Meer zu Meer" (altorientalisches „Weltbild": die Erdscheibe ist ringsum von Wasser umgeben).

Beide Textbeispiele belegen unmissverständlich: Wo das monotheistische Gotteskonzept auf seine politischen Implikationen hin reflektiert wird, entsteht die Utopie einer auf Gewalt und Ausbeutung verzichtenden göttlichen Weltherrschaft und eines analog gewaltlosen messianischen Königtums.

Das „politische" Konzept des Gewaltverzichts könnte und müsste nun durch einen Blick auf die sog. Gottesknechtslieder des Jesajabuchs weiter präzisiert werden. Insbesondere das vierte Gottesknechtslied Jes 52,13–53,12 präsentiert eine Auseinandersetzung mit dem Thema Gewalt, die darin kulminiert, dass durch die freiwillige Hinnahme von Gewalt durch den „Knecht" (als Individualgestalt, aber auch als Gemeinschaft) der tödliche Kreislauf von Gewalt und Gegengewalt aufgebrochen wird. Auch dies kann hier nicht breiter dargestellt werden.

Ich möchte diesen Reflexionsgang abschließen mit einem nochmaligen Blick auf Psalm 2, denn auch dieser Psalm hat in der spätnachexilischen Zeit eine gewaltkritische Fortschreibung erhalten. Aus dem Zionskönig, der die Könige und Völker der Erde mit brachialer Gewalt der Weltherrschaft JHWHs und seiner eigenen unterwerfen soll, wird nun (in der Konsequenz der skizzierten „neuen" Königstheologie) ein „Toralehrer", der ihnen einen Weg weist, dem Zorngericht JHWHs zu entkommen:

2,10 Und nun, Könige, werdet einsichtig,
lasst euch belehren, Herrscher der Erde.
2,11 Dienet JHWH in (Gottes-)Furcht,
jauchzt ihm zu mit Beben,
küsset das Reine/den Reinen/den Sohn,[31]
2,12 damit er nicht zürnt und euer Weg in den Abgrund führt,
denn wenig nur und es entbrennt sein Zorn.

[31] Meist wird hier der überlieferte Text so geändert, dass sich für 2,11 die Übersetzung ergibt: „Dient dem Herrn [JHWH] in Furcht und küsst ihm mit Beben die Füße" (so die Einheitsübersetzung). Die Septuaginta liest: „Jauchzt ihm zu mit Beben. Ergreift die Lehre …"; offensichtlich versteht sie „das Reine" (*bar*) als Metapher für die Tora (vgl. Ps 19,9b). Versteht man *bar* als Akkusativ „den Reinen" bzw. „ den Sohn", läge eine königstheologische („messianische") Perspektive vor.

Der „messianische“ Zionskönig greift hier nicht zu den Waffen, sondern (gemäß Jes 11,4 und Sach 9,10) zum Wort, um die Revolte der Völker gegen JHWHs Weltherrschaft (vgl. Ps 2,1–3) zu beenden. Er spielt in 2,11f auf die Torabelehrung Dtn 6,13.15 und auf den Völkerwallfahrtstext Jes 60,12 an. Zwar gebraucht 2,12 die Sprache der Gewalt, aber 2,12a spricht nicht (mehr) vom direkten Strafhandeln Gottes selbst, sondern entwirft das Bild der sich selbst zu Grunde richtenden Gewalttäter.[32]

5. Das monotheistische Gotteskonzept und der Krieg

Als besonders gewalttätig präsentiert die Hebräische Bibel den Gott JHWH und seine Verehrer in den Kriegsgeschichten, mit denen im Josuabuch die sog. Landnahme erzählt wird, in den Kriegs-, Mord- und Vergewaltigungsgeschichten, mit denen im Richterbuch die sog. vorkönigliche Zeit dargestellt wird, und in den Kriegsgeschichten, mit denen in den Samuelbüchern die Konflikte Sauls und Davids mit den Philistern geschildert werden. Sogar der Exodus wird als militärischer Sieg JHWHs über die Ägypter gefeiert und im Hymnus Ex 15, der diesen Sieg bejubelt, wird JHWH ausdrücklich als „Kriegsmann“ definiert (Ex 15,2). Und das Buch Deuteronomium liefert, wie der Beitrag von J. Assmann ausgeführt hat, die theologische Legitimierung dieser göttlichen bzw. göttlich befohlenen Gewalt. In der Tat ist die Verbindung Gott und Krieg, vor allem in der Ausprägung des sog. „Kriegsbanns“, bei dem zu Ehren Gottes die besiegten Feinde und ihr Besitz vernichtet werden, ein in den biblischen Texten erschreckend breit dargestelltes und offensichtlich positiv gewürdigtes Phänomen.

Über die historische, religionsgeschichtliche und theologische Einordnung bzw. Würdigung dieser Geschichten gibt es heute einen bibelwissenschaftlichen Konsens, der sich in folgenden zwei Punkten zusammenfassen lässt.

1. Entstehungsgeschichtlich stammen die meisten dieser Erzählungen aus der mittleren Königszeit, also aus einer Epoche massiver kriegerischer Bedrohung der beiden Teilstaaten Israel und Juda. Es sind Geschichten gegen die Angst vor feindlicher Über-

---

[32] Ps 2,12a gebraucht wie Ps 1,6 das Bild vom „Weg, der sich verliert“ und charakterisiert damit den „Lebensweg“, d. h. die Taten der Könige, als das Unheil, das sie selbst über sich bringen („Tat-Ergehen-Zusammenhang“). Zur Perspektive, dass die Bösen ohne ein kausales Handeln JHWHs scheitern, vgl. C. Sticher, Die Rettung der Guten durch Gott und die Selbstzerstörung des Bösen. Ein theologisches Denkmuster (BBB 137), Berlin 2002.

macht und Ausdruck der Hoffnung auf die rettende Hilfe des eigenen Gottes JHWH. Mit diesen Geschichten partizipiert die JHWH-Religion an der gemeinaltorientalischen Kriegskonzeption, wonach die eigentlichen Kriegsgegner die Götter der Krieg führenden Völker sind. Dabei ist wichtig: Die Macht eines Gottes, ja seine Göttlichkeit erweist sich vor allem in spektakulären Siegen und in der Vernichtung der Feinde. Dieses auch in Texten der Hebräischen Bibel erkennbare Kriegsverständnis setzt ein polytheistisches Gotteskonzept voraus.

2. Dass Kriege in der Welt, in der diese Kriegsgeschichten der Hebräischen Bibel entstanden, eine „göttliche“ Dimension haben, wird vor allem im sog. Kriegsbann bzw. in der „Vernichtungsweihe“ (so gibt die Einheitsübersetzung das hebräische Wort *cheräm* wieder) sichtbar, wonach die besiegten Feinde und all ihr Besitz der Gottheit geopfert, d. h. vernichtet werden müssen.[33] Der Cheräm war keine Erfindung Israels, sondern eine damals verbreitete Vorstellung und Praxis, wie z. B. die aus der Mitte des 9. Jh. stammende Inschrift des Moabiterkönigs Mescha (auf der sog. Mescha-Stele) belegt, auf der dieser berichtet, er habe die israelitische Stadt Nebo erobert und die 7000 Männer der Stadt nebst Frauen und Fremdlingen getötet – als Cheräm für seinen Gott 'Aschtar-Kamosch.[34] Dass eine solche „Vernichtungsweihe“ jemals in Kriegen Israels durch Israel durchgeführt wurde, ist aus historischer Sicht wenig wahrscheinlich. Auf keinen Fall sind die Erzählungen des Josuabuchs ein *historischer* Beleg dafür.

Trotzdem: Diese Geschichten und ihre Kriegstheologie, ihre Sprache der Gewalt und das dahinter stehende Gotteskonzept sind irritierend – und sie waren es bereits in biblischer Zeit, wie die Hebräische Bibel selbst dokumentiert. Denn neben dieser Gewaltspur und gezielt gegen sie gibt es in der Hebräischen Bibel eine ganze Reihe von Texten, die kriegskritisch sind und die Vision einer Überwindung der kriegerischen Gewalt entwerfen. Diese Gegenentwürfe verdanken sich dem monotheistischen Gotteskonzept und widerlegen so die modische These, der biblische Monotheismus sei gewalttätiger als der Polytheismus. Auch hier müssen wieder einige kurze Texthinweise genügen.

---

[33] Vgl. N. Lohfink, Krieg und Staat im alten Israel (Beiträge zur Friedensethik 14), Barsbüttel 1992; S. Niditch, War in the Hebrew Bible. A Study in the Ethics of Violence, New York 1993.

[34] Text und Kommentar der Mescha-Stele: H.-P. Müller, Die Inschrift des Königs Mesa von Moab, in: O. Kaiser (Hg.), Texte aus der Umwelt des Alten Testaments. Band I. Historisch-chronologische Texte III, Gütersloh 1985, 646–650 (die Cheräm-Passage steht in Zeile 17).

Bereits in dem (auch von J. Assmann als Beleg für die biblische Sprache der Gewalt zitierten) Kriegsgesetz Dtn 20 lässt sich, wie E. Otto gezeigt hat[35], das Bemühen erkennen, die exzessiv gewalttätigen Kriegspraktiken, die hier zusammengestellt sind und die gemeinaltorientalische Ideologie repräsentieren, dadurch zu relativieren, dass in den Primärtext mehrere Textpassagen eingefügt wurden. Dies gilt für Dtn 20,5–7, wo eine ganze Reihe von Situationen genannt wird, in denen jemand von der Teilnahme am Krieg freigestellt werden soll – weil dieser zu gewalttätig ist:

20,5 Ist unter euch einer, der ein neues Haus gebaut und noch nicht eingeweiht hat? Er trete weg und kehre zu seinem Haus zurück, damit er nicht im Kampf fällt und ein anderer es einweiht.

20,6 Ist unter euch einer, der einen Weinberg angelegt und noch nicht die erste Lese gehalten hat? Er trete weg und kehre nach Hause zurück, damit er nicht im Kampf fällt und ein anderer die erste Lese hält.

20,7 Ist unter euch einer, der sich mit einer Frau verlobt und sie noch nicht geheiratet hat? Er trete weg und kehre nach Hause zurück, damit er nicht im Kampf fällt und ein anderer seine Frau heiratet.

Ein weiterer Einschub wendet sich gegen die von den Assyrern geübte (textlich und ikonographisch belegte) Kriegspraxis, während der Belagerung einer Stadt die Fruchtbäume in der Umgebung der Stadt abzuschlagen, um so deren Lebensressourcen auf Jahre hinaus zu beschädigen. Dagegen protestiert Dtn 20,19f:

20,19 Wenn du eine Stadt längere Zeit hindurch belagerst, um sie anzugreifen und zu erobern, dann sollst du ihrem Baumbestand keinen Schaden zufügen, indem du die Axt daran legst. Du darfst von den Bäumen essen, sie aber nicht fällen mit dem Gedanken, die Bäume auf dem Feld seien der Mensch selbst, sodass sie von dir belagert werden müssten.

20,20 Nur den Bäumen, von denen du weißt, dass sie keine Fruchtbäume sind, darfst du Schaden zufügen. Du darfst sie fällen und daraus Belagerungswerk bauen gegen die Stadt, die gegen dich kämpfen will, bis sie schließlich fällt.

---

[35] Vgl. Otto, Krieg (wie Anm. 20).

Freilich, Kriege bleiben gewalttätig und lassen sich nicht humanisieren, auch nicht durch solche Einschränkungen, wie sie nachträglich in Dtn 20 eingefügt wurden. Das ist offensichtlich die Meinung jener biblischen Texte, die vom Ende aller Kriege reden und gewaltlose Wege der Konfliktlösung unter den Völkern anvisieren. Dies können *drei Textbeispiele* belegen, die im Horizont des reflektierten monotheistischen Gotteskonzepts entstanden sind und so abermals dessen pazifizierendes Potential dokumentieren.

Das *erste Beispiel* ist eine nachexilische Fortschreibung, die die vorexilische Primärfassung von Ps 46 erhalten hat. Die V 2–8 umfassende Primärfassung dieses Zionspsalms[36] feiert hymnisch den inmitten der Gottesstadt residierenden Gottkönig JHWH als Beschützer der in der Stadt lebenden Menschen, indem er durch sein kriegerisches Eingreifen das die Stadt bedrohende Chaos abwehrt. Dieser Hymnus auf den gewalttätigen Chaosbekämpfer JHWH, der alle Feinde Zions zurückschlägt, wurde angesichts der Zerstörung Jerusalems durch die Babylonier 586 v. Chr. mit Hilfe der Erweiterung V 9–12 so verändert, dass aus dem Kriegsgott nun ein Friedensgott wird, der allen Kriegen dadurch ein Ende setzt, dass er die Kriegswerkzeuge vernichtet[37] – und dass alle Völker der Erde *diesen* Friedensgott als ihren König anerkennen sollen:

46,9 Kommt und schaut die Wundertaten JHWHs,
der Furchterregendes auf Erden vollbringt.
46,10 Er ist es, der den Kriegen ein Ende setzt bis an die Grenzen der Erde,
den Bogen zerbricht er, die Lanze zerschlägt er,
die Wagen verbrennt er im Feuer.
46,11 „Lasst ab und erkennt, dass ich (allein) Gott bin,
erhaben über die Völker, erhaben auf Erden!“

---

[36] Zur Interpretation von Ps 46,2–8 vgl. vor allem B. Janowski, Die heilige Wohnung des Höchsten. Kosmologische Implikationen der Jerusalemer Tempeltheologie, in: O. Keel / E. Zenger (Hg.), Gottesstadt und Gottesgarten. Zur Geschichte und Theologie des Jerusalemer Tempels (QD 191), Freiburg 2002, 42–57; zur theologischen Differenz von 46,2–8 und 42,9–12 vgl. Otto, Krieg (wie Anm. 20) 112–117.149–150.

[37] Dieses Konzept ist auch der Hintergrund der Judit-Erzählung, die die in Ex 15,3 MT stehende Gottesprädikation איש מלחמה „Mann des Krieges“ in der Relecture des Mirjamlieds Ex 15, die sie im Juditlied Jdt 16 bietet, friedenstheologisch als συντρίβων πολέμους „der den Kriegen ein Ende setzt“ (Jdt 16,2; vgl. auch Jdt 9,7) wiedergibt; zur Semantik und zu den theologischen Implikationen dieser Relecture vgl. C. Rakel, Judit – über Schönheit, Macht und Widerstand im Krieg. Eine feministisch-intertextuelle Lektüre (BZAW 334), Berlin 2003, 104–110.249–260. B. Schmitz, Gedeutete Geschichte. Die Funktion der Reden und Gebete im Buch Judit (HBS 40), Freiburg 2003, 280–289.370–374.

46,12 JHWH Zebaot ist mit uns,
eine Schutzburg ist für uns der Gott Jakobs.

Was die weltweite Anerkennung JHWHs als des einzig wahren Gottes, der sein Gottsein durch die Abschaffung der Kriege erweisen will, politisch bedeutet und wie diese *seine* Friedensherrschaft Wirklichkeit werden soll, zeigt das *zweite Textbeispiel*, nämlich die Doppelüberlieferung Jes 2,1–5 = Mi 4,1–5. Dieser Text ist der Tradition offenkundig so wichtig, dass sie ihn – wie das auch beim zweifach überlieferten Dekalog Ex 20,1–17 = Dtn 5,1–21 der Fall ist – zweimal bietet. Ich gebe hier die Fassung von Mi 4,1–5 wieder:

4,1 Es wird geschehen in der Späte der Tage,
da wird der Berg JHWHs
fest gegründet sein als Gipfel der Berge,
erheben wird er sich über die Höhen.
Strömen werden zu ihm Völker
und gehen werden (zu ihm) viele Nationen und sagen:
4,2 „Auf, wir wollen hinaufziehen zum Berg JHWHs,
zum Haus des Gottes Jakobs,
dass er uns in seinen Wegen unterweise
und dass wir gehen auf seinen Pfaden!“
Denn von Zion geht Weisung (Tora) aus
und das Wort JHWHs von Jerusalem.
4,3 Recht sprechen wird er zwischen vielen Völkern
und Entscheidung geben starken Nationen bis in die Ferne.
Dann werden sie ihre Schwerter zu Pflugscharen umschmieden
und ihre Lanzen zu Winzermessern.
Nicht mehr wird Nation gegen Nation das Schwert erheben,
und sie werden nicht mehr weiterhin lernen den Krieg.
4,4 Und ein jeder wird unter seinem Weinstock wohnen
und unter seinem Feigenbaum – und es gibt keinen, der aufschreckt.
Ja, der Mund JHWHs hat’s gesprochen.
4,5 „Wenn auch[38] alle Völker noch gehen
jedes im Namen seines Gottes,
so wollen wir jetzt schon gehen
im Namen JHWHs, unseres Gottes,
auf immer und ewig.“

[38] כִּי ist hier nicht kausativ (so EÜ), sondern konzessiv.

Höchstwahrscheinlich ist Mi 4,1–5 die ursprüngliche Fassung, die sekundär an den Anfang des Jesajabuches versetzt wurde. Entscheidendes Argument für diese Auffassung ist die Beobachtung, dass Mi 4,1–5 motivlich stärker in den literarischen Kontext Mi 1–5 eingebunden ist.[39] Geht man davon aus, dass diese Vision über den Zionstempel, die königliche Residenz JHWHs, als Zentrum der Welt frühnachexilisch formuliert wurde, ist dies ein Gegenbild zur realen weltpolitischen Situation, in der die persische Hauptstadt Persepolis das Machtzentrum darstellt. Die Vision situiert ihr Bild „in der Späte der Tage", das ist nicht „am Ende der Weltgeschichte", sondern meint eine Zeit innerhalb der Geschichte, die die Vollendung der Geschichte bedeutet (die dann noch lange dauern kann!). Die „Erhöhung" des Zion ist eine Metapher für seine Bedeutung, die darin besteht, dass die Völker der Welt dorthin strömen, um von dem dort residierenden Weltkönig JHWH ihre Konflikte friedlich regeln zu lassen und von dort „Weisung" für das Zusammenleben mitzunehmen. Diese Weisung wird in V 3 konkretisiert als „Friedens- und Lebensprogramm": Die Völker schmieden die Kriegswerkzeuge Schwert und Lanze zu „Lebenswerkzeugen" um, nämlich zu Pflugscharen für den Ackerbau und zu Winzermessern für den Weinanbau – um Brot und Wein, die großen Lebensgaben und Friedenszeichen, zu produzieren. V 4 steigert noch: „Jeder", das sind im Kontext von Mi 1–3 vor allem auch die Kleinbauern, die terrorisiert und mit Gewalt enteignet wurden, soll in Frieden im Innenhof seines Hauses die Früchte des Weinstocks und des Feigenbaums genießen können – ein geradezu paradiesisches Bild erfüllten Lebens. Dass diese Friedensvision keine Illusion ist, unterstreicht der Schluss von V 4: Der Mund JHWHs hat dies gesprochen und JHWH erfüllt, was er sagt! Zu dieser Erfüllung kann und muss Israel schon jetzt beitragen, wie V 5 betont: Auch wenn die Völker der Welt noch dem Programm ihrer Kriegsgötter folgen, will Israel jetzt schon mit dem Programm des Friedensgottes JHWH beginnen – und so die in V 1–4 visionär entworfene Völkerwallfahrt zum Zion auslösen!

[39] Zu dieser Argumentation vgl. vor allen L. Schwienhorst-Schönberger, Zion – Ort der Tora. Überlegungen zu Mi 4,1–3, in: F. Hahn / F.-L. Hossfeld / H. Jorissen / A. Neuwirth (Hg.), Zion – Ort der Begegnung. FS L. Klein (BBB 90), Bodenheim 1993, 107–125; zur Interpretation von Mi 4,1–5 vgl. R. Kessler, Micha (HThKAT), Freiburg [2]2000, 176–190; zur Interpretation von Jes 2,1–5 vgl. Beuken, Jesaja (wie Anm. 27) 87–96. Durch die prophetenbuchredaktionelle Prä-Position von Jes 2,1–5 werden die Gewalttexte gegen die Fremdvölker im Jesajabuch selbst, aber sogar im ganzen *corpus propheticum* bei synchroner (kanonischer) Lektüre neu (gewaltkritisch bzw. „pazifistisch") perspektiviert; vgl. dazu E. Zenger, Am Fuß des Sinai. Gottesbilder des Ersten Testaments, Düsseldorf [2]1994, 168–173.

Für unsere Diskussion über den Zusammenhang von Monotheismus und Gewalt erscheinen mir zwei Aspekte besonders bedeutsam:

1. Diese Vision träumt nicht von einer konfliktfreien Zukunft, sondern von einem neuen Modus der gewaltfreien Konfliktregelung durch die freiwillige Annahme eines göttlichen Schiedsspruchs. „Ist es in Ps 46 Gott, der die Waffen vernichtet, angesichts dessen den Völkern nur die Einsicht in die Wirkungslosigkeit ihres kriegerischen Tuns bleiben soll, sind in Jes 2,4b [= Mi 4,2] die Völker Subjekte des Geschehens, die auf militärische Gewaltanwendung verzichten ..., während Gott auf alle triumphale Demonstration seiner Macht, die in Ps 46 noch beherrschend im Vordergrund steht, verzichtet.“[40] Hier überwindet das monotheistische Gotteskonzept alle Formen unterdrückender und vernichtender Gewalt – auch im Gottesbild selbst.

2. Israel behält hier seine „messianische“ Sonderrolle bei der Durchsetzung *dieses* Gotteskonzepts in der Völkerwelt. Die Sonderrolle besteht darin, dass Israel die Gewaltlosigkeit vorlebt und so deren gesellschaftliche (vgl. Mi 4,4a)[41] und zwischenstaatliche Kraft „demonstriert“.

Das *dritte Textbeispiel* für die Bemühung der Hebräischen Bibel, das mit dem Krieg gegebene Gewaltpotential der eigenen Überlieferung zu relativieren, zeigt sich im theologischen Gesamtkonzept der Priesterschrift und in der Formation des Pentateuch. Für beide ist charakteristisch, dass sie in ihrer Präsentation der kanonischen Ursprungsgeschichte Israels keine kriegerische Land-

---

[40] Otto, Krieg (wie Anm. 20) 150.

[41] Dieser innenpolitische Aspekt fehlt in der jesajanischen Parallele. Mi 4,4a („und ein jeder wird unter seinem Weinstock wohnen und unter seinem Feigenbaum“) greift wörtlich 1 Kön 5,5 und 2 Kön 18,31 = Jes 36,16 (vgl. auch 1 Makk 14,12) auf, allerdings erhält der Topos im Michakontext, d. h. in der Konsequenz des nunmehr dominierenden monotheistischen Gotteskonzepts, neue Dimensionen: „In 1 Kön 5,5 schildert er den Friedenszustand, der unter Salomo erreicht wurde. Freilich, in den Genuss dieses Friedens kommen ‚Juda und Israel‘ als Subjekt des Satzes, und es ist ein Friede, der auf Eroberung, Ausplünderung und Gewaltherschaft über die Völker beruht (so der Kontext in 1 Kön 5,1–5) ... Was für die *pax salomonica* gilt, trifft auch auf die in 2 Kön 18,31 = Jes 36,16 in Aussicht gestellte *pax assyrica* zu: Ihr Preis wäre die judäische Unterwerfung unter den assyrischen Großkönig. Demgegenüber kündigt Mi 4,4 eine zweifache Veränderung an. Das sichere Leben ist keine Folge von Unterwerfung, sondern gründet im friedlichen Ausgleich zwischen den Völkern. Und demzufolge kommt nicht nur *ein* Volk in seinen Genuss, sondern ‚ein jeder‘ (איש) ... Mit diesem universalen Zug geht Mi 4,4 auch über die etwa in die gleiche Zeit fallende Verheißung in Sach 3,10 hinaus, wo die zukünftige Einladung unter Weinstock und Feigenbaum wie in 1 Kön 5,5 auf Israel beschränkt ist“ (Kessler, Micha [wie Anm. 39] 186).

nahme erzählen (so die Priesterschrift[42]) bzw. die im Josuabuch vorliegenden gewalttätigen Landeroberungsgeschichten gezielt nicht in das Gesamtwerk aufnehmen (so der Pentateuch, dessen „Redaktoren" den ihnen vorgegebenen Erzählzusammenhang „Vom Exodus bis zur Landnahme" gezielt vor der Landnahme abbrechen[43]). Dafür lassen sich mehrere Gründe denken, *einer* ist aber gewiss das dem Pentateuch in der Urgeschichte Gen 1–9 vorangestellte monotheistische Gotteskonzept, zu dessen gewaltloser und universalistischer Programmatik die Kriegstheologie des Josuabuchs als Zielpunkt des in Gen – Dtn erzählten Geschehens wenig gepasst hätte.

6. Schlussreflexion

Aus religionsgeschichtlicher Sicht hat die Religion Israels ihre monotheistische Profilierung in der ihr machtpolitisch aufgezwungenen Auseinandersetzung mit den assyrischen, babylonischen und persischen Religionskonzeptionen gefunden. Stark vereinfacht kann man sagen: Während die vorexilische Theologie (vor allem in den Geschichtserzählungen und im Deuteronomium) in dieser Auseinandersetzung mit einem monotheistischen (bzw. monolatrischen) Gotteskonzept antwortete, das noch polytheistisch imprägniert war („unreflektierter Monotheismus") und auch eine Sprache der Gewalt verwendete, reagierte die exilische und frühnachexilische Theologie (vor allem Deuterojesaja bzw. die Redaktion des Jesajabuchs und die Priesterschrift) mit einem reflektierten Monotheismus, der nicht nur gewaltkritisch und universalistisch war, sondern für das Zusammenleben der Völker sogar die Utopie der friedlichen Konfliktlösung durch den einzigen „wahren" Gott JHWH entwickelte. Das der Hebräischen Bibel mit der Urgeschichte als Grundlegung vorangestellte monotheistische Konzept des göttlichen Gewaltverzichts (vgl. die Sintfluterzählung Gen 6–9: s.o.) und der göttlichen Ablehnung einer totalitären Uniformität (vgl. die sog. Völkertafel und die Erzählung über den Turmbau zu Babel Gen 10–11)[44] ist eine hermeneutische Vorgabe, die ein ein-

---

[42] Vgl. E. Zenger, Einleitung in das Alte Testament, Stuttgart ^{5}2004, 159–172.

[43] Vgl. ebd., 104–106.124–135.

[44] Zur Interpretation von Gen 11,1–9 als einer kritischen Erzählung gegen gigantomanische Herrschaftsansprüche und die Durchsetzung einer politisch-propagandistisch verzweckten Einheitssprache imperialer Systeme (JHWH greift ein und stellt die in Gen 10 geschilderte Völker- und Sprachenvielfalt wieder her!) vgl. C. Uehlinger, Weltreich und ‚eine Rede'. Eine neue Deutung der sogenannten Turmbauerzäh-

deutiges Votum gegen die Gewalt bedeutet. Ansätze zu diesem Programm des göttlichen Gewaltverzichts finden sich bereits in der Theologie der mittleren Königszeit, nämlich im feierlich verkündeten Strafverzicht JHWHs in Hos 11,1–11 (Selbstbeschränkung des berechtigten Zorns JHWHs)[45] und in der Selbstdefinition JHWHs in Ex 34,6f (Proklamation der Güte und der Barmherzigkeit JHWHs als seiner letztentscheidenden Wirkweise).[46] Insgesamt ist das Thema „Gott und Gewalt" im Horizont des biblischen Monotheismus freilich nur ein Teilaspekt des viel umfassenderen Themas „Gott und (die richtende/rettende) Gerechtigkeit", das eine differenzierte Darstellung verlangen würde, die hier nicht gegeben werden kann.[47]

Die Perspektive der Gewaltlosigkeit des reflektierten Monotheismus ist auch der hermeneutische Horizont, innerhalb dessen die „Gewalttexte" der Hebräischen Biel zu lesen und zu beurteilen sind. Einerseits konfrontieren diese Texte mit der vielschichtigen Gewalt als einer anthropologischen, gesellschaftlichen und religiösen (!) Wirklichkeit und wehren so der Verdrängung bzw. der Banalisierung der alltäglichen Gewalt. Andererseits werden diese

lung (Gen 11,1–9) (OBO 101), Freiburg/Schweiz – Göttingen 1990; ders., „Bauen wir uns eine Stadt und einen Turm …!", in: BiKi 58 (2003) 37–42; U. Berges, Gen 11,1–9. Babel oder das Ende der Kommunikation, in: BN 74 (1994) 37–56; J. Ebach, „Wir sind ein Volk". Die Erzählung vom „Turmbau zu Babel". Eine biblische Geschichte in aktuellem Kontext, in: G. Collet (Hg.), Weltdorf Babel. Globalisierung als theologische Herausforderung, Münster 2001, 20–43; U. Sals, Die Biographie der Hure Babylon. Studien zur Intertextualität der Babylon-Texte in der Bibel (FAT II/6), Tübingen 2004, 146–164.

[45] Vgl. dazu u. a. J. Jeremias, Die Reue Gottes. Aspekte alttestamentlicher Gottesvorstellung (BThSt 31), Neukirchen-Vluyn ^{2}1997, 52–58; zu den für die Interpretation von Hos 11 wichtigen Gender-Perspektiven vgl. H. Schüngel-Straumann, Gott als Mutter in Hosea 11, in: dies., Anfänge feministischer Exegese. Gesammelte Beiträge, mit einem orientierenden Nachwort und einer Auswahlbibliographie (exuz 8), Münster 2002, 99–120; M.-Th. Wacker, Figurationen des Weiblichen im Hosea-Buch (HBS 8), Freiburg 1996, 290–296; B. Seiffert, Metaphorisches Reden von Gott im Hoseabuch (FRLANT 166), Göttingen 1996, 198–202.

[46] Zum Zusammenhang von Hos 11,1–11 und Ex 34,6f sowie zur fundamentalen Bedeutung von Ex 34,6f für Israels Theologie vgl. R. Scoralick, Gottes Güte und Gottes Zorn. Die Gottesprädikationen in Ex 34,6f und ihre intertextuellen Beziehungen zum Zwölfprophetenbuch (HBS 33), Freiburg 2002; zur Semantik von Ex 34,6f im Kontext der altorientalischen Traditionen vgl. M. Franz, Der barmherzige und gnädige Gott. Die Gnadenrede vom Sinai (Exodus 34,6–7) und ihre Parallelen im Alten Testament und seiner Umwelt (BWANT 160), Stuttgart 2003.

[47] Vgl. dazu vor allem B. Janowski, Der barmherzige Richter. Zur Einheit von Gerechtigkeit und Barmherzigkeit im Gottesbild des Alten Orients und des Alten Testaments, in: R. Scoralick (Hg.), Das Drama der Barmherzigkeit Gottes. Studien zur biblischen Gottesrede und zu ihrer Wirkungsgeschichte in Judentum und Christentum (SBS 183), Stuttgart 2000, 33–91.

Texte im Licht der „Gewaltlosigkeitstexte" so problematisiert und relativiert, dass sie auf keinen Fall zur Legitimation von Gewalt herangezogen werden können. Gerade der religionsgeschichtlich erkennbare Prozess der Profilierung des mosaischen Monotheismus ist, wie wir gezeigt haben, eine Auseinandersetzung mit der Gewalt.

Fragt man nach dem für den Religionsgeschichtler und Theologen erkennbaren „monotheisierenden Prinzip" der Religion Israels und damit nach der *differentia specifica* dieser Religion im Kontext ihrer Nachbarreligionen, so ist m.E. offenkundig: Der (keineswegs ein- und geradlinig verlaufende) Prozess ist nicht primär bestimmt von der Spannung „Monotheismus" – „Polytheismus", sondern von dem Ringen um das Proprium der mit dem Gott JHWH „von den Anfängen Israels an" verbundenen politischen Erfahrungen. Diese hat das biblische Israel im Dekaloganfang Ex 20,2f = Dtn 5,6f klassisch formuliert: „Ich bin JHWH dein Gott, der dich aus Ägypten, dem Sklavenhaus, befreit hat (und weiterhin befreien will). Darum sollst du keine anderen Götter haben neben mir." „Ägypten" ist hier Chiffre für alle Formen gesellschaftlicher und religiöser Entwürdigung und Unterdrückung, und zwar sowohl in außen- wie in innenpolitischer Hinsicht.[48] Das Satzgefüge ist zwar auf sprachlicher Ebene polytheistisch, aber auf der sachlich-theologischen Ebene ist es bereits monotheistisch. Und es macht deutlich: Hier geht es nicht um eine abstrakte theologische Diskussion, sondern um die Konkretion des theopolitischen Anspruchs des Gottes JHWH, d. h. um die gesellschaftlich-politischen Implikationen und Konsequenzen seines Gott-Seins, ja des Gott-Seins schlechthin. In Ex 20,2f = Dtn 5,6f „definiert" JHWH sein Gott-Sein nicht als Antithese zur Vielzahl anderer Götter, sondern er expliziert seine göttliche Einzigartigkeit mit der Antithese von Freiheit und Sklaverei. Deshalb kann bzw. muss man sogar die einzelnen Gebote des Dekalogs als Explikation *dieser* fundamentalen „Gottes-Wahrheit" begreifen: In und mit den Zehn Geboten wird der Raum der Freiheit, der Gerechtigkeit und der Solidarität gestiftet und geschützt – von einem Gott, der sich darin als der *wahre* Gott erweist. Der Rekurs auf „Ägypten" ist der Rückbezug auf eine geschichtliche Erfahrung Israels, die *einerseits* mit dem Zusammenbruch des pharaonischen Großreichs sowie dem damit verbundenen Ende der ägyptischen Dominanz in Kanaan zusammenhängt und die *andererseits* zur „mythischen Chiffre" geworden ist, die unterschiedlich „ge-

[48] Vgl. Kessler, Ägyptenbilder (wie Anm. 5).

füllt“ werden konnte, aber immer eine gesellschaftlich-geschichtliche Relevanz behielt.

Die Hebräische Bibel bietet mehrere explizite Reflexionen über das Proprium des „wahren“ Gottes in der Auseinandersetzung mit den „falschen“ Göttern. Hier wären vor allem Dtn 4[49] und Jes 43,10–12; 44,6–8 zu besprechen,[50] aber auch ganze Bücher wie das Buch Ijob und das Juditbuch wären als dramaturgisch gestaltete Diskurse über die Gottesfrage zu analysieren. Ich will abschließend und zusammenfassend nur noch einen kurzen Blick auf *Psalm 82* werfen. Er ist ein poetischer Diskurs über das monotheistische Proprium JHWHs im Gegenüber zum polytheistischen Gotteskonzept der Nachbarvölker. „Der dramatische Ablauf dieses Psalms beschreibt nichts Geringeres als die Überwindung des Polytheismus auf der Grundlage des Polytheismus und unter seinen Bedingungen. Gewalt wird dabei nicht angewendet, denn die anderen Götter fallen letztlich auf der Grundlage ihrer eigenen Unfähigkeit aus ihrer Stellung heraus.“[51]

82,1 Ein Psalm. Von Asaf.
Gott steht in der Gottesversammlung,
inmitten der Götter hält er Gericht.
82,2 „Wie lange noch wollt ihr ungerecht richten / regieren
und das Angesicht der Frevler erheben? Sela.
82,3 Richtet / rettet den Geringen und die Waise,
dem Armen und dem Bedürftigen schafft Gerechtigkeit!
82,4 Befreit den Geringen und den Elenden,
aus der Hand der Frevler reißt ihn heraus / rettet ihn!“
82,5 Sie erkannten nicht und sie sehen nicht ein,
in Finsternis wandeln sie umher,
so geraten alle Grundfesten der Erde ins Wanken.
82,6 „Ich erkläre hiermit: Götter seid ihr zwar
und Söhne des Höchsten ihr allesamt.
82,7 Jedoch: Wie ein Mensch werdet ihr sterben,
und wie einer der Fürsten werdet ihr fallen!“

---

49 Vgl. dazu zuletzt G. Braulik, Monotheismus im Deuteronomium. Zu Syntax, Redeform und Gotteserkenntnis in 4,32–40, in: ZAR 10 (2004) 171–194.

50 Vgl. K. Koch, Monotheismus und politische Theologie bei einem israelitischen Propheten im babylonischen Exil, in: S. Meyer (Hg.), Egypt – Temple of the Whole World. Ägypten – Tempel der gesamten Welt. FS J. Assmann, Leiden 2003, 187–216.

51 H.-J. Klauck, Pantheisten, Polytheisten, Monotheisten – eine Reflexion zur griechisch-römischen und biblischen Theologie, in: ders., Religion und Gesellschaft im frühen Christentum. Neutestamentliche Studien (WUNT 152), Tübingen 2003, 28.

82,8 Steh auf, Gott, richte / regiere doch du die Erde,
ja du, du sollst dein Erbe übernehmen bei allen Völkern.

In diesem nachexilischen Psalm[52] sind mindestens drei unterschiedliche mythische Vorstellungswelten zusammengearbeitet: (1) das kanaanäische und altorientalische Pattern der hierarchischen Götterversammlung bzw. des himmlischen Thronrats mit einem „Götterpräsidenten" an der Spitze (vgl. 1 Kön 22,19; Jes 6,1–3; Ijob 1–2 und vor allem Ps 29,1–2.9–10; 89,6–8); (2) die Zuweisung bestimmter Territorien der Welt an einzelne Gottheiten durch den Götterkönig, mit dem Auftrag, für diese Territorien zu sorgen und sie zu „regieren" (vgl. Dtn 32,8f); (3) das in der altorientalischen Religionswelt mehrfach belegte Schema vom Aufstieg eines bestimmten Gottes zum Haupt des Pantheons.[53] Diese Vorstellungen werden in unserem Psalm freilich dem Hauptpattern eines Göttergerichts untergeordnet, das in Analogie eines „irdischen" Gerichtsverfahrens abläuft. In diesem Gerichtsverfahren spielt JHWH, der Gott Israels mehrere Rollen: Er ist Ankläger, er verkündet das Urteil – und steigt kraft dieses Urteils zum Gott schlechthin auf, der die Regierung über *alle* Territorien der Welt übernimmt. Insofern er den Tod der anderen Götter verkündet, steigt er nicht zum Vorsitzenden eines polytheistischen Pantheons, das in der Sicht des Psalms ja nicht mehr existiert, auf, sondern er erhält exklusive göttliche Kompetenz – zumindest im poetischen Ritual.

Der Psalm beginnt in V 1 mit einer Exposition, die im berichtenden Stil die Szenerie der Gottesversammlung aufbaut. Wer den Psalm hört, nimmt gewissermaßen an der vom Sprecher „inszenierten" himmlischen Gerichtsversammlung teil. Sie wird in V 2–4 mit einer zweiteiligen Rede des anklagenden Gottes, der sich im Ihr-Stil an die angeklagten Götter wendet, eröffnet. Der erste Teil dieser Rede ist eine Anklage in Form einer doppelten vorwurfsvollen Frage (V 2), der zweite Teil ist eine imperativische Mahnrede in der Form einer ultimativen Vermahnung (V 3–4). Unklar ist die Funktion von V 5. Auffallend ist zunächst, dass dieser Vers die direkte Anrede verlässt und in dritter Person die Schuld der angeklagten Götter feststellt. Dies kann als direkte Gottesrede, also als Fortführung von V 2–4, verstanden werden.

52 Zu Analyse und Interpretation von Ps 82 vgl. besonders: F.-L. Hossfeld / E. Zenger, Psalmen 51–100 (HThKAT), Freiburg ^{2}2001, 479–492 (dort weitere Literaturangaben!).

53 Vgl. den Aufstieg Marduks im Pantheon von Babylon zum höchsten Gott oder den Aufstieg Baals zum Götterkönig im ugaritischen Pantheon.

Der sprechende Gott wendet sich dann „widerwillig“[54] von den angeklagten Göttern ab und konstatiert deren definitive Unfähigkeit und Destruktivität zugleich. Man könnte den Wechsel der Sprechrichtung auch so erklären, dass der sprechende Gott sich mit V 5 an die Zuhörer und Zuschauer der Gerichtsversammlung wendet. Eine andere Auslegungsrichtung deutet V 5 analog zu V 1 als Teil des Erzählgerüsts des Psalms, mit dem der zweite Teil des Psalms einsetzt. Der Vers wäre in dieser Sicht eine resignierte, klagende Feststellung der Ergebnislosigkeit der ultimativen Vermahnung V 3–4, die ja eigentlich, so sie als echtes Ultimatum konzipiert ist, eine Möglichkeit der Reaktion der angeklagten Götter voraussetzt. V 5 stellt in diesem Fall fest, dass die Götter die Mahnung weder verstanden noch realisiert haben, so dass die Welt zutiefst erschüttert wird – weshalb der Gott Israels nun abermals eingreift, wie V 6–7 zeigt. Falls man die den Psalm abschließende Bitte bzw. Aufforderung V 8 als Reaktion der Gemeinde versteht, die im poetischen Ritual am himmlischen Göttergericht teilnimmt, könnte man V 5 sogar als Klage eben dieser Gemeinde deuten, auf die dann die direkte Gottesrede V 6–7 mit der Verkündung des Urteils antwortet, das den Tod der angeklagten Götter androht. Das Urteil besteht aus zwei Teilen: V 6 rekapituliert den bisherigen status quo bzw. Auftrag der angeklagten Götter, und V 7 kündigt daraufhin kontrastiv das Ende ihres Götter-Seins an, nämlich ihren Tod.

Die abschließende Bitte / Aufforderung V 8 richtet sich an den Gott, der in V 2–4 die Anklage und in V 6–7 die Strafankündigung gesprochen hat. Im Einzelnen sind drei Verzahnungen von V 8 mit dem vorangehenden Psalm herauszustellen: (1) Der Tod der angeklagten Götter und ihr Sturz soll nach V 8 ausdrücklich „kompensiert“ werden durch den Gott, der in V 1–7 als Ankläger und Richter auftrat. (2) Der „Machtwechsel“ wird durch die Verwendung des Verbs שׁפט im Sinne von „Recht verschaffen / regieren / retten“ (V 2a.8a) unterstrichen. (3) Die Bitte von V 8 greift motivlich und semantisch auf V 5 zurück: Wenn der in V 8 angerufene Gott das Regiment über „die Erde“ antritt und „alle Völker“ als seinen Erbbesitz übernimmt, wird – das ist die Vision des Psalms – die in V 5 beklagte Erschütterung der Weltfundamente nicht zum totalen Welt- bzw. Kosmoskollaps führen.

Ps 82 entwirft also mit mythischen Farben ein hochdramatisches „Weltbild“, das eine Welt voller Unrecht und Gewalt zeigt, und er beklagt diese Erschütterungen als Folge des Versagens der Götter der Völker. Der Psalm sieht keinen anderen Ausweg, als dass die-

[54] F. Delitzsch, Biblischer Commentar über die Psalmen (BC 4,1), Leipzig 1867, 518.

se Götter von der Himmels- und Weltbühne verschwinden und JHWH, der Gott Israels, zum Gott *aller Völker* wird – und zwar als Retter der ausgebeuteten und verarmten Massen.[55]

Psalm 82 definiert das Gott-Sein: Er proklamiert JHWH als den alleinigen Gott und erklärt alle anderen von den Völkern verehrten Götter zu „Nicht-Göttern". Einerseits steht hier in der Tat der *eine* Gott gegen die *vielen* Götter. Aber der Gegensatz Monotheismus – Polytheismus ist nicht das eigentliche Problem dieses Psalms. Es geht nicht um ein *quantitatives*, sondern um ein *qualitatives* Problem. Es geht um das *wahre* Gott-Sein und um die *wahre* Religion. Als unterscheidendes Kriterium der wahren Göttlichkeit wird hier proklamiert, was bereits das Spezifikum des „alten" JHWH war: Befreiung aus Rechtlosigkeit und Unterdrückung, Schutz vor Gewalt und Entwürdigung sowie Hinführung zu einem Leben in solidarischer Gerechtigkeit. Die Verschmelzung von Religion und Ethik ist das Proprium des Mosaischen Monotheismus, das seine bleibende religionsgeschichtliche und theologische Relevanz ausmacht – und das ist seine fundamentale Differenz zu allen anderen Formen von -theismen (in alphabetischer Reihenfolge: Atheismus, Henotheismus, Kosmotheismus, Pantheismus, Polytheismus u. a.). An *dieser* Vorgabe müssen sich auch die drei monotheistischen Religionen Judentum, Christentum und Islam messen lassen – gerade angesichts des Vorwurfs, sie förderten derzeit *de facto* mehr die Gewalttätigkeit als die Gewaltlosigkeit und den Gewaltverzicht. Alle drei Religionen müssen selbstkritisch ihre (im Einzelfall gewiss unterschiedliche) faktische Gewalttätigkeit und das ihnen inhärente Gewaltpotential erkennen sowie alles tun, um dessen Aktualisierung zu verhindern. Dazu werden sie dann in der Lage sein, wenn sie zugleich anerkennen, dass ihr monotheistischer Grundansatz einen Wahrheitsanspruch impliziert, der von seinem Gottesbild her auf *freie* Annahme zielt und deshalb alle Formen von Zwang und Gewalt ausschließt.

[55] Die Redaktion der Asafpsalmengruppe 73–83 hat *dieses* Proprium des einzigartigen Gott-Seins JHWHs auch dadurch unterstrichen, dass sie vor Ps 82 gezielt den Ps 81 setzt, in dem JHWH sich selbst in einer direkten Gottesrede, die explizit in den Ägyptenkontext gestellt wird, als Befreiergott definiert (vgl. Ps 81,6–11); vgl. dazu Hossfeld / Zenger, Psalmen (wie Anm. 52) 467–478

Gewalt und Wahrheit
Zu Jan Assmanns Monotheismuskritik

Klaus Müller

Um auf Jan Assmanns Beitrag „Monotheismus oder die Sprache der Gewalt“ zu replizieren, bin ich vermutlich der falsche Mann am falschen Thema. Denn ich stimme ziemlich Vielem aus der von Jan Assmann angestoßenen und revisionsträchtig fortentwickelten Debatte „Monotheismus versus Kosmotheismus“ zu Gunsten des Letzteren zu. Vor allem teile ich ohne Einschränkung die These, dass in den okzidentalen religiösen Traditionen und Theologien ein komplexer monistischer Grundstrom niemals hat völlig unterdrückt werden können.[1] Ich schärfe das dahin gehend an, dass ich die These wage: Eine solche Exklusion wäre zumindest für die christliche Theologie und noch mehr für deren katholische Variante nur um den Preis ihrer Konsistenz und der Ausgliederung ganzer Themenfelder aus dem Programm eines intellectus fidei zu haben.[2]

Nicht überzeugt haben mich bislang die vorwiegend aus der Exegese kommenden Einwände gegen Assmanns „Mosaische Unterscheidung“, biblisch gehe es gar nicht um eine Differenz zwischen wahr und falsch, sondern zwischen frei und unfrei bzw. gerecht und unterdrückt.[3] Das trifft zwar zu, jedoch lässt sich Letzteres nicht nur nicht gegen Ersteres ausspielen, sondern die gewiss biblisch zentrale ethische Unterscheidung setzt – wie explizit oder implizit auch immer – die theoretische zwischen wahr und

[1] Vgl. J. Assmann, Moses der Ägypter. Entzifferung einer Gedächtnisspur, München – Wien 1998, 82; Ders., Die Mosaische Unterscheidung oder der Preis des Monotheismus, München – Wien 2003, 60.106.

[2] Vgl. dazu K. Müller, Über den monistischen Tiefenstrom der christlichen Gottrede, in: K. Müller / M. Striet (Hg.), Dogma und Denkform. Strittiges in der Grundlegung von Offenbarungsbegriff und Gottesgedanke (ratio fidei 25), Regensburg 2005, 47–84; vgl. sehr viel ausführlicher auch K. Müller, Angesicht oder Alleinheit? Politik, Poesie und Philosophie im Streit um das wahre Bild von Gott, Regensburg 2006.

[3] Vgl. etwa E. Zenger, Was ist der Preis des Monotheismus? in: HerKorr 55 (2001) 186–191; auch in Assmann, Mosaische Unterscheidung (wie Anm. 1) 209–220; Ders., Thesen zum Proprium des biblischen Monotheismus, in: Jahrbuch Politische Theologie 4 (2002) 160–163; so mittlerweile auch A. Fürst, Monotheismus und Gewalt. Fragen an die Frühzeit des Christentums. Stimmen der Zeit 129 (2004) 521–531, hier 530; für das Christentum stellt Fürst allerdings die veritative Dimension des monotheistischen Bekenntnisses klar heraus (vgl. 524).

falsch voraus, weil keine Ethik frei schwebend im Raum des Handelns stehen kann. Sie muss, um einigermaßen stabil zu sein, eingebettet werden in eine größere, umfassende Erzählung von dem, was ist, in eine Metaphysik – traditionell gesprochen. Denn nur innerhalb einer selbstexplikativen Weltbeschreibung gewinnen Imperative jenen Stand, der ihre Geltungsansprüche verbürgt. Dieter Henrich hat das in einem Interview präzise auf den Punkt gebracht: „Die Erkenntnis der Geltung eines Imperativs oder Wertes kann unterlaufen und ins Schwanken gebracht werden, wenn diese Erkenntnis nicht von einer Weltbeschreibung komplettiert werden kann, innerhalb deren verständlich wird, daß etwas unbedingte Geltung, und zwar für mich, haben kann. Diese Weltbeschreibung kann auch nicht einfach nur um der Norm willen angenommen werden. Sie muß schon für sich einleuchten können.“[4]

Daher rührt die Untrennbarkeit der Frage nach dem Wahren und dem Guten[5], die auch Assmann unterstellt, wenn er das Moses-Buch mit der Bemerkung beschließt, *von Ägypten aus* betrachtet sehe es so aus, als sei mit der mosaischen Unterscheidung die Sünde in die Welt gekommen.[6]

Eigenartigerweise spielt in der bisherigen Auseinandersetzung der systematische Ausgangspunkt von Assmanns Argumentationsketten, Karl Leonhard Reinholds Eingreifen in den „Pantheismus-Streit“, kaum eine Rolle, obwohl Assmann diesen Konstruktionspunkt des Entdeckungszusammenhangs seiner Monotheismuskritik ausdrücklich als solchen benennt.[7] Das mag auch damit zusammenhängen, dass Reinholds Denken und seine weitreichende Funktion in den Formationsprozessen des Frühidealismus erst gegenwärtig der einer kurzen Phase der Prominenz folgenden generationenlangen Latenz entwunden wird.[8] Meine These ist nun, dass auch die genaue Bestimmung des Sinnes der These vom Zusammenhang

---

[4] D. Henrich, Bewußtes Leben und Metaphysik, in: Bewußtes Leben. Untersuchungen zum Verhältnis von Subjektivität und Metaphysik (Reclam-U.-B. 18010), Stuttgart 1999, 194–216, hier 213.

[5] Vgl. J. Kardinal Ratzinger, Glaube – Wahrheit – Toleranz. Das Christentum und die Weltreligionen, Freiburg – Basel – Wien ^{2}2003, 173.186.

[6] Vgl. Assmann, Moses (wie Anm. 1) 282.

[7] Vgl. Assmann, Moses (wie Anm. 1) 174; Ders.: Vorwort zu Carl Leonhard Reinhold: Die Hebräischen Mysterien oder die älteste religiöse Freymaurerey, hg. und kommentiert von Jan Assmann. Im Anhang: F. Schiller, Die Sendung Moses (‚Gegensatz‘ 4), Neckargemünd 2001, 5–10, hier 9.

[8] Vgl. bes. M. Bondeli / W. H. Schrader (Hg.), Die Philosophie Karl Leonhard Reinholds (Fichte-Studien-Supplementa 16), Amsterdam – New York 2003; M. Bondeli / A. Lazzari (Hg.), Philosophie ohne Beynamen. System, Freiheit und Geschichte im Denken Karl Leonhard Reinholds (Schwabe Philosophica V), Basel 2004; D. Henrich, Grundlegung aus dem Ich. Untersuchungen zur Vorgeschichte des Idealismus

von Monotheismus und Gewalt an diesem zentralen Drehpunkt anzusetzen hat, dies aber eine deutlich anders konturierte Bestimmung von religiöser Wahrheit nach sich zieht, als – und da wird das Korreferat nun doch zur Widerrede – Jan Assmann unterstellt. Die Gegenthese findet dabei ihr Fundament darin, dass der Antagonismus von Monotheismus und Kosmotheismus – übrigens mit Reinhold und noch deutlicher mit dem diesbezüglich auf Reinhold rekurrierenden Schiller – als Unterfall des Verhältnisses von Vernunft und Glaube rebuchstabiert wird.[9] Folgende Schritte führen mich zu diesem Resultat:

Ich habe versucht, es hermeneutisch nicht am *principle of charity*[10] fehlen zu lassen, sah mich aber von der ersten Lektüre von „Moses der Ägypter" an und sehe mich nach wie vor gehalten, die bereits erwähnten Schlusssätze des Buches als Plädoyer für eine Revision der mosaischen Unterscheidung *heute* zu verstehen, auch wenn dieser Vorschlag hermeneutisch durch den Vorsatz in Distanz gebracht wird, der einer Infragestellung empfohlene Gedanke der Sünde stehe aus ägyptischer Optik im Verbund mit der mosaischen Unterscheidung.[11] Erik Hornung vertrat schon vor Jahren die These, der gründliche Überdruss des 20. Jahrhunderts an wie auch immer auftretenden Absolutheitsansprüchen werde auch den künftigen Gottesglauben tangieren und es gerade überzeugtem Glauben verunmöglichen, ein letztes Wort Gottes[12] – selbst ein monotheistisch offenbartes – anzunehmen.[13]

Tübingen – Jena (1790–1794), 2 Bde., Frankfurt am Main 2004, hier bes. Bd. 1, 227–679; Bd. 2, 1395–1466.

[9] Der Zusammenhang von Vernunft und Glaube bzw. Glauben und Wissen hat Reinhold durchgehend und im Vorfeld der *Hebräischen Mysterien* besonders intensiv in seinen 89 sog. „,Dr.'-Rezensionen" beschäftigt. Vgl. dazu Y. K. Kim, Zum Verhältnis von Wissen und Glauben in den „Dr."-Rezensionen Reinholds, in: Bondeli / Lazzari, Philosophie ohne Beynamen (wie Anm. 8) 166–185; zur entsprechenden Interpretation der *Hebräischen Mysterien* vgl. auch S. Roehr, Reinholds *Hebräische Mysterien oder die älteste Freymaurerey:* Eine Apologie des Freimaurertums, in: ebd., 147–165, hier 157.165.

[10] Der Ausdruck als Name eines hermeneutischen Prinzips maximaler Übereinstimmungspräsumption geht auf N. Wilson zurück und hat – zumal in der analytischen Philosophie – eine verzweigte Wirkungsgeschichte erlebt. Vgl. dazu Ch. Tapp, Der allwissende Interpret Donald Davidson in theologischer Perspektive (Pontes 23), Münster 2004, 76–89.

[11] Vgl. dazu auch Ratzinger, Glaube (wie Anm. 5) 172–173; Vgl. auch T. Assheuer, Töten für Gott. Von Moses, dem Ägypter, bis zum Fundamentalismus der Killer. Der Kulturwissenschaftler Jan Assmann spricht in Heidelberg über die religiösen Wurzeln moderner Gewalt, in: Die Zeit, Nr. 30, 15.07.2004, 34.

[12] Vgl. dagegen das signifikant titulierte Programm von H. Verweyen, Gottes letztes Wort. Grundriß der Fundamentaltheologie, Regensburg [3]2000.

[13] Vgl. E. Hornung, Der Eine und die Vielen. Ägyptische Gottesvorstellungen,

Dem korrespondiert die Stoßrichtung von Assmanns Darstellung: Natürlich geht es ihm nicht literaliter um eine Preisgabe des Monotheismus, sofern dieser zu den „[...] zivilisatorischen Errungenschaften ersten Ranges [...]“[14] zählt und mit seinem Impuls zur Suche nach der Wahrheit Aufklärung in die Welt bringe.[15] In der partiellen Retractatio „Die Mosaische Unterscheidung“ heißt es:

„An der Unterscheidung zwischen wahr und falsch, an klaren Begriffen dessen, was wir mit unseren Überzeugungen als unvereinbar empfinden, werden wir festhalten müssen, wenn anders diese Überzeugungen irgendeine Kraft und Tiefe besitzen sollen.“[16]

Gleichwohl gilt: „Wenn man die monotheistische Idee retten will, dann muss man sie ihrer inhärenten Gewalttätigkeit entkleiden.“[17] Und das setzt systematisch zumindest so etwas wie eine epistemologische Entschärfung der monotheistischen Religionsform voraus dergestalt, dass „[...] wir die Mosaische Unterscheidung selbst zum Gegenstand einer unablässigen Reflexion und Redefinition, einer ‚diskursiven Verflüssigung‘ (Jürgen Habermas) machen, wenn sie uns Grundlage eines Fortschritts in der Menschlichkeit bleiben soll.“[18]

Wenn freilich das diskursive Wahrheitskonzept mit seiner Konsensjustierung „in the long run“ für *eines* nicht geeignet ist, dann zur epistemologischen relecture von Gedanken letzter Bindung, wie sie für die theologische Inanspruchnahme der Unterscheidung von wahr und unwahr substanziell ist.

Ausgerechnet Assmanns Referenzgestalt Reinhold scheint mir an diesem Punkt in eine aussichtsreichere Alternative zu weisen. Reinhold wollte nämlich mit seiner Intervention in den Pantheismusstreit zeigen, dass schon Mose in Wahrheit die all-eine Gottheit verehrte, also Monist war, diesen Glauben und sein Geheimnis in Ägypten gelernt hatte, jedoch die Mitte des Mysteriums vor seinem eigenen Volk verbarg, weil es dieser Wahrheit (noch)

Darmstadt ^{5}1993, 250; Vgl. dazu auch J. Werbick, Absolutistischer Eingottglaube? – Befreiende Vielfalt des Polytheismus? in: T. Söding (Hg.), Ist der Glaube Feind der Freiheit? Die neue Debatte um den Monotheismus (QD 196), Freiburg – Basel – Wien 2003, 142–175, hier 151–152.

[14] Assmann, Mosaische Unterscheidung (wie Anm. 1) 25.

[15] Vgl. J. Assmann, Kult der goldenen Kälber, in: Der Tagesspiegel, 11.04.2004. http://archiv.tagesspiegel.de/archiv/11.04.2004/1068489.asp [13.05.2004].

[16] Assmann, Mosaische Unterscheidung (wie Anm. 1) 165.

[17] J. Assmann, Monotheismus, in: Jahrbuch Politische Theologie 4 (2002), 122–132, hier 132.

[18] Assmann, Mosaische Unterscheidung (wie Anm. 1) 165.

nicht gewachsen war und sie darum in die Kategorien des nationalen Schutzgottes JHWH kleidete.[19] Das habe Mose de facto – wenn freilich in bester Absicht – zum Verräter der ägyptischen Mysterien werden lassen, ganz entsprechend dem italienischen Sprichwort „traduttore – traditore“, dass der Übersetzer immer auch ein Verräter ist. Dabei ist durchaus der Doppelsinn des deutschen Wortes „Verrat“ im Spiel, wie die zuspitzende Aufnahme der ganzen Thematik in Schillers Essay „Die Sendung Moses.“ (sic!)[20] belegt: Nicht nur Verrat von etwas, nämlich der Mysterienwahrheit des All-Einen, geschieht da, sondern auch Verrat an dieser Wahrheit, sofern Mose das, was die Eingeweihten des Mysteriums kraft ihrer Vernunft erkannten, zum Gegenstand blinden Glaubens gemacht habe[21], so schließt Schillers Aufsatz. D. h.: Für Schiller spiegelt sich im Antagonismus von Mysterienreligion und Gesetzesreligion, von Monismus und Monotheismus, zugleich nichts anderes als ein Antagonismus von Vernunft und Glaube!

Genau an der Überwindung dieses Hiats aber war Reinhold mehr als alles gelegen, weil er im Gang des Pantheismusstreits eine Verschärfung des Konflikts zwischen Naturalismus und Supranaturalismus, ein Ausspielen der Vernunft gegen Intuition und Gottesgefühl wahrnimmt, durch das beide Seiten – Religion und Metaphysik als, wie er sagt, „Hauptwissenschaft“[22] der Philosophie – nur Schaden nehmen können, weil dadurch „Pfafferey und Despotismus“[23] (erneut) Boden gewännen, wie er in den „Briefe[n] über die Kantische Philosophie“ von 1790 befürchtet. Seine Vermittlungsabsicht nun erfüllt Reinhold durch die zentrale These, der gemäß Gottes Namenskundgabe aus Ex 3,14, „Ich bin, der ich bin“, mit dem All-Einen der ägyptischen Mysterien koinzidiert. Das ergibt sich für ihn aus der unterstellten Deckungsgleichheit der biblischen Kennung, in LXX-Griechisch „ἐγώ εἰμι ὁ ὤν“, den er als „Daseyn von sich selbst“[24] übersetzt, mit einer als ägyptisch aufgefassten Inschrift aus einem Isis-Tempel, welche lautet:

[19] Vgl. J. Assmann, Nachwort zu Reinhold, Mysterien (wie Anm. 7) 157–199, hier 161–162; Vgl. dazu auch Roehr, Reinholds *Hebräische Mysterien* (wie Anm. 9) 147–166.

[20] Vgl. F. Schiller, Die Sendung Moses, in: Reinhold, Mysterien (wie Anm. 7) 129–156.

[21] Vgl. ebd., 156. Vgl. dazu auch J. Assmann, Das Geheimnis der Wahrheit. Das Konzept der „doppelten Religion“ und die Erfindung der Religionsgeschichte, in: Archiv für Religionsgeschichte 3 (2001), 111–115.

[22] K. L. Reinhold, Briefe über die Kantische Philosophie, 1.Bd. Leipzig 1790, 2.Bd. Leipzig 1792, hier Bd. 1, 5.

[23] Ebd., 7.

[24] Reinhold, Mysterien (wie Anm.7).

„Ich bin alles, was ist, war und seyn wird, meinen Schleyer hat kein Sterblicher aufgehoben."[25]

Isis und ihr Schleier treten bei Reinhold in eine religionshermeneutische Funktion ein, sofern er in diesem Spruch „[...] die Bedeutung des Wortes *Jehovah*, beynahe wörtlich ausgedrückt [...]"[26] findet. Reinholds Programm lautet auf den einen bündigen Nenner gebracht: „JHWH durch Isis verstehen". Zweierlei hatte Reinhold damit gewonnen. Zum einen lässt sich so ein theologischer Universalismus, eine Ökumene der Religionen inklusive der Heiden gewinnen.[27] Und zum anderen bedeutet das: Wahrheit ist auf beiden Seiten, bei den Ägyptern und bei Mose dem Israeliten. Und beide Weisen sind in Ordnung, solange nur die Wahrheit des Mysteriums unter der Einkleidung in die Riten und Kodizes nicht vergessen wird und verloren geht, denn dann bestünde „[...] das Geheimnis in nichts anderem mehr [...] als im Verbergen der Tatsache, daß es nichts zu verbergen gibt"[28] – und eben dem zu wehren, ist die Aufgabe der Philosophie als kritisch-aufklärender Ursprungsbesinnung. Andernfalls würden die Mysterien zu Geheimniskrämerei und Religion zu einem sacrificium intellectus[29], dem Jacobischen „salto mortale".[30]

Umgekehrt freilich heißt das, dass genau dies passiert, wenn Vernunft und Glaube dissoziiert werden. Wenn die philosophische Reflexion im Zentrum des Ganzen ausfällt, verkommt alles zum hohlen Ritual. Reinholds Intention – das wird an diesen Transfergedanken greifbar – geht in keiner Weise auf eine Nivellierung des Biblischen aus[31], sondern auf die prekäre Balance von Vernunft und Glaube, die zugleich konfessionelle und interreligiöse Konfliktquellen trocken zu legen vermag, ein Anliegen, wie es aktueller nicht sein könnte.

Wo Vernunft und Glaube nicht in dieser oder einer vergleichbaren Weise zusammengehalten werden, schießt in die dadurch aufgehende Leerstelle theologisch ein überdehnter Gebrauch des Motivs „Bilderverbot" ein, das das Geheimnis als radikale Alterität dem Denken entzieht und unter entsprechenden Rahmenbedingun-

---

25 Ebd., 42.

26 Ebd., 42.

27 Vgl. Assmann, Moses (wie Anm. 1) 183–184.

28 Assmann, Moses (wie Anm. 1) 185–186.

29 Vgl. Assmann, Nachwort (wie Anm. 7) 184.

30 F. H. Jacobi, Über die Lehre des Spinoza in Briefen an den Herrn Moses Mendelssohn, in: GA 1,1. Hg. von Klaus Hammacher und Irmgard-Maria Piske, Stuttgart – Bad Canstatt 1998, 20.

31 Vgl. Roehr, Reinholds *Hebräische Mysterien* (wie Anm. 9) 152.

gen geradlinig in Ikonoklasmen führt. So entspringt Gewalt gerade der Dissoziation von Vernunft und Glaube und damit der Preisgabe der mosaischen Unterscheidung.[32] Weil dieser Hiat natürlich nicht nur unter monotheistischem, sondern genauso unter monistischem Vorzeichen auftreten kann, gibt es eben genauso außermonotheistisch religiöse Gewalt, wie Assmann auch selbst vermerkt.[33] So wenig die „sekundären Religionen" aus Gründen ihres Wahrheitsanspruchs intolerant sein *müssen*[34], so wenig sind die primären Religionen eine naturwüchsige Friedensbewegung. Systematisch gewendet: Das konsequente Stellen der Wahrheitsfrage provoziert nicht Intoleranz, sondern bewahrt im Gegenteil vor ihr. Dass diese systematische Konsequenz mit einer der zentralen Thesen der Enzyklika „Fides et ratio" koinzidiert, sei zumindest vermerkt:

„An die Möglichkeit des Erkennens einer allgemeingültigen Wahrheit zu glauben, ist keineswegs eine Quelle der Intoleranz; im Gegenteil, es ist die notwendige Voraussetzung für einen ehrlichen und glaubwürdigen Dialog der Menschen untereinander."[35]

In der Durchführung stehen Monotheismus und Kosmotheismus dabei allerdings in gewissem Sinn in einem asymmetrischen Verhältnis, insofern der Gedanke der Zusammengehörigkeit, also eines Einheitssinnes von Vernunft und Glaube selbst als *spekulativer* im Letzten von einer strukturell kosmotheistischen Inklination getragen ist.

---

[32] In dieser Überzeugung korrespondiert Reinhold mit Origenes, vgl. Fürst (wie Anm. 3) 529.

[33] Das antimuslimische Hinduistenpogrom von Gujarat Ende 2002 erklärte Assmann in der Diskussion nach diesem Korreferat aus einer Angleichung der Gewalttäter an die Ausschließungsstrategie der monotheistischen Traditionen. Die differenzierte Beschreibung des Pogroms durch M. Nussbaum scheint mir damit nicht zusammen zu gehen. Vgl. M. C. Nussbaum, Body of the Nation. Why women were mutilated in Gujarat, in: Boston Review. Summer 2004. http://bostonreview.net/BR29.3/nussbaum.html [27.07.2004].

[34] Vgl. Assmann, Mosaische Unterscheidung (wie Anm. 1) 26; die These gehört zum Standardrepertoire in der intellektuellen Gegenwartsdebatte über Religion. Vgl. exemplarisch etwa M. V. Llosa, Religion ist Privatsache. Warum die Europäische Union Staat und Kirche trennen sollte, in: Süddeutsche Zeitung, Nr. 171, 26.07.2004, 32. Einigermaßen irritieren muss, dass ein katholischer Neutestamentler sich diese These Assmanns uneingeschränkt zu eigen machen kann, um auf diese Weise von den innerjüdischen Absetzungskonflikten der jungen Jesus-Sekte und ihrer Wirkungsgeschichte her die religiöse Wahrheitsfrage zu suspendieren. Vgl. M. Ebner, Antijüdische Tendenzen in den neutestamentlichen Passionsgeschichten? in: R. Zwick / T. Lentes (Hg.), Die Passion Christi. Der Film von Mel Gibson und seine theologischen und kunstgeschichtlichen Kontexte, Münster 2004, 139–163, bes. 157 und Anm. 58.

[35] Enzyklika FIDES ET RATIO von Papst Johannes Paul II. an die Bischöfe der katholischen Kirche über das Verhältnis von Glaube und Vernunft. 14. September 1998 (Verlautbarungen des Apostolischen Stuhls 135), Bonn 1998, Nr. 92.

Diese Interpretation der theologischen Wahrheitsfrage führt vor eine Bilanz, die sich alternativ formulieren lässt: (a) Wenn Vernunft einer konsistenten Metaphysik im Sinne letzter Gedanken über das Ganze von Leben und Wirklichkeit soll fähig sein können, ist der schultheologische Monotheismus zumindest problematisch, weil er keine hinreichende Antwort auf das Verhältnis von Absolutem und Endlichem gewährt, sondern im theologischen Krisenprodukt des Schöpfungsgedankens[36] seine Verlegenheit verbirgt. Nicht von ungefähr hat Fichte ausgerechnet in der predigtnahen *Anweisung zum seligen Leben* den Schöpfungsgedanken als den „absoluten Grundirrthum aller falschen Metaphysik und Religionslehre"[37] gebrandmarkt „– denn eine Schöpfung lässt sich gar nicht ordentlich denken – das was man wirklich denken heisst – und es hat noch nie irgend ein Mensch sie also gedacht"[38], weshalb auch der Johannesprolog den Anfang der Genesis durch den Logosgedanken korrigiere: „[...] im directen Widerspruche, und anhebend mit demselben Worte, und statt des zweiten falschen an derselben Stelle das rechte setzende, um den Widerspruch herauszuheben, – nein, sagt Johannes: im Anfange [...] d. h. ursprünglich und vor aller Zeit, schuf Gott nicht, und es bedurfte keiner Schöpfung, – sondern es – war schon; es war das Wort – und durch dieses erst sind alle Dinge gemacht."[39]

Mit diesem Hinweis geht es mir auch keinesfalls um eine Perhorreszierung des Schöpfungsgedankens als solchen, jedoch um die Erinnerung daran, dass diese dogmatische Denkfigur Voraussetzungen impliziert – z. B. den Gedanken eines Anfangs der Welt –, deren ontologische Verpflichtungen religionsphilosophisch nicht eingeholt werden können.[40]

Oder (b) der Monotheismus ist konsistent, aber dann verstehen wir ihn nicht. Im Hintergrund dieser zugegeben auf den ersten Blick sperrigen These steht die aus dem enzyklopädischen Durchgang durch die denkerische Architektonik der Hochreligionen gewonnene Überzeugung Erik Voegelins, „dass [...] eine Metaphy-

[36] Zu diesem Charakter des biblischen Schöpfungsgedankens vgl. auch E. Jüngel / P. Sloterdijk, Disput über die Schöpfung. Verein Ausstellungshaus für christliche Kunst, München – Jahrbuch 2001, 23–37, hier bes. 28.

[37] J. G. Fichte, Die Anweisung zum seligen Leben, oder auch Religionslehre, in: WW V. Hg. Immanuel H. Fichte. Nachdr. Berlin 1971, 397–574, hier 479.

[38] Ebd.; übrigens auch einer so theologienahen Philosophie wie derjenigen Antonio Rosminis gilt der Schöpfungsgedanke als beweisbar und zugleich nicht vollständig verstehbar. Vgl. dazu M. Dossi / A. Rosmini, Ein philosophisches Profil (Ursprünge des Philosophierens 6), Stuttgart 2003, 366–374.

[39] Fichte, Anweisung (wie Anm. 37) 479–480.

[40] Vgl. dazu etwa Thomas von Aquin, Summa theologiae I q46 a2 c.

sik, welche das Transzendenzsystem der Welt als den immanenten Prozeß einer göttlichen Substanz interpretiert, die einzig sinnvolle systematische Philosophie ist, weil in ihr zumindest der Versuch gemacht wird, die bewußtseinstranszendente Weltordnung in einer ‚verstehbaren' Sprache zu interpretieren, während jede ontologisch anders fundierte Metaphysik zur Unmöglichkeit, die Transzendenz immanent zu verstehen, noch den Widersinn hinzufügt, sie in ‚unverständlicher', d. h. nicht an der einzig ‚von innen' zugänglichen Erfahrung des Bewußtseinsprozesses orientierter Sprache zu interpretieren."[41]

Insofern stellt sich in der Tat die nach Spinoza und Kant nicht mehr hintergehbare Herausforderung, Gott so zu denken, dass er „zugleich persönlich und alles ist."[42] Sie könnte sich aus Ressourcen speisen, die sich dem Gedanken öffnen, dass das, was aus Sais stammt, nicht falsch sein muss, damit das, was vom Sinai kommt, wahr sein kann.[43]

---

[41] E. Voegelin, Anamnesis. Zur Theorie der Geschichte und Politik, München 1966, 37–61, hier 50–51.

[42] P. Strasser, Der Gott aller Menschen. Eine philosophische Grenzüberschreitung, Graz – Wien – Köln 2002, 191. Vgl. das Motiv auch bei D. Henrich, Eine philosophische Begründung für die Rede von Gott in der Moderne. Sechzehn Thesen, in: Ders. / J. B. Metz / B. J. Hilberath / Z. Werblowsky (Hg.), Die Gottrede von Juden und Christen unter den Herausforderungen der säkularen Welt. Symposion des Gesprächskreises „Juden und Christen" beim ZDK am 22./23.Nov. 1995 in der Katholischen Akademie in Berlin, Münster 1997, 10–20, hier 19.

[43] Vgl. dazu Müller, Tiefenstrom (wie Anm. 2).

II
Philosophische Anfrage

Gewaltentrennung in Gott?
Auch ein Kapitel Politische Theologie

Peter Strasser

Angesichts der militanten Entwicklungen im Islam sind wir, im demokratischen Westen, geneigt, Kritik am Monotheismus schon deshalb zu begrüßen, weil wir hinter ihr eine liberale Geisteshaltung vermuten. Unter den herausragenden Vertretern der Monotheismus-Kritik findet sich heute der Ägyptologe Jan Assmann. Im Zentrum seiner Überlegungen steht jedoch nicht nur der Islam, sondern auch der biblische Jahwe-Glaube, der eine klare Freund-Feind-Struktur aufweist und in seiner Durchsetzung an archaischen Gewaltmitteln so ziemlich alles aufbietet, wovor der zivilisierte Mensch heftig zurückschreckt.

Meine eigene Kritik an Assmanns Monotheismus-Kritik wird sich folgender These bedienen: Zumindest für den jüdisch-christlichen Glaubenskontext ist davon auszugehen, dass das Wesen des Monotheismus nicht in der historischen Etappe, sondern in der Logik seiner Entwicklung liegt. Jahwe wird über die Zeiten hinweg zum Gott aller Menschen. Die Idee des Gottes aller Menschen ist aber nicht mehr die des exklusiven Monotheismus, der sich mindestens ebenso stark über seine Feinde definiert, wie über den Heilsbezug zu den Rechtgläubigen; sie ist vielmehr dem Prinzip der Einschließung ohne Ausschluss, einer – wenn man will – nicht-exklusiven Inklusion verpflichtet.

Auch die These, dass monotheistische Religionen gewalttätiger seien als polytheistische, halte ich für falsch. Bevor ich darauf näher eingehe, möchte ich einige Worte zu der freundlichen Aufnahme sagen, die der Polytheismus unter modernen Intellektuellen genießt, ganz im Gegensatz zum Monotheismus, zumal in seiner christlichen und heute vor allem islamischen Ausprägung.

1. Lob des Polytheismus?

Schon Klassiker wie Goethe oder Schiller hielten die Götter Griechenlands nicht für real, jedenfalls nicht in dem Sinne, dass sich auf sie hätten ernsthaft religiöse Gefühle projizieren lassen. Die alten Götter, von der High Society des Olymps bis hinunter zu den Nymphen und Faunen, waren eher Garanten für die Unvergänglichkeit einer helleren Kultur angesichts der Düsternis der Macht, mit der das Christentum die Menschen beschwerte, namentlich das ganze Mittelalter hindurch.

Erst in Gestalten wie Hölderlin wird das Vielgötterhafte der Antike ein neues religiöses (und im Übrigen schwer deutbares) Pathos erhalten, das sich in Deutschland durchhält bis zu Ernst Jünger und Martin Heidegger. Letzterer redet noch in seinen zwischen 1936 und 1938 entstandenen „Beiträgen zur Philosophie" oft und gerne von den Göttern, die dem letzten Gott – wer oder was immer das sein mag – als rätselhafte Hypostasen des Seins vorausgehen.[1] Doch ob Jünger oder Heidegger, am Charakter des Gleichnisses, den die vielen Götter zeigen, kann nicht gezweifelt werden. Niemals stehen sie für sich selbst, kein Gott bei Jünger wird jemals sagen „Ich bin, der ich bin", denn immer ist er Zeichen, Anzeichen, ein trächtiges Symbol, das sein Wesen außer sich hat, so etwa Jüngers Gaia. Das Häuten der Gaia bedeutet, dass in erdumspannenden Katastrophen, zuletzt in den „Stahlgewittern" des Weltkriegs, der alte Mensch ein- und umgeschmolzen wird, bis ein neuer Mensch auf der Weltbühne erscheint, etwa der Typus des Arbeiters, dessen Maschinenwesen die Welt beherrschen soll.[2]

Betrachten wir von hier aus die Sympathie, die Denker wie Odo Marquard dem Polytheismus entgegenbringen, dann sieht man, dass sich die Motive grundlegend verändert haben. Die Codierung ist nicht religiös, sie ist polemisch. Nach dem Muster der Politischen Theologie à la Carl Schmitt wird argumentiert, dass der Monotheismus in verschleppter Form selbst noch die atheistischen Diktaturen legitimiert, wenn diese ihre Macht nicht pluralistisch, sondern totalitär organisieren.[3] Die totalitäre Aura verdankt sich demnach der kollektiven Erinnerung an jene Legitimationsform, die „von Gottes Gnaden" war und ihren höchsten Repräsentanten – das ist für den

---

[1] M. Heidegger, Beiträge zur Philosophie (Vom Ereignis), Gesamtausgabe, Bd. 65, [2]1994 ([1]1989).

[2] E. Jünger, Der Arbeiter. Herrschaft und Gestalt, in: Werke, Bd. 6, Essays II, Stuttgart [1964], 9–329. Die Erstausgabe erschien 1932.

[3] O. Marquard, Aufgeklärter Polytheismus – auch eine politische Theologie?, in: J. Taubes (Hg.), Der Fürst dieser Welt. Carl Schmitt und die Folgen, München – Paderborn [2]1983, 77–84. „Monomythie – aus dem Monotheismus kommend – bedeutet für jeden einzelnen und alle Menschen zusammen: sie dürfen nur eine Geschichte haben und erzählen […]: hier ist der einzelne unfrei, mit Haut und Haaren dieser einen Alleingeschichte ausgeliefert. Polymythie – aus dem Polytheismus kommend – bedeutet für alle Menschen und jeden einzelnen: jeder darf viele verschiedene Geschichten haben und ist […] ihnen gegenüber frei […]. Polymythie ist bekömmlich, Monomythie ist schlimm" (82).

Katholiken Schmitt der Papst – als Stellvertreter Gottes auf Erden sah. Von da aus wird nun umkehrschlüssig suggeriert, dass ein demokratisches Gemeinwesen mit Gewaltenteilung und Pluralismus nur *eine* Analogie im Religiösen haben könne: die Vielgöttersituation. Sie ist es, auf die der Demokrat setzen sollte, falls er nach einer religiösen Absolution seines Seins und Daseins suche. Das hört sich gut an. Doch zugleich sind die, die so reden, meilenweit davon entfernt, wie religiöse Polytheisten zu fühlen. Sie reden, wie sie reden, nicht weil sie an die Existenz mehrerer Götter glauben, sondern weil ihnen daran liegt, den Einen Gott und die Eine Wahrheit zu desavouieren.

Die prominenteste Stimme aus Amerika, die zurzeit polytheistisch argumentiert, ist Richard Rorty. In seinem Kurzessay „Ein Prophet der Vielfalt“ zitiert er aus Nietzsches „Fröhlicher Wissenschaft“ (§ 143): „Im Polytheismus lag die Freigeisterei und Vielgeisterei des Menschen vorgebildet: die Kraft, sich neue und eigene Augen zu schaffen […]“; demgegenüber wird dem Monotheismus attestiert, er sei „vielleicht die größte Gefahr der bisherigen Menschheit“.[4] Daran anschließend holt Rorty zu einem seiner Rundumschläge gegen die Monotheisten und Metaphysiker, universalistischen Ethiker und Wahrheitsobjektivisten aus. Sie alle sind in seinen Augen schuldig, die menschliche Vielfalt zugunsten *eines* Ideals, *einer* Wahrheit, *eines* Gottes zu unterdrücken und dadurch die freie Entwicklung des Individuums sowie die volle Entfaltung der Demokratie zu behindern. „Wer die Einheitlichkeit unter Menschen nicht bloß als ein notwendiges Übel, sondern als etwas an sich Gutes versteht, der glaubt, es gebe so etwas wie ‚das gute Leben‘, eine ‚menschliche Natur‘ oder den ‚Sinn menschlicher Existenz‘. Doch indem wir an diese Vorstellungen glauben, hemmen wir den Drang nach kreativer Selbstbestimmung.“[5]

Ich möchte den vorliegenden Punkt nicht abschließen, ohne darauf hinzuweisen, dass ein anderer Held in Rortys liberalem Pantheon John Stuart Mill heißt, der Autor der epochemachenden kleinen Schrift über die Freiheit, „On Liberty“ (1859) – übrigens eine der Zielscheiben von Nietzsches Hasstiraden gegen die Demokratie. Mill war ein Aufklärer, und das heißt, er war *kein* Relativist. Mill glaubte an die Wahrheit. Gerade deshalb – und das kann man nicht oft genug betonen, wenn es darum geht, Kultur-Polytheisten wie Rorty in die Schranken zu weisen –, war Mill der Auffassung,

---

[4] F. Nietzsche, Kritische Studienausgabe, Bd. 3, hg. v. Giorgio Colli u. Mazzino Montinari, München 1999, 490f.

[5] R. Rorty, Ein Prophet der Vielfalt, Die Zeit, 35/2000, „Literatur“, 41.

man müsse den Pluralismus der Ansichten nicht bloß dulden, *sondern aktiv fördern.* Die Gründe, die er nannte, sind auch heute noch vollkommen überzeugend, ohne dass sie es notwendig machen würden, auf die Seite der Wahrheitsrelativisten überzuwechseln.

Erstens, sagt Mill, wenn wir eine Überzeugung zum Schweigen bringen, so kann es sich doch hintennach herausstellen, dass sie – und nicht unsere eigene – die richtige war: „Das leugnen, hieße unsere eigene Unfehlbarkeit beanspruchen." Zweitens, sagt Mill, auch zum Schweigen gebrachte Meinungen enthalten oft ein Körnchen Wahrheit, während die Unwahrheit in unseren eigenen Meinungen nur dadurch sichtbar wird, dass wir sie mit entgegengesetzten Meinungen zusammenprallen lassen. Das ist im Kern der Falsifikationismus, um den Karl Popper später viel Aufhebens machen wird. Drittens – und das ist vielleicht der scharfsinnigste Grund, den Mill für die aktive Förderung eines Pluralismus der Standpunkte nennt –, selbst wenn wir im Besitz der vollen Wahrheit wären, so würden wir sie schließlich bloß als ein Vorurteil mit uns schleppen, dessen Sinn uns zunehmend entginge, falls es keine Gegenpositionen gäbe, an denen wir unseren eigenen Standpunkt als den vorzugswürdigeren ausweisen müssten. Damit zusammenhängend stellt Mill, viertens, fest, dass durch die fehlende Konkurrenz die Lehre selbst in Gefahr wäre, innerlich abzusterben, während sie äußerlich dogmatisiert würde: „Das Dogma wird ein rein formales Bekenntnis [...] und dadurch das Wachstum einer wirklichen, von Herzen gefühlten Überzeugung aus Vernunft oder Erfahrung verhindern."[6]

2. Religiöse Archaik

Nachdem wir immerhin feststellen durften, dass die Suche nach der einen Wahrheit – und die Rede von den mehreren Wahrheiten ist ohnedies logisch defekt[7] – uns weder daran hindert, uns selbst

---

[6] J. S. Mill, Über die Freiheit, Stuttgart 1974, 72 f.

[7] Das hat damit zu tun, dass der Wahrheitsbegriff unseres Alltags ein Absolutbegriff ist. Wenn ich sage, die Erde kreist um die Sonne und damit einen Wahrheitsanspruch verbinde, dann will ich nicht sagen, es sei *relativ* zu meinem Überzeugungssystem (dem heliozentrischen) wahr, dass die Erde um die Sonne kreist. Denn dann könnte es relativ zu einem anderen Überzeugungssystem (dem geozentrischen) ebenso wahr sein, dass die Sonne um die Erde kreist. Ich will vielmehr sagen, dass – *gegeben irgendein beliebiges Überzeugungssystem* – die Erde um die Sonne kreist. Denn das Faktum, über das ich etwas Wahres aussagen möchte, ist so, wie es ist, *unabhängig davon,* in welchem Überzeugungssystem von ihm gesprochen wird. Ich kann natürlich, wie der Logiker, einen systemrelativen Wahrheitsbegriff konstruieren: „wahr innerhalb der Sprache S". Doch ein solcher Wahrheitsbegriff, der sich erst aus den Er-

zu verwirklichen, noch dazu verpflichtet, anderen gegenüber intolerant zu sein, wollen wir nun die Frage nach den Gewaltpotentialen des Monotheismus so direkt wie möglich stellen. Dabei ist das Erste, worauf wir stoßen (und ich sage nichts Neues), ein Feld voller Unübersichtlichkeiten und Überraschungen, auch und gerade dort, wo unsere eigene Kultur ihre Wurzeln hat. Denn ich denke, es kann kein Zweifel daran bestehen, dass Jahwe, der Gott des Alten Testaments, in gewissen Zügen ein schrecklicher Gott ist. Aber seine Schrecklichkeit ist alles andere als leicht verständlich.

Da sich Jahwe in einem polytheistischen Umfeld bewegt, muss er sich seinem Volk gegenüber als der stärkste aller Götter nahe legen. Sonst droht Abfall. Das Volk ist vielerlei Bedrohungen ausgesetzt, und will es überleben, so tut es gut daran, nicht auf die Führung eines schwachen oder untätigen Gottes zu vertrauen. Das spiegelt sich in der Episode des Moses, der vom Berg Sinai herabsteigt und sieht, wie das Volk – irre geworden an der langen Abwesenheit seines Führers – das goldene Kalb umtanzt (Ex 32,19). Doch von hier aus bis zum Wüten Jahwes gegen sein eigenes Volk ist ein weiter Weg des Verstehens notwendig. Warum will dieser Wüstengott sein Volk immer wieder auslöschen? Was für ein entsetzliches Verbrechen steht da im Hintergrund? Das ist eine so unklare Geschichte, dass Sigmund Freud in seinem Buch „Der Mann Moses und die monotheistische Religion“ (1939) zu einer waghalsigen Spekulation griff. Demnach wäre der jüdische Monotheismus das Erbe eines ägyptischen Moses, der von den Juden zuerst als Führer verehrt und dann ermordet wurde. Laut Freud erwuchs daraus ein tiefsitzendes Schuldgefühl, das sich aus der ödipalen „Urszene“ speiste. In den Attacken Jahwes wäre demnach die Strafe für den „Vatermord“ an jenem Ägypter phantasiert worden, der im Rahmen der monotheistischen Reform des Pharaos einen Ein-Gott-Glauben (den Glauben an den Sonnengott Aton) lehrte.[8] Martin Buber hat Freuds Buch als „völlig unwissenschaftlich“ abgekanzelt. Es sei auf grundlosen Hypothesen haltlos gebaut.[9] Mag sein. Doch Jahwes Grausamkeit ist rätselhaft. Mit liebendem Eiferertum hat sie über Strecken nichts zu tun, bestenfalls mit archaischen Drohgebärden und Machtdemonstrationen.

---

fordernissen bei der Konstruktion sogenannter formalisierter Sprachen ergibt, ist keine geeignete Explikation unseres Alltagsbegriffs von Wahrheit.

[8] Prominent dazu J. Assmann, Moses der Ägypter. Entzifferung einer Gedächtnisspur, München – Wien 1998; zu Sigmund Freud Kap. VI, 213ff.

[9] M. Buber, Moses, Zürich ^{4}1994, 7, Anm. 1.

Es gibt, auch und gerade im Religiösen, einen Unterschied zwischen archaisch und zivilisiert. Erinnern wir uns an die Geschichte der Juden vor dem Auszug aus Ägypten. Lesen wir sie, wie sie da steht im Buch Exodus, dann bedeutet sie, dass Jahwe das Herz des Pharaos mehrfach verhärtet, nur damit dieser die Juden, die er schon gerne los wäre, um weiteren Plagen zu entgehen, nicht ziehen lässt. Denn schließlich sollen ja nach dem Willen Jahwes alle zehn Plagen über das ägyptische Volk hereinbrechen. Das Ende ist geradezu unglaublich: Jahwe erschlägt eigenhändig alle Erstgeborenen in Ägypten, „vom Erstgeborenen des Pharao, der auf dem Thron saß, bis zum Erstgeborenen des Gefangenen im Kerker, und jede Erstgeburt beim Vieh“ (Ex 12,29). In der Geschichte des Hiob wiederum – um ein anderes spektakuläres Beispiel zu zitieren – gibt es zwar keine Toten, aber die Wette, die Gott mit dem Teufel schließt, um das Durchhaltevermögen Hiobs in Sachen Rechtgläubigkeit zu testen, ist eine für unser Gefühl abscheuliche Belustigung der hohen Herren: Gott stürzt Hiob in das größte denkbare Unglück, er lässt ihn alles verlieren, er lässt ihn bei lebendigem Leib verfaulen, nur um dem Teufel zu zeigen, was ein Jahwe-gläubiger Jude aushält, bevor er Gott verflucht.

Dennoch: Wollte man aus der Lektüre des Alten Testaments herauslesen, dass der Monotheismus innerlich, also seinem Wesen nach, mit Gewalt verbunden ist, so müsste man sich einer Interpretationshaltung befleißigen, die ich gerne – in Übernahme eines Terminus aus der Verfassungslehre – als „Versteinerungstheorie der Offenbarung“ charakterisieren möchte. Damit meine ich eine Auslegung, der zufolge das, was mit einer Heiligen Schrift in der Tiefe ihrer Bedeutung intendiert ist, und das, was dort Buchstabe für Buchstabe zu lesen steht, zusammenfällt. Versteinern wir die Offenbarung, dann müssen wir den Schlächter aller in Ägypten Erstgeborenen als unseren Gott anbeten: „Vater unser, der du bist …“ Und dann müssen wir, um ein anderes Extrem zu zitieren, mit Lev 20,13 für praktizierte Homosexualität die Todesstrafe fordern. De facto tun wir aber, sofern wir uns zivilisiert verhalten (und nicht einfach fundamentalistisch), nichts dergleichen, weder beten wir zu Gott, dem Schlächter und Quäler Hiobs, noch schreiben wir seinem Willen zu, die in Levitikus geforderte Behandlung homosexueller Männer zu exekutieren. Wir fordern zu Recht eine Lesart des Alten Bundes, die eine klare Unterscheidung zwischen Gott und dem Teufel zulässt. Dabei ist es vermutlich zu wenig, die Geschichte der Plagen gegen die Ägypter als eine Geschichte der Erwählung des jüdischen Volkes zu entschlüsseln, wobei man – wie Taubes sagt – mit „aufklärerischer Philanthropie“ hier nicht weiter kommt, weil sich die Erwählungsgeschichte „der Ethik ganz entwindet".[10] Dem ist zu erwidern: Was unethisch ist, entwindet sich nicht der Ethik; es würde bloß den Akt der Erwählung seinerseits unethisch und damit auch im religiösen Sinne wertlos machen.

Soviel steht fest: Religiöse Archaik und Gewalt gehören zusammen wie das Amen zum Gebet. Doch der Punkt, auf den es mir ankommt, lautet, dass diese Gleichung für die Kulturen der vielen Götter nicht weniger gilt als für den Kulturraum des Monotheismus. Was uns beispielsweise Hesiod in seiner griechischen Welt- und Götter-Entstehungslehre, der *Theogonie,* berichtet, ist ein wüster Alptraum, zusammengebraut aus allen nur denkbaren Bluttaten, Schandtaten und Gräueln. Und so beginnt es: Das Chaos gebiert Gaia, die Erde, die ihrerseits Uranos, den Himmel, gebiert, um sich mit ihm zu vereinigen. Aus der Kette dieser elementaren Vereinigungen entspringen die Titanen, darunter Okeanos, der alsbald zusammen mit seinen Brüdern von Uranos, dem eifersüchtigen Vater, im Schoß der Erde lichtlos verschlossen wird. Der ob solchen Frevels erzürnten Gaia gelingt es, den Okeanos aufzuwiegeln. Sie befreit ihn und er, mit einer Sichel bewehrt, entmannt den Vater. Während Gaia die Blutstropfen der väterlichen Wunde aufnimmt, um mit ihnen im Laufe der Jahre das Geschlecht der Erinnyen und die Giganten zu gebären, fallen die Genitalien des Uranos in die Meerflut. Aus ihnen geht, nachdem sich weißer Schaum um sie gebildet hat, Aphrodite hervor, die Schaumgeborene.[11] Das folgende Geschehen, in dem Zeus durch schreckliches Wüten beim Sturz seines Vaters Kronos und der Titanen zum Herrn der Olympier aufsteigt, ist ein Machteroberungsspiel, das mit Brutalität und Verschlagenheit gespielt wird.

Eine Politische Theologie, die sich auf diese Göttergesellschaft stützen wollte, könnte nur zu einer Rechtfertigung von Oligarchien und Tyrannenherrschaften führen, die sich, in ständiger Bemühung um die Gunst der mächtigsten Götter, aller Strategien des Machiavellismus bedienen dürften, mit dem Endzweck eines weltumspannenden Cäsarismus. Ich formuliere aus gutem Grund im Konjunktiv. Denn was den griechischen Polytheismus im Ansatz weitgehend untauglich macht, aus ihm eine Politische Theologie zu destillieren, ist das Fehlen der Eschatologie. Das goldene, silberne und eherne Zeitalter sind vorbei. Die Menschen leben im

---

[10] J. Taubes, Die Politische Theologie des Paulus, hg. v. Aleida u. Jan Assmann, München 1993, 69.

[11] Hesiod, Theogonie. Werke und Tage, hg. u. übersetzt v. Albert von Schirnding, Düsseldorf – Zürich ^{2}1997, 15ff.

eisernen Zeitalter unter der von Zeus verfügten Ordnung, bei deren Nichteinhaltung Auslöschung droht. Diese Ordnung ist die der *Werke und Tage*, wie sie ebenfalls Hesiod beschreibt, die Ordnung des profanen und religiösen Lebens im Lebensrhythmus, im Wandel der Jahreszeiten und im Wechsel der Geschlechter. Diese Ordnung ist zyklisch; sie ist sich selbst genug. Theologisch gesehen hat die griechische Kultur keinen Zeitpfeil. Ihre Herrscher agieren, auch wenn sie sich mit göttlichen Attributen schmücken, nicht endzeitorientiert. Da es keinen Erlöser gibt, hätte es wenig Sinn, die Legitimation der irdischen Macht an dessen Ankunft (oder Wiederkunft) binden zu wollen.

3. Weltflüchtiger, imperialer und erlösender Gott

Die Frage nach dem Zusammenhang zwischen Monotheismus und Gewalt sollte also meines Erachtens überhaupt nicht vor der Folie des Polytheismus diskutiert werden. Denn Tatsache ist, dass die Beziehung des Einen Gottes zur Welt völlig unterschiedlich gedacht werden kann – und historisch auch gedacht wurde. Während der Gott der Juden ein personaler Gott ist, und daher in der Liebe wie im Zorn als Übervater agiert, mit dem sich – wie man so sagt – zur Not reden lässt, ist der Gott der Gnostiker, ob heidnisch oder christlich, ganz anders disponiert. Mit ihm kann man nicht reden, denn er ist der Welt entrückt. Er ruht reglos in sich selbst, vollkommen, ja übervollkommen, wie im Falle des Ersten bei Plotin (204–270). „Da also jenes Erste unbewegt ist, so muss das Zweite, welches nach ihm entstehen soll, zustande kommen, ohne dass jenes Erste es zugibt, es will oder sich irgendwie regt. Wie soll man sich aber jenes Werden des Zweiten aus dem Ersten Bleibenden vorstellen? Es gleicht einem ringsum aus ihm hervorbrechenden Glanz […].“[12] Die göttliche Übervollkommenheit muss überfließen, sodass einige der göttlichen Lichtfunken in die Nacht und das Nichts der Materie absinken, wo sie, als Seelen in den Menschenkörpern eingekerkert, sich nach ihrem himmlischen Ursprung zurücksehnen.

Der Schöpfer der Welt hingegen, den die (jüdisch-)christlichen Gnostiker gerne mit dem Gott des Alten Testaments identifizieren, ist ein schwacher und nicht selten böser Gott, im Extrem der Teufel. Mit ihm zu paktieren heißt, das Gegenteil von dem tun, was getan werden sollte, nämlich, sich von der Welt abzuwenden, der As-

[12] Plotin, Enneaden, Bd. 1, ausgewählt, übersetzt und eingeleitet v. Otto Kiefer, Jena – Leipzig 1905, 25.

kese zu huldigen, keine Familie zu gründen, sich nicht fortzupflanzen, auf das baldige Ende zu hoffen. Bei Marcion, dem großen christlichen Ketzer des 2. Jahrhunderts, der Paulus zum wahren Apostel Jesu erklärte und nur Lukas als Evangelisten gelten ließ, ist der Faden zwischen Gott und Schöpfung so gut wie gerissen. Der Vater Jesu Christi ist ein *deus alienus,* der fremde Gott, nicht Jahwe, der Schöpfer von Himmel und Erde.[13] Jacob Taubes hat in einer seiner letzten Vorlesungen mit Nachdruck darauf hingewiesen, dass im Neuen Testament, und damit bei Jesus, die Schöpfung ebenfalls so gut wie keine Rolle spielt: „Also wer Ihnen das einredet [nämlich, dass die Schöpfung im NT eine Rolle spielt], ich weiß, die Theologen machen daraus ein großes Geschäft, das bringt nichts, es ist nicht da. Da ist eines allein: Erlösung."[14] Kurz gesagt: Eine Politische Theologie des gnostischen *deus alienus* wäre ein Widerspruch in sich selbst. Der Gnostiker ist *vom Prinzip her* – was immer seine menschlichen, allzu menschlichen Ambitionen sein mögen – an der Legitimation irdischer Macht desinteressiert. Denn hinter jeder Art von menschenmöglicher Macht steckt der Fürst der Finsternis, das heißt zugleich: der „Fürst dieser Welt".

Woher kommt also im Christentum schließlich und endlich jenes Machtbewusstsein, das in dem von Carl Schmitt bewunderten Römischen Katholizismus gipfelt? Hier die Antwort: „In der großen Geschichte der römischen Kirche steht neben dem Ethos der Gerechtigkeit auch das der eigenen Macht. Es ist noch gesteigert zu dem von Ruhm, Glanz und Ehre. Die Kirche will die königliche Braut Christi sein; sie repräsentiert den regierenden, herrschenden, siegenden Christus."[15] Der Papst ist, als „Stellvertreter Christi", der Repräsentant Gottes auf Erden[16], und da es vom Standpunkt des Papstes aus nur darum gehen kann, Gottes Macht absolut zu repräsentieren, ist es der Kirche auch erlaubt, sich jeder politischen Form anzupassen, gleich ob menschenverachtender Diktatur oder menschenrechtsbewusster Demokratie. Hauptsache, die Anpassung dient dem Machterhalt und der Machtsteigerung Roms.[17] Am Kampf der Aufklärung um die Durchsetzung hu-

---

[13] Dazu noch immer bindend A. v. Harnack, Marcion – das Evangelium vom fremden Gott, Darmstadt 1985 (^{2}1924).

[14] Taubes, Politische Theologie (wie Anm. 10), 83.

[15] C. Schmitt, Römischer Katholizismus und politische Form (^{1}1923, ^{2}1925), Stuttgart 1984, 53.

[16] Ebd., 24.

[17] „Unter dem Gesichtspunkt einer Weltanschauung werden alle politischen Formen und Möglichkeiten zum bloßen Werkzeug der zu realisierenden Idee" (ebd., 9). Deshalb ist die katholische Kirche in Hochform eine *complexio oppositorum*, indem sie sich rühmt, „alle Staats- und Regierungsformen in sich zu vereinigen" (ebd., 11).

manitärer Ideale gegen die Machtbeharrung der katholischen Kirche findet Schmitt vor allem bemerkenswert, dass, solange die Idee der Humanität ihre ursprüngliche Kraft bewahrte, ihre Vertreter immerhin den Mut fanden, „sie mit inhumaner Größe durchzusetzen".[18]

Schmitt demonstriert uns, dass eine bestimmte Auffassung des Monotheismus zur Legitimation selbst brutalster Machtausübung verwendet werden kann. Wenn es darum geht, dass die kirchliche und womöglich auch staatliche Macht den „regierenden, herrschenden, siegenden" Gott repräsentiert, und wenn Gottes siegreiche Herrschaft nicht anders denn als Weltherrschaft gedacht werden kann, weil des einen und einzigen Gottes Machtanspruch logischerweise universal ist: dann, so könnte man salopp formulieren, ist der Teufel los. Jedenfalls werden das die Opfer eines Gottesrechts, das jedes Menschenrecht bricht, garantiert so sehen. Von der Größe der aus dem Glauben entspringenden Inhumanität können ja bekanntlich immer nur die schwärmen, die von den Balkonen der Weltgeschichte den Gemetzeln und Autodafés zusehen, die im Namen Gottes veranstaltet werden.

Aber – und dieses „Aber" halte ich für entscheidend – was eigentlich hat die Schmitt'sche Sicht des Monotheismus, in der sich Glanz und Glorie des Katholizismus spiegeln, mit dem Christentum zu tun, wie es von Jesus und Paulus auf die Welt übergeht? Dieses Christentum ist eine Herausforderung für den römischen Cäsarismus, und im weiteren Sinne für jede weltliche Macht überhaupt, denn es setzt nach Mt 6,9 der weltlichen Macht den *pater noster qui es in coelis* entgegen, dessen Wirkung gerade darin besteht, jene, die ihm gläubig anhängen, radikal zu entpolitisieren. „Mein Königtum ist nicht von dieser Welt", erwidert Jesus dem Pilatus, der ihn fragt, ob er der König der Juden sei: „Wenn es von dieser Welt wäre, meine Leute würden kämpfen [...]" (Joh 18,36). Damit lehrt er die Seinen, dass die Glaubenstugenden sich samt und sonders dem Politischen gegenüber indifferent verhalten. Daher ist es nur konsequent, dass Jesus an anderer Stelle lehrt: „So gebt dem Kaiser, was dem Kaiser gehört" (Mk 12,17), immer vorausgesetzt, es werde dem Christenmenschen dadurch nicht unmöglich gemacht, sich um die Liebe im Glauben zu bemühen, die Liebe zu Gott und dem Nächsten. Der Christ lebt nicht, um die Welt zu verbessern, sondern um gute Taten am hilfsbedürftigen Nächsten zu tun. Das ist die einzig gottgefällige Vorlaufbewegung zu jenem Ziel hin, auf welches das ganze Neue Testament aus-

[18] Ebd., 56.

gerichtet ist: die Erlösung vom Übel, das die Welt, einschließlich ihrer Macht- und Würdenträger, *ist*.

4. Der dreieinige Gott: Universalität und Brechung

Im Übrigen hat keine andere Weltreligion das Problem der göttlichen Machtvollkommenheit so tief durchdrungen wie das Christentum. Der Grund dafür liegt in dem Universalisierungsschub, den es durch Paulus erfährt. In dem Augenblick nämlich, in dem das Christentum sich als eine Religion für alle Menschen – und damit den Vater des Glaubensbekenntnisses als einen Gott für alle Menschen – zu denken beginnt, werden historisch und systematisch Präzisierungen im monotheistischen Kraftfeld notwendig, die dieses Feld in seiner Struktur berühren und verändern.

Bekanntlich findet sich im Evangelienbogen kein Ansatz für eine Lehre von der göttlichen Dreifaltigkeit. Blicken wir auf den historischen Jesus, so kann als sicher angesetzt werden, dass ihm, der sich wohl als erwählter Jude mit prophetischem Auftrag fühlte, jede Selbstvergottung fernlag. Es ist aber eine Tatsache, dass schon bald nach Jesu Tod zwei Dinge passieren: Erstens wird Jesus dadurch vergöttlicht, dass es heißt, Gott habe seinen Sohn und damit sich selbst für die Sünden der Welt geopfert. Die rhetorische Metapher von der Gottessohnschaft, die im Judentum durchaus Tradition hat[19], wird essentiell aufgefasst; im Sohn west der Vater buchstäblich an. Zweitens jedoch wird von den Judenchristen in der Diaspora die personale Gottesvorstellung mit der angestammt griechischen Idee vom Göttlichen als Logos der Welt, als Weltwesen und Weltgesetz, verschmolzen.[20] Das spiegelt sich im Prolog des Johannes-Evangeliums wider, wo gesagt wird, dass am Anfang das Wort war und dass das Wort bei Gott war und dass Gott das Wort war (Joh 1,1).

Man muss nur sehen, dass die Logos-Idee, die das göttliche Wesen abstrakt und transpersonal denkt und im Grunde mit dem

---

[19] Im Buch Hiob 1,6 ist von „Gottessöhnen" die Rede, das sind die Mitglieder des göttlichen Hofstaats, sie werden mit den Engeln gleichgesetzt. Im Psalm 2, Vers 7, ist vom „Sohn Gottes" so die Rede, wie das bei der Inthronisation des Königs im Alten Orient üblich war. Im Psalm 82 werden die Herrscher und Richter mit den „Söhnen des Höchsten" gleichgesetzt (Vers 6), in Analogie zum göttlichen Hofstaat. Im Buch Weisheit 2,18 heißt es: „Ist der Gerechte wirklich Sohn Gottes …" Allgemein ist festzuhalten, dass in der Bibel der Ausdruck „Sohn Gottes" häufig für Israel und die Israeliten verwendet wird. Siehe dazu den Kommentar in: Neue Jerusalemer Bibel, Freiburg – Basel – Wien [6]1985, 923 (FN zu Weish 2,18).

[20] K.-H. Ohlig, Ein Gott in drei Personen? Vom Vater Jesu zum „Mysterium" der Trinität, Mainz – Luzern 1999, 23,25ff.

Ganzen der Welt identifiziert, sich zur jüdischen Idee des transzendenten Schöpfergottes, der die Welt aus sich herausstellt, regelrecht komplementär verhält.[21] Oberflächlich gesehen passt hier nichts zusammen: der Logos nicht zum Vater Unser im Himmel, und der Vater Unser im Himmel nicht zur Knechtsgestalt des Jesus am Kreuz. Aber gerade deshalb war es ein genialer Zug oder, je nach Blickwinkel, ein verzweifelter Kompromiss innerhalb der monotheistischen Lehrtradition, aus jener Widerspruchsmasse das Mysterium mysteriorum der Trinität zu formen: *tres quidem personae, sed una essentia, substantia seu natura simplex omnino,* wie es, nach langen innerkirchlichen Streitigkeiten, das 4. Laterankonzil 1215 lehramtlich festschreibt.

Dasselbe göttliche Wesen hypostasiert sich in drei Personen mit den unterschiedlichen Funktionen der Schöpfung (Transzendenz), der Anwesenheit im Weltsein (Immanenz) und der Erlösung (Transformation). Dabei nimmt der Logos aufgrund seiner inneren Beziehung zu den beiden anderen göttlichen Personen selbst ein personhaftes Gepräge an – eine Vorstellung, die auf gut plotinisch voraussetzt, dass die Welt *ist,* weil Gott sich in der Struktur der Welt denkt und wiedererkennt und, ja, im Selbstdenken sich selbst zu Ende denkt.[22] Mittels der schwierigen Figur des Heiligen Geistes wird einerseits die Vorstellung überwunden, dass Gott in der Welt, gedacht als böser Materie, gar nicht anwesend sei. Andererseits spannt der Heilige Geist einen Bogen vom göttlichen Logos zur menschlichen Vernunft. Hier liegt eine der Wurzeln des rationalen Naturrechts: Wenn der menschliche Geist immerhin Geist ist, dann hat er am Wesen des Göttlichen teil und seine ihm mögliche Einsicht ins Sittengesetz ist authentischer Ausdruck einer Übereinstimmung mit Gott. Der Erwählungsakt, der in mythologischer Bebilderung durch das Erscheinen der Taube im Taufgesche-

---

[21] Zur Komplementarität im Wesen Gottes vgl. P. Strasser, Der Gott aller Menschen, Graz – Wien – Köln 2002, 105ff. (Kap. V, „Logik des Absoluten").

[22] Vgl. Plotin (wie Anm. 12), 17ff. Es handelt sich um die Enneade V/1, „Von den drei ursprünglichen Hypostasen". Das Erste oder Gute ist ein Subjekt-Objekt, denn es schaut sich selbst und erzeugt so, durch die reflexive Subjekt-Objekt-Dynamik hindurch, den Urgeist, aus dem wiederum die Seelen hervorgehen: „Aber wie erzeugt jenes Erste nun den Urgeist? Nicht anders, als indem es sich zu sich selbst hinwendet und sich selbst schaut, und dieses Sehen ist der Urgeist" (26). Wie freilich das Bild der Entstehung des Zweiten durch ein Sich-selbst-Schauen des Ersten mit jenem anderen Bild vereinbar ist, wonach das reglos weltferne Erste durch einen ringsum aus ihm hervorbrechenden Glanz das Zweite hervorbringt, bleibt weitgehend mysteriös. Augustinus hat dann in seinem folgenreichen Traktat *De trinitate* (etwa 400–416) das Motiv der dynamischen Selbstbeziehung des göttlichen Geistes beim Ausbau der christlichen Trinitätslehre verwendet. Bekanntlich führt von hier eine Ideenlinie bis zum deutschen Idealismus eines Fichte, Hegel, Schelling.

hen symbolisiert wird, erscheint von daher mehr als ein Akt der Bekräftigung im Sein bei Gott denn als eine Einschlussbewegung, die zur Folge hätte, dass alle jenseits der Taufe vom Geist und Gesetz Gottes – und dem damit verbundenen Heilsversprechen – ausgeschlossen wären.[23]

Drei wichtige Aspekte des christlichen Trinitätsdogmas sollen an dieser Stelle ausdrücklich festgehalten werden:

Erstens, es ist mit dem Christentum im Ursprung nicht vereinbar. Jesus hätte schon die binitarische Idee, er sei im Wesen göttlich, als gotteslästerlich empfunden.

Zweitens, das Dogma ist auf eine unausräumbare Weise pluripersonal und bewegt sich daher am Rande einer Dreigötter-Lehre, anstatt im Rahmen des Monotheismus eine echte innere Ausdifferenzierung zu gewährleisten. Das Dogma besagt, dass es drei Personen mit einem identischen göttlichen Wesen (essentia, substantia, natura) gibt, ohne dass dieses Wesen selbst eine andere Wirklichkeit hätte als eben die drei Personen, in denen es anwest. Die Folge dieser begrifflichen Tour de Force: Zwar kann man die göttlichen Personen mit Attributen ausstatten, die eine differenziert gläubige Bezugnahme auf sie ermöglichen (Gott Vater, Gott Sohn, Heiliger Geist), nicht jedoch auf ihre Substanz – die Gottheit der Gottpersonen. Der christliche Monotheismus bleibt Abstraktion.[24]

Drittens, da das Trinitätsdogma zum Kernbestand des tradierten Christentums gehört, stellt sich angesichts seiner Schwächen die Frage, worin seine Stärke liegt. Eine wichtige Teilantwort ergibt

---

[23] Dass der Heilige Geist in der Geschichte des Christentums unter vielen Maskierungen die Rolle einer Entgrenzungs- und Subversionsgestalt annimmt, also eher die antiklerikalen Bedürfnisse von Einsiedlern, Mystikern, Exzentrikern, Künstlern und Kommunisten erfüllt, hat Adolf Holl in seinem Buch: Die linke Hand Gottes. Biographie des Heiligen Geistes, München 1997, dargestellt.

[24] Das ist der Grund, warum das Kapitel „Idiomenkommunikation“ in der christlichen Dogmatik eine extrem heikle Rolle spielt. Da Jesus im Wesen mit Gott Vater eins ist, müsste es statthaft sein, ihm ungeschmälert alle Attribute des Vaters zuzuschreiben, mit Ausnahme des Attributs, Gott Vater selbst zu sein, *et vice versa.* Doch das wäre eine Begriffslogik, die das personale Element der drei göttlichen Personen gerade auflösen und sie durch Überblendung ihrer jeweiligen Identität notwendig als die Personen, die sie sind, zerstören würde, mit Ausnahme der Namen, die sie tragen (die dann aber, genau besehen, nichts mehr Personhaftes bezeichnen könnten). Zur *communicatio idiomatum* als Begriff und Lehre der Kirche vgl. L. Ott, Grundriss der katholischen Dogmatik, Basel – Freiburg – Wien [4]1959, 192ff. Die Grundregel lautet: *Communicatio idiomatum fit* in concreto, *non in abstracto.* „Jesus (die *bestimmte* göttliche Person, *in concreto*) hat die Welt erschaffen“, ist demnach ebenso richtig wie: „Jesus (die *bestimmte* menschliche Person, *in concreto*) hat am Kreuz gelitten“. Unrichtig ist dagegen: „Jesus *als* Mensch (als Menschnatur-Wesen, *in abstracto*) hat die Welt erschaffen“, oder: „Jesus als Gott (als Gottnatur-Wesen, *in abstracto*) hat am Kreuz gelitten“.

sich unmittelbar aus dem christlichen Universalismus und den mit jeder universalisierten Gottesvorstellung im Ansatz verbundenen Gefahren. Lassen wir dahingestellt, ob der „Völkerapostel" Paulus mit seiner Lehre von den „beschnittenen Herzen", wodurch das Christentum zu einer Angelegenheit aller Menschen guten Willens wurde, sein eigenes Volk bloß eifersüchtig machen wollte.[25] Fest steht, dass sich mit der paulinischen Reform der jüdische Gott zum Gott aller Menschen wandelt. Damit dieser jedoch zu einer die Seelen packenden, historisch machtvollen und machtvoll tröstenden Kraft werden konnte, durfte er sich nicht im antik Philosophischen verlieren. Nur ein Gott, der sich im Medium einer tief bewegenden und dennoch allgemein ergreifenden Geschichte darzustellen vermochte – ein zugleich mythischer *und* philosophischer Gott –, konnte der anstehenden Aufgabe gerecht werden.

Dies ist der Punkt, um den die Evangelien kreisen, und den die Lehre von der Trinität erst so richtig auf den Punkt bringt. Das Christentum präsentiert einen Gott, der in der vollen Fülle seiner transzendenten Macht und Herrlichkeit die Geschicke der Welt lenkt. Das ist der Gott der Päpste und Paläste. Gleichzeitig präsentiert sich derselbe Gott als ein armer Mensch, der aus Liebe zu den Menschen den Kreuzestod hinnimmt. Das ist der Gott der Hütten, auf den die Habenichtse und Elenden ihre Heilshoffnung gründen. Und wiederum derselbe Gott leistet in seiner Hypostase als Heiliger Geist den Anschluss an eine spirituelle und aufgeklärte Religiosität. Sie lässt den jüdischen Mythos und die Erzählung vom Kreuz nur mehr als Symbole einer absoluten Wahrheit gelten, deren adäquate Erschließung der mystischen Schau, dem reinen Herzen und der Vernunft vorbehalten bleibt.

Man könnte also meinen, die Trinitätslehre des Christentums biete eine besonders leistungsfähige Form der Politischen Theologie auf dem Wege einer Art Gewaltentrennung in Gott. Dabei werden unter streng monotheistischen Prämissen die befriedigenden Aspekte des Polytheismus mitgenützt, dessen, wie es Karl-Heinz Ohlig formuliert, „kommunikative und soziale Lebendigkeit"[26]. Es ist auch Ohlig, der darauf hinweist, dass die Trinität seit einiger Zeit ein Modethema zu werden scheint, „wobei eine Fülle

---

[25] „Der Messias ist da, um Israel zu erlösen, klare Sache. Das können Sie nachlesen in der Apostelgeschichte, so haben das die Apostel der ersten Stunde erlebt und fragen: wann kommt das Reich, *basileia?* [...] Das ganze Zu-den-Heiden-Gehen erweist sich in diesem Zusammenhang als eine Eifersuchtsszene, um die Juden, an die die Botschaft gerichtet ist, eifersüchtig zu machen." (Taubes, Politische Theologie [wie Anm. 10], 70).

[26] Ohlig, Ein Gott (wie Anm. 20), 124.

von (meist hierfür ungeeigneten) Themenbereichen unmittelbar trinitarisch interpretiert wird“[27]. Doch die Wahrheit der innergöttlichen Gewaltentrennung widersetzt sich jeder Form politischer Ausmünzung: Sowenig Jesus eine eigene Kirche gründen wollte – als gläubiger Jude, der denkt, das Ende der Welt sei nahe, hat man bekanntlich andere Sorgen[28] –, sowenig ist das kirchliche Trinitätsschema geeignet, irgendeine Politische Theologie zu stützen.

Im Gegenteil: Mit der Trinität ist kein Staat zu machen, aber auch keine Revolution. Denn was die erste göttliche Person, Gott Vater, im Carl Schmitt'schen Sinne an Herrschaftslegitimation bieten könnte, das wird durch die zweite göttliche Person, Gott Sohn, vollständig unterlaufen. Jesu Lehre lautet kurz und bündig, dass das Politische bedeutungslos sei. Man soll es lassen, wie es ist, nicht, weil es legitim wäre – außer in dem Sinne, dass es von Gott im Augenblick bestehen gelassen wird –, sondern weil es heilsgeschichtlich *so gut wie nichts bedeutet.* Das ist der radikale transpolitische Kern des Jesus, wenn er sagt, sein Königreich sei nicht von dieser Welt. Insofern missversteht auch der Befreiungstheologe Jesu Botschaft. Diese legitimiert weder eine politische Macht noch eine politische Gegenmacht. Wo das Christentum anfängt, dort endet alle Politische Theologie.

Wenn daher Paulus im Römerbrief 13,1 die wirkmächtigen (und verhängnisvollen) Worte schreibt: „Denn es gibt keine staatliche Gewalt, die nicht von Gott stammt; jede ist von Gott eingesetzt“, so ist das Anti-Jesus, falls es meinen sollte, dass die staatliche Macht gerechtfertigt sei, weil und sofern sie *ist,* das heißt, sich erfolgreich an der Macht hält. Das wäre machtpolitischer Opportunismus oder Dezisionismus, wie er einem Carl Schmitt ansteht, wenn er sagt, dass der Souverän – also der legitime Vertreter des Volkswillens – derjenige ist, der über den Ausnahmezustand entscheidet, *punctum.*[29] Doch es ist naheliegend, dass Paulus – wie Jesus – bloß Folgendes sagen wollte: „Ihr Christen, legt euch nicht mit der römischen Macht an; auch sie erfüllt ihren Zweck in Gottes Plan, der die irdischen Dinge rasch zu einem Ende bringen

---

[27] Ebd., 11.

[28] Obwohl dieses Detail den Historiker des Christentums kaum schockieren dürfte, löste das Buch von A. Holl, Jesus in schlechter Gesellschaft, Stuttgart 1971, mit der Popularisierung ebenjenes Details einen kirchenobrigkeitlichen Donnerschlag aus – Entzug der *missio canonica,* Suspendierung als Priester –, dessen Hintergrundrumoren bis heute anhält.

[29] C. Schmitt, Politische Theologie. Vier Kapitel zur Lehre von der Souveränität, München – Leipzig ^{2}1934. Der berühmte erste Satz dieser Schrift lautet: „Souverän ist, wer über den Ausnahmezustand entscheidet“ (11).

wird." Außerdem ist die Macht nützlich, denn ihre Träger sorgen durch ihre Gesetze und Steuern dafür, dass die weltliche Ordnung nicht in Anarchie versinkt. Nur so ist es auch dem Christen möglich, den wahren Glauben zu leben und zu verkünden: „Gebt also dem Kaiser, was des Kaisers ist, und kümmert euch nicht weiter um sein Reich; denn es ist nicht das eure."

5. Der schwache Gott: Ethisierung des Religiösen und Krieg der Sterne

Was bedeutet das für das Thema „Monotheismus und Gewalt"? Es bedeutet vor dem Hintergrund des christlichen Universalismus, wonach Gott nicht anders denkbar ist als der Gott aller Menschen, dass göttliche Machtausübung fortan nur mehr als eine ethische möglich scheint. Mit anderen Worten: Was Gott von uns wollen kann, das ist nicht mehr und nicht weniger, als was wir selbst, kraft der uns verliehenen Vernunft, als das einzusehen vermögen, was von uns gewollt werden kann. Das ist der Standpunkt des Sittengesetzes. Ihn hat bereits Paulus im Auge, wenn er sagt, dass auch der Heide, der nichts von Jesus weiß, gottgefällig lebe, falls er nur dem folge, was ihm durch sein Gewissen als das Richtige nahegelegt werde.[30]

Daran ist bei Paulus die Überzeugung geknüpft, dass die Bekanntschaft mit Jesu Lehre zwar die Situation des Heiden verändere – aus dem Heiden guten Herzens wird ein Christ –, aber diese Transformation doch auf eine Weise erfolge, die in innerer Einsicht statt äußerem Zwang gründe. Die paulinische Neudeutung der Rechtgläubigkeit führt also zu etwas, wofür Jan Assmann den Begriff der „Sakralisierung des Ethischen" verwendet.[31] Dabei geht allerdings, im Unterschied zu den von Assmann analysierten Phänomenen ägyptischer und jüdischer Provenienz, beim Christentum die Sakralisierung des Ethischen langfristig mit einer Ethisierung des Religiösen Hand in Hand – vermittelt über die korrespondierenden Ideen des Gottes aller Menschen und der Menschheit als eines Solidarsubjekts, bestehend aus absolut Gleichen mit gleichen Grundrechten und Grundpflichten.

[30] „Wenn Heiden, die das Gesetz nicht haben, von Natur aus das tun, was im Gesetz gefordert ist, so sind sie, die das Gesetz nicht haben, sich selbst Gesetz. Sie zeigen damit, dass ihnen die Forderung des Gesetzes ins Herz geschrieben ist; ihr Gewissen legt Zeugnis davon ab […]." (Röm 2,14 f.)

[31] J. Assmann, Politische Theologie zwischen Ägypten und Israel (Veröffentlichungen der Carl Friedrich von Siemens Stiftung), München 1992, 69.

Das wiederum führt in der Neuzeit, unter aufgeklärtem Vorzeichen, zu Immanuel Kant und seiner Schrift „Die Religion innerhalb der Grenzen der bloßen Vernunft“ (EA 1793, 2. Aufl. 1794). Kant geht bekanntlich davon aus, dass Gehorsam gegenüber der wahren Moral auch schon die wahre Religion sei. Alles andere ist Afterglaube und Fetischdienst. Kant sagt, indem er Paulus (Röm 2,14f.) fortschreibt, dass Gott dem Menschen die Moral ins Herz gelegt habe, und das heißt – denkt man sich das Herz als ein aufgeklärtes Organ – ins Herz der Vernunft.[32] Bei Kant wäre also der Ort, an dem Gott lebendig in Erscheinung tritt, weder das religiöse Dogma noch das religiöse Ritual, sondern, zum Beispiel, ein Gefängnis für Schubhäftlinge, in dem der andere, als Teil der Menschheit, tatsächlich „jederzeit zugleich als Zweck, niemals bloß als Mittel gebraucht“ würde.

So spröde diese Formulierung des Kategorischen Imperativs klingt[33], sie orientiert sich an einer Vorstellung menschlicher Würde, in der sich die Sakralisierung des Ethischen deutlich widerspiegelt. Denn der viel zitierte Rigorismus Kants ist ja eine Folge des kantischen Standpunkts, das Ethische gelte unbedingt und absolut. Wo die Pflicht ruft, dort müssen die Interessen schweigen. Das ist natürlich unverständlich, solange man in der Ethik ein Gemeinschaftsprojekt von Menschen sieht, deren Interessen miteinander kollidieren und die daher nach Regeln des wechselseitigen Verhaltens suchen, die für alle die besten Konsequenzen haben. Als Faustregel kann gelten: Wo immer ein Ethiker, und sei er der Größte unter den Aufklärern, das an Konsequenzen orientierte Denken zugunsten der Unbedingtheit des Sittengesetzes aus der Moral verbannt, dort wird das Ethische sakralisiert, auch wenn das Medium, in dem sich Sakralität nun äußert, „praktische Vernunft“ heißt.

Aber hier sind abschließend einige heikle Punkte mitzubedenken:

(1) Wenn es wahr ist, dass Gott uns in die Lage versetzt hat, die wahre Religion zu praktizieren, indem wir uns bemühen, moralisch zu sein gemäß den Prinzipien, die unserer Vernunft innewohnen, dann brauchen wir uns nicht weiter um Gott zu kümmern. Wir brauchen nur moralisch zu sein, und das kann der Gläubige

---

[32] „[…] so ist doch die reine *moralische* Gesetzgebung, dadurch der Wille Gottes ursprünglich in unser Herz geschrieben ist, nicht allein die unumgängliche Bedingung aller wahren Religion überhaupt, sondern sie ist auch das, was diese selbst eigentlich ausmacht […].“ (Die Religion innerhalb der Grenzen der bloßen Vernunft [AA VI], Berlin 1968, 104).

[33] „Handle so, daß du die Menschheit, sowohl in deiner Person, als in der Person eines jeden andern, jederzeit zugleich als Zweck, niemals bloß als Mittel brauchest.“ (Grundlegung zur Metaphysik der Sitten [AA IV], Berlin 1968 , 429).

ebenso gut oder schlecht wie der Mensch, der nicht an Gott glaubt. Daran ist nichts auszusetzen. Die wahre Kirche, die Kant auch die „unsichtbare“ nennt, benötigt daher weder Dogmen noch Rituale; sie benötigt zwar eine Dienerschaft (*ministerium*) und Lehrer, aber keine Beamten und Vorsteher (*officiales*)[34].

(2) Der kantische Gott ist der Gott des Deisten. In der Begründung der moralischen Gesetze muss man ebenso wenig auf Gott zurückgreifen wie bei der Erkenntnis der Naturgesetze, nachdem sie Gott erst einmal autorisiert hat. Doch der kantische Gott hilft uns dort nicht, wo die Moral wirkungslos bleibt. Er hilft uns nicht angesichts der Übel, gegen die kein moralisches Kraut gewachsen ist. Tod, unbesiegbare Krankheiten, unbeherrschbare Naturgewalten, das unausrottbare menschliche Bestiarium – in all dem lässt uns der kantische Gott im Stich. Er spendet keinen Trost, er lehrt uns nicht, was das heißen könnte: Geborgenheit im Schlechten.

Wir treffen hier auf das Problem des schwachen Gottes – bei Kant: des *einen* Gottes, der die *eine* Menschheit moralisch befähigt. Aber auch dieses Problem ist kein spezifisch monotheistisches. Gerade in mythischen Kulturen, die dem Polytheismus huldigen, findet sich häufig eine Ängstigung, die daraus resultiert, dass die Götter schwach sind. Beispielsweise bedürfen sie der andauernden menschlichen Beihilfe, um den Lauf der Welt zu gewährleisten. Die schauerlichste Ausformung der Götterschwäche findet sich dort, wo Menschen geopfert werden müssen (wobei zwischen göttlicher Gefräßigkeit und göttlicher Bedürftigkeit nicht immer klar unterschieden werden kann). Ein Beispiel bietet die aztekische Kultur am Vorabend der spanischen Eroberung 1519.[35] Damit die Sonne ihren Lauf fortsetzen kann und nicht erlischt, muss ihr täglich Menschenblut geopfert werden.

„Jedes Mal“, schreibt Jacques Soustelle, „wenn auf der höchsten Plattform einer Pyramide der Priester das blutende Herz eines Opfers in seinen Händen hochhebt [...], ist der Zusammenbruch, der Welt und Menschheit in jedem Augenblick bedroht, noch einmal verhütet.“[36] Und das war keineswegs die einzige Form der Opferung, die notwendig schien, um den Lauf der Welt aufrechtzuerhalten. Zu Ehren der Erdgöttinnen enthauptete man Frauen. Um den Regengott Tlaloc zu unterstützen, brachte man Kinder zum

[34] Kant, Die Religion innerhalb der Grenzen der bloßen Vernunft (wie Anm. 32), 157.

[35] J. Soustelle, Das Leben der Azteken. Mexiko am Vorabend der spanischen Eroberung, a. d. Franz. v. Curt Meyer-Clason, Zürich [2]1987, 183ff.

[36] Ebd., 186.

Weinen und ertränkte sie. Man betäubte Opfer mit Haschisch, um sie für den Feuergott auf den Scheiterhaufen zu werfen. Man band Opfer, die den Gott Xipe Totec darstellen sollten, auf eine Bank und durchbohrte sie mit Pfeilen; danach zog man ihnen die Haut ab, die sich die Priester zeremoniell umlegten. „Alles in allem", schreibt Soustelle, „lässt die mexikanische Weltanschauung dem Menschen wenig Bewegungsfreiheit. [...] Die Last der Götter und der Gestirne erdrückt ihn, die Allmacht der Zeichen macht ihn zum Sklaven seines Verhängnisses. [...] Schrecken und Grauen sind ihm auf den Fersen ein Leben lang, Gespenster und Gesichter künden ihm nur Unheil."[37]

(3) Wir brauchen Soustelles Äußerungen nicht auf die Goldwaage zu legen, um zu spüren, wie stark das seelische Klima der aztekischen Kultur von Pessimismus, Todesgrauen und Angst vor dem Nichts durchdrungen war. Kein Zweifel, schwache Götter sind zum Verrücktwerden, und diese Erkenntnis lässt uns, unter ganz anderen, nämlich aufgeklärten und hochtechnischen Bedingungen, sensibel werden für das Problem des schwachen Gottes in einer angestammt monotheistischen Kultur wie der unseren. Angesichts der Übel, die wir moralisch nicht beheben können, treibt uns der kantische Gott, das heißt im Wesentlichen: der zeitgemäße Gott – der Gott des moralischen Deisten –, in ein technisch definiertes Verhältnis zur Welt und zu uns selbst. Der Tod wird sich eines nicht allzu fernen Tages vielleicht durch eine Technologie des ewigen Lebens überwinden lassen. Und dasselbe gilt für alle geringeren Übel des Lebens auch: Sollten wir unsere unglückliche Natur, diese Mixtur aus Aggressivität, Langeweile, zielloser Offenheit und hoher Störanfälligkeit, nicht endlich in die eigene Hand nehmen und genetisch nachbessern?

Das ist immerhin eine Pointe, die meines Erachtens verdient, festgehalten zu werden: So sehr wir geneigt sind, die Gewaltgeschichte des Abendlandes als eine Geschichte des starken Monotheismus zu entschlüsseln, so schlecht scheinen wir bisher verstanden zu haben, dass wir uns schon lange in neuen Gewaltverhältnissen bewegen. Seit der Aufklärung wurde der starke Monotheismus zunehmend durch schwache Formen des Monotheismus ersetzt, vom kantischen Gott bis zum Menschen, der im gottlosen Universum alles selber machen muss. Generalisiert eine Kultur diese Haltung, dann landet sie bei Größenphantasien, der Mensch versteift sich in der Haltung eines gottgleichen Ingenieurs, der die Mängel der Welt behebt. Der Preis einer derart angst-

[37] Ebd., 214f.

getriebenen Aufblähung ist eklatant[38]: Alle Verhältnisse werden schließlich im Ansatz als technische Beziehungen begriffen, was am Schluss, angesichts der unbesiegbaren Legion der Übel, einen geradezu allumfassenden Verfolgungswahn heraufbeschwören mag. Der technisch hochmunitionierte Mensch führt dann Krieg gegen die Natur, die ihn von außen und innen bedroht, mit Meteoren, Klimastürzen, versiegendem Öl, Depressionen, Aids und Krebs. Moralischer Deismus, Technokratie und der Krieg der Sterne gehören zusammen.

---

[38] Vgl. dazu auch Strasser, Der Gott aller Menschen (wie Anm. 21), Kap. X/2 „Ethischer, transhumaner, inhumaner Gott", 182ff.

Der Grund zur Hoffnung, dass es gut wird

Karlheinz Ruhstorfer

Falls ich Peter Strasser richtig verstehe, dann kulminiert sein Beitrag in drei Aussagen: Erstens, dass der Gewaltaspekt nicht besonders aufschlussreich ist, „wenn es um das Wesen des Monotheismus geht, jedenfalls aber ungeeignet, um das Wesen des Monotheismus gegenüber jenem des Polytheismus zu charakterisieren“;[1] zweitens, dass der „schwache Monotheismus“ die herrschende „Technokratie“, die aktuellen „Größenphantasien“ des Menschen und seinen „Krieg der Sterne“[2] hervorruft; drittens, dass nicht der christliche Glaube an den dreifaltigen Gott, sondern ein gewissermaßen natürlicher und in diesem Sinn universaler Glaube an einen streng monotheistischen „Gott aller Menschen“ die Lösung unserer Probleme ermöglicht.

Ich möchte diesen Aussagen mit drei Gegenthesen antworten: Erstens, dass die gegenwärtig herrschende postmoderne Denkart mit ihrer Neigung zu Polytheismus und Pluralität eine Reaktion auf die nachmetaphysische Moderne ist; zweitens, dass die anthropologische Moderne mit ihrem Überwindungsgestus gegenüber allem bisherigen – theologisch gegründeten – Denken und mit ihrem Vorblick auf eine weltlich-eschatologische Erlösung der Ursprung eines gewaltsamen *circulus vitiosus* ist; drittens, dass Christologie und Trinitätslehre, wie sie in der metaphysischen Theologie der Patristik, Scholastik und der neuzeitlichen Philosophie der Freiheit ausgebildet wurden, eine entscheidende Wegweisung geben zur Offenbarung in Jesus Christus, die allein in der Lage ist, jenen Teufelskreis aus „Tat – Opfer – Mitleid – Selbstmitleid – Ressentiment – Reaktion – Tat“[3] zu durchbrechen.

1. Mit seinem ersten Gliederungspunkt – Lob des Polytheismus? – spielt Strasser auf die „*laus stultitiae*“ des Erasmus von Rotterdam an. Damit werden unter anderem die Versuche von

[1] P. Strasser, Gewaltentrennung in Gott? Auch ein Kapitel Politische Theologie, in diesem Band 84. Die Druckfassung weicht teilweise von dem Vortragsmanuskript, auf das ich mich beziehe, ab.

[2] Strasser (wie Anm. 1) 102f.

[3] C.-A. Scheier, Nur noch eine Spur der Spur? Vom schwierigen Verhältnis des philosophischen Denkens zur theologischen Tradition, in: Braunschweiger Beiträge für Theorie und Praxis 96 (2001) 45–49, 49.

Odo Marquard, Pluralismus und Demokratie mit Polytheismus zu assoziieren, oder von Richard Rorty, kreative Selbstbestimmung und Vielgötterglaube in notwendigen Zusammenhang zu bringen, als Torheit bezeichnet. Aber auch Jan Assmanns gelehrte Rekonstruktion eines ägyptischen Kosmo-Polytheismus wird damit implizit ob ihrer Torheit belobigt. Doch müsste gemäß der Schrift des berühmten holländischen Humanisten nicht nur geklärt werden, worin die Torheit, sondern auch worin denn die Lobwürdigkeit jener Denkart besteht, die Marquard mit dem Wort auf den Punkt bringt: „Polymythie ist bekömmlich, Monomythie ist schlimm“[4]. Strasser schweigt sich über die Berechtigung oder gar über die Ursachen des polymythischen Denkens aus, ja er würdigt seine pluralistischen Gegner keiner Kritik, sondern stellt lapidar fest, dass die „Rede von den mehreren Wahrheiten [...] ohnedies logisch defekt“ sei.[5] Doch ist dagegen zu behaupten, dass die Postmoderne, nicht bei Marquard und Rorty, wohl aber bei Derrida, Lyotard und anderen durchaus eine eigene Logik der Differenz ausgebildet hat und dass diese in der Dynamik abendländischer Geistes- und Weltgeschichte gründet. Statt nach der Legitimität der neuesten Zeit zu fragen, sucht Strasser den Ursprung der Gewalt zunächst in der „religiösen Archaik“[6], um ihn aber schließlich bezogen auf die gegenwärtige Problemlage letztendlich im „schwachen“, weil „ethisierten“ Monotheismus auszumachen, der vornehmlich durch Immanuel Kant in die Welt gekommen sei.[7]

Was aber treibt die Postmoderne um? Jean-François Lyotard macht am Ende seiner „Beantwortung der Frage: Was ist postmodern?“ deutlich, dass es „uns nicht zukommt *Wirklichkeit zu liefern*, sondern Anspielungen auf Denkbares zu erfinden, das nicht dargestellt werden kann.“ Dabei dürfe es keinesfalls darum gehen, die verschiedenen „Sprachspiele“ zu versöhnen, sondern die Trennung durch einen „Abgrund“ stehen zu lassen. Die Versuche, das Undarstellbare darzustellen und die Versöhnung zwischen Verschiedenem herbeizuführen, enden in einer Illusion, für die der Preis des Terrors zu entrichten sei. „Das 19. und 20. Jahrhundert haben uns das ganze Ausmaß dieses Terrors erfahren lassen. Wir haben die Sehnsucht nach dem Ganzen und dem Einen, nach der Versöhnung von Begriff und Sinnlichkeit, nach trans-

---

[4] O. Marquard, Aufgeklärter Polytheismus – auch eine politische Theologie?, in: J. Taubes (Hg.), Der Fürst dieser Welt. Carl Schmitt und die Folgen, München – Paderborn ²1983, 77–84, 82; vgl. Strasser (wie Anm. 1) 85.

[5] Strasser (wie Anm. 1) 87.

[6] Strasser (wie Anm. 1) 87–91.

[7] Strasser (wie Anm. 1) 100–105.

parenter und kommunizierbarer Erfahrung teuer bezahlt. Hinter dem allgemeinen Verlangen nach Entspannung und Beruhigung vernehmen wir nur allzu deutlich das Raunen des Wunsches, den Terror ein weiteres Mal zu beginnen, das Phantasma der Umfassung der Wirklichkeit in die Tat umzusetzen. Die Antwort darauf lautet: Krieg dem Ganzen, zeugen wir für das Nicht-Darstellbare, aktivieren wir die Differenzen, retten wir die Differenzen, retten wir die Ehre des Namens."[8]

Die Grunderfahrung des Postmodernismus lässt sich mit einem Wort benennen: *Auschwitz*. Auschwitz sei die Konsequenz des abendländischen Denkens, das auf einer Logik der Identität beruhe. Das Eine und Identische beherrsche die ganze Geschichte, die mit Parmenides beginne. Die Scheidung zwischen „ist" und „ist nicht", die Selbigkeit des „Seienden" führe – so der schwere Vorwurf – über die verschiedenen Ausprägungen metaphysischen Denkens schließlich zur Auslöschung des Anderen. Das griechisch-metaphysische Denken oder die Mono-Onto-Theologie sei demnach die Quelle des Übels, die es zu überwinden gelte. Doch hat nicht zuletzt Jacques Derrida gegenüber dieser Position zwei entscheidende Modifikationen angebracht: Erstens bewege sich das abendländische Denken zwischen dem Hebräischen *und* dem Griechischen, wodurch der mosaische Monotheismus in die Nähe des parmenideischen Monismus rückt;[9] nebenbei bemerkt parallelisiert auch Jan Assmann die mosaische und die parmenideische Unterscheidung.[10] Zweitens kann nach Derrida die Herrschaft des Einen und Identischen gerade nicht durch einen neuen Überwindungs- und Vernichtungsgestus beseitigt werden, denn dadurch würde sich die gewaltgenerierende Negation nur erneut wiederholen. Nicht die Destruktion des Identischen der Metaphysik, sondern die Logik der Dekonstruktion, die zwischen Ja und Nein oszilliert und auch in ihrem Messianismus ohne Messias gerade keine Ankunft eines neuen Reiches verheißt,[11] sondern in der „Subversion jedes Reiches" verharrt,[12] könne eine poröse Alternative zur aus-

[8] J.-F. Lyotard, Die Postmoderne für Kinder; in: P. Engelmann (Hg.) Postmoderne und Dekonstruktion. Texte französischer Philosophen der Gegenwart, Stuttgart 1993, 48.

[9] Siehe hierzu J. Derrida, Gewalt und Metaphysik. Essay über Emmanuel Levinas, in: Ders., Die Schrift und die Differenz, Frankfurt am Main 1996, 121–235.

[10] J. Assmann, Die Mosaische Unterscheidung oder der Preis des Monotheismus, München – Wien 2003, 23–28.

[11] J. Derrida, Gesetzeskraft. Der ‚mystische Grund der Autorität', Frankfurt am Main 1991, 52f.

[12] J. Derrida, Die différance, in: Ders., Randgänge der Philosophie, hg. v. P. Engelmann, Wien ^{2}1999, 31–56, 51.

grenzenden Logik der Metaphysik darstellen – porös deshalb, weil die Transgression der Grenzen für diese Denkart wesentlich ist, und mithin kein Unterschied im Ganzen gemacht werden kann und will. Das nicht-prinzipielle Prinzip des (post-)modernen Denkens ist der Andere, eben jenes Unbestimmbare, Undarstellbare, das zwar an die Transzendenz des jüdisch-christlich-islamischen Gottes denken lässt, allerdings von dieser abgründig unterschieden sein will, kommt doch für die Postmoderne alles auf die Dekonstruktion der Grenzen auch zwischen dem Einen und dem Vielen an – für eine monotheistische Orthodoxie ein Gräuel.

Es kann hier nur angedeutet werden, dass die postmoderne Denkart eine Kontinuität zwischen dem monotheistisch-monistischen Anfang des Denkens bei Mose bzw. Parmenides und der aktuellen Problemlage herstellt, die jedoch genau besehen, ja geradezu offensichtlich eine Illusion ist, allerdings eine produktive Illusion. Weder der mosaische Monotheismus noch die parmenideische Philosophie führen notwendigerweise zur Auslöschung des Anderen. Es sei hier nur auf das gemeinsame Anliegen von beiden verwiesen, das gerade darin besteht, Grenzen zu ziehen, die zu achten sind und zwar mit einem Vorblick auf das Wohnen der Menschen in Frieden. Das mosaische Gesetz will das Wohnen des Volkes im Verheißenen Land bestimmen. Die erste und entscheidende Grenze besteht in der Anerkennung des einen Gottes, der die Israeliten aus der Knechtschaft in Ägypten befreit hat. Die weiteren Unterscheidungen der Gebote drei bis zehn beziehen sich auf das Wohnen des Menschen in Raum und Zeit: die Grenzen zwischen dem Schabbat und den Wochentagen, den Eltern und den Kindern, der Wahrheit und der Lüge, dem Leben und dem Tod, die Grenze, die durch den Bund der Ehe geschlossen ist, und schließlich diejenige zwischen dem eigenen und dem Besitz eines anderen Menschen. Ähnliches ließe sich von der parmenideischen Scheidung sagen, die zwischen dem Weg, wie es ist und zu sein hat, und dem Weg, wie es nicht ist und nicht zu sein hat, unterscheidet. Parmenides unterscheidet auch als Drittes die Meinungen der Sterblichen, die die Grenze zwischen dem, wie es ist und zu sein hat, und dem, wie es nicht ist und nicht zu sein hat, nicht kennen bzw. nicht anerkennen.[13] Das Seiende des Parmenides ist die Übersetzung eines vollendeten Rechtszustands, wie er von Homer oder Hesiod in der Herrschaft des Zeus beschrieben wird, um hier nur auf die hesiodische Vorgabe für den parmenidei-

[13] Parmenides, DK 28, B 1, 30 (Die Fragmente der Vorsokratiker, griechisch und deutsch v. H. Diels, hg. v. W. Kranz, Bd.1, Dublin – Zürich [16]1972, 228).

schen Gedanken zu blicken. Parmenides empfängt sein Wissen von Dikê, der Göttin des Rechts, die der „runden Wahrheit unerschütterliches Herz" zeigt. Dikê ist die Tochter des Zeus und der Themis.[14] Die Titanin Themis wiederum entstammt der Verbindung von Gaia und Ouranos. Der ursprünglichste Unterschied, den die Menschen erfahren, ist derjenige zwischen Himmel und Erde. Von hier aus leuchtet ein, warum Hesiod Themis als die „Grundlegende" vorstellt. Sie steht für das Gesetz des Verbindlichen, für den Unterschied, der zu wahren ist. Von Zeus empfängt sie zunächst die drei Hôrai: Eunomia, welche die Güte der Grenzen gewährt, Dikê, welche die Grenzen zeigt und die Transgressionen ahndet, und schließlich Eirênê, der Friede, der aus geordneten und gewahrten Rechtsverhältnissen entspringt. Aber auch ein Blick auf die platonischen und aristotelischen Explikationen der parmenideischen Fassung des vollkommen Seienden machen deutlich, dass am Ende dieser Geschichte eine entfaltete Weisung für das Wohnen der Menschen steht, wobei alles auf das Wahren der Grenzen ankommt. Dies gilt gleichermaßen für die „Politeia" wie für die „Nikomachische Ethik". Es soll gerade nicht alles in Eines untergehen. Im geschmückten Ganzen, das in der Natur als Kosmos und bezogen auf den Menschen als Polis vorgestellt wird, hat alles seinen bestimmten Ort. Für die hebräische Welt gibt das mosaische Gesetz die Ordnung der Dinge vor. Die jüdische wie die griechische Welt waren getragen vom Grund-Gedanken: Es ist gut! Und warum? Weil *ein* Gott die Herrschaft des Rechts garantiert, durch welche die Herrschaft der Gewalt überwunden wurde.

2. So sehr nun die postmodernen Autoren wie Derrida und Lyotard der Gesamtheit des abendländischen Denkens einen totalitären Grundzug ansehen, die entscheidende Herausforderung geschieht da, wo der theologische Grund der Metaphysik sich verschließt und, mit Feuerbach gesprochen, die bloße Anthropologie als der wahre Sinn der Theologie und Christologie übrig bleibt. Die anthropologische Moderne folgt der Logik der Negation. Sie entwickelt ein revolutionäres Pathos, welches nicht notwendigerweise, wohl aber de facto in jenen Terror mündet, von welchem Lyotard spricht, und den Derrida im Holocaust kulminieren sieht. Michel Foucault sah klar wie kein Anderer, dass nicht mehr der Glaube an Gott und mithin nicht mehr der Monotheismus die Ge-

---

[14] Hesiod, Theogonie 901–903, in: Ders., Theogonie. Werke und Tage, griechisch und deutsch, hg. v. A. von Schirnding, München – Zürich 1991, 72, siehe dazu K. Ruhstorfer, Adieu. Derridas Gott und der Anfang des Denkens, in: FZPhTh 51 (2004) 123–158, 148–152.

walt des 20. Jahrhunderts hervorgerufen hat, sondern der seines theologischen Grundes verlustige Mensch.[15] Die Gewalt des 20. Jahrhunderts entspringe demnach nicht dem Monotheismus, sondern einer monomanen Anthropologie. Entsprechend könne der Totalitarismus der Moderne nur überwunden werden, wenn die Anthropologie der Moderne überwunden wird. Dies ist der Grund, warum der Tod des Menschen oder der Tod des Subjekts kein beiläufiger Unfall oder keine bloße Konsequenz aus dem Tod Gottes ist, sondern eine Notwendigkeit, ein Gebot postmoderner Ethik. Warum aber kann die Moderne diese totalitäre Dynamik der Gewalt entfalten?

Die anthropologische Moderne wird nicht mehr von der theologischen Grundüberzeugung getragen, dass es gut ist. Vielmehr ist die erste Erfahrung die: Es ist schlecht, und es muss gut werden. Schon Feuerbach stellt die Herrschaft des theologischen Un-Sinns fest und fordert für die Zukunft eine sinnliche, sinnvolle Philosophie der Zwischenmenschlichkeit. Die Dreipersönlichkeit Gottes wird nun als das „Geheimnis des *gemeinschaftlichen, gesellschaftlichen Lebens* – das Geheimniß der *Nothwendigkeit des Du für das Ich* – die Wahrheit, daß *kein Wesen*, es sei und heiße nun Mensch oder Gott oder Geist oder Ich, *für sich selbst allein* ein *wahres,* ein *vollkommenes* ein *absolutes* Wesen, daß die *Wahrheit* und *Vollkommenheit* nur ist die *Verbindung,* die *Einheit* von wesensgleichen Wesen. Das höchste und letzte Princip der Philosophie ist daher die *Einheit des Menschen mit dem Menschen*".[16] Feuerbach überführt die Theologie der Dreifaltigkeit Gottes in Anthropologie und Soziologie. Entscheidend für die moderne Erfahrung ist, dass der Mensch in seinem weltlichen Wesen bezogen auf die Produktionsmittel, den Lebenswillen oder auf die Erfahrung des Seins enteignet wird, wobei zu bemerken ist, dass nach moderner Überzeugung der herrschende Un-Sinn durch die theologische Verkehrung von Allem zur Welt kommt und als das Unwesen des Kapitals (Marx), als die christliche Moral (Nietzsche), als die Technik (Heidegger), aber auch als der Verblendungszusammenhang (Adorno) herrscht. Der Un-Sinn muss überwunden und mehr noch negiert werden, wenn der Mensch sein Wesen wiedergewinnen will. Hier wird nun eine revolutionäre Dynamik freigesetzt, die um so vehementer vorwärtsgetrieben wird, als ihr Movens eben die Erfahrung

[15] M. Foucault, Die Ordnung der Dinge. Eine Archäologie der Humanwissenschaften, Frankfurt am Main 1994.
[16] L. Feuerbach, Grundsätze einer Philosophie der Zukunft. Kritische Ausg. m. Einleitung und Anm. v. G. Schmidt, Frankfurt am Main 1967, 111 (§ 63).

des Abgrundes ist, den der Tod Gottes hinterlassen hat. Es ist eben nicht gut, und es kann nur durch die radikale Negation alles Bisherigen und durch den Fortschritt in die andere Zukunft gut werden. Dies gilt auch noch dort, wo das einzige, was der Mensch für die Ankunft des Eigentlichen erbringen kann, die Gelassenheit ist. Doch markiert die Heideggersche Gelassenheit bereits die Grenze der Moderne.

Der Terror des 19. und 20. Jahrhunderts, den Levinas, Lyotard, Derrida und Millionen besonders jüdischer Opfer erfahren haben, wird nicht schon vom modernen Denken in seiner Höhe hervorgerufen. Die Quelle des Terrors, von dem Lyotard spricht, entspringt da, wo etwa Marxisches, Nietzscheanisches, aber auch Darwinsches Denken zur *Ideologie* absinkt, die den erfahrenen Entzug am Wesentlichen mit aller Macht und Gewalt herbeizwingen will. Das Proletariat, das Volk, die Rasse werden hier zu Götzen, die an die Stelle des theologischen Grundes gesetzt werden. Die ideologische Quelle des Terrors versiegt auch nicht mit dem Ende der Moderne im strengen Sinn. Denn nachdem der Glaube an die Ankunft der kommunistischen Gesellschaft, des Gottes Dionysos oder des Gevierts und ebenso der Glaube an die Einbeziehung aller in den technisch-ökonomischen Fortschritt unglaubwürdig geworden sind, können auch Fragmente des alten monotheistischen Glaubens die Quelle des Terrors speisen, so im islamistischen Terror unserer Tage. Für die Islamisten werden vor allem die USA zum Inbegriff allen Übels: Imperialismus, Kapitalismus, moralische Dekadenz, Gottesvergessenheit. Nebenbei bemerkt hat schon Derrida darauf hingewiesen, dass „das Amerikanische" an die Stelle „des Lateinischen" getreten ist.[17] Die USA wären demnach auch die gegenwärtige Erscheinungsform des abendländischen Universalismus. Die ideologisierte Religion jedenfalls, welche sich aufgemacht hat, die neue Weltmacht zu bekämpfen, ist nicht mehr von der vormetaphysischen Überzeugung getragen „Es ist gut", sondern „Es ist böse", und das Böse muss mit terroristischer Gewalt vernichtet werden.

3. Wenn nun der Terror nicht der Mosaischen und nicht der parmenideischen Unterscheidung entspringt, sondern dem modernen Totalitarismus und seinem Erben, der postmodernen Globalisierung, dann gilt es, einen neuen Blick auf die Geschichte der spekulativen Theologie von den griechischen Anfängen bis zu Hegel

---

[17] J. Derrida, Glaube und Wissen. Die beiden Quellen der ‚Religion' an den Grenzen der bloßen Vernunft, in: Ders. / G. Vattimo (Hg.), Die Religion, Frankfurt am Main 2001, 9–106, 70f.

und Schelling zu werfen. Ihr Urteil über die Welt war: Es ist gut! Nicht, dass die klassische Theologie des Mittelalters oder die idealistischen Spekulationen nicht zwischen gut und böse zu unterscheiden gewusst hätten, im göttlichen Grund der Wirklichkeit ist die Versöhnung allerdings bereits vollzogen.[18] Die Patristik, die Scholastik, aber auch die neuzeitliche Philosophie durchdringen den christlichen Grundgedanken spekulativ und bergen ihn so in eine epochal je eigene, reine Vernunft. Der christliche Grundgedanke lautet: In Jesus Christus ist Gott Mensch geworden. In Tod und Auferstehung Jesu Christi werden die Menschen mit Gott sowie untereinander versöhnt. Die in Jesus offenbare Liebe Gottes wird zur Bestimmung des Menschen.

Der Eindruck von Jesus, den Peter Strasser gibt, erinnert an Nietzsches Darstellung Jesu als Idiot. Jesus sei demnach ein *idiôtês*, ein auf die Innerlichkeit und das Himmelreich fixierter Privatmann, mit dem kein Staat zu machen sei. Erst Paulus habe aus dem jüdischen Gott den Gott aller Menschen gemacht, was jedoch schließlich zur Ethisierung des Sakralen und zur Sakralisierung des Ethischen geführt habe.[19] Das christliche Trinitätsdogma sei ebenfalls mit dem Christentum im Ursprung unvereinbar. „Jesus hätte schon die binitarische Idee, er sei im Wesen göttlich, als gotteslästerlich empfunden".[20] So wahrscheinlich die Tatsache ist, dass dem historischen Jesus eine explizite Christologie und Trinitätslehre fremd war, so trivial ist sie. Jesus als Gegenstand historischer Forschung ist ein Produkt der anthropologischen Moderne des 19. und 20. Jahrhunderts. Die neuere Exegese rechnet mit einem Anknüpfungspunkt der Christologie beim vorösterlichen Jesus, wenn etwa Gerd Theißen und Annette Merz hier eine implizite, eine evozierte, eine explizite Christologie unterscheiden.[21] Selbstverständlich kommt es erst nachösterlich zur christologischen Reflexion im engeren Sinn, in welcher Jesus schließlich zum Sohn Gottes, zum Neuen Menschen und zum Kyrios wird.[22] Entscheidend ist hierbei, ob diese christologischen Titel dem Wirken und der Verkündigung, aber auch dem Sterben und der Auferstehung Jesu von Nazareth im Grunde widersprechen oder ob sie angemessene Deutungen des

---

[18] Dies ist gemeint, wenn G. W. F. Hegel formuliert: „Was vernünftig ist, das ist wirklich; und was wirklich ist, das ist vernünftig" (Grundlinien der Philosophie des Rechts [Werke 7], Frankfurt am Main 1986, 24).

[19] Strasser (wie Anm. 1) 99.

[20] Strasser (wie Anm. 1) 96.

[21] G. Theißen / A. Merz, Der historische Jesus. Ein Lehrbuch, Göttingen ^{3}2001, 447–479.

[22] S. ebd., 480–486.

Geschehens sind. In den ersten Jahrzehnten nach Jesu Tod bildet sich eine biblische Urchristologie heraus, die ihrerseits die Deutung durch metaphysisches Denken gewissermaßen hervorrief. Dabei ist eine Vorgehensweise vollkommen anachronistisch, den historischen Jesus mit der entfalteten Trinitätslehre zu konfrontieren, wie Strasser dies tut, um dann Differenzen festzustellen, die entweder die christologische Naivität Jesu oder die Kühnheit der christologischen und trinitarischen Reflexion der Lächerlichkeit preisgeben.

Strasser ist recht zu geben, wenn er bemerkt, wie von den neutestamentlichen Autoren bereits im Judentum vorhandene Gedanken von der Gottessohnschaft oder Elemente hellenistischer Logosspekulationen als Interpretamente aufgenommen werden,[23] allerdings ist nicht zu übersehen, dass in der urchristlichen Verschmelzung radikal Neues gedacht wird, welches in allen jüdischen und hellenistischen Vorläufern nicht enthalten ist. Es kann hier nur behauptet werden, dass nicht nur die biblische Entfaltung der Wahrheit des Geschehenen entspricht, sondern dass auch die abendländische Metaphysik in ihren wesentlichen Positionen von dieser biblischen Christologie hervorgerufen wurde. Die Trinitätsspekulationen von Origenes bis Schelling sind legitime spekulative Entfaltungen des Christusereignisses; sie bilden die in sich hoch differenzierte Affirmation der biblischen Offenbarung des Christusgeschehens, das dann in der anthropologische Moderne destruiert und in der Postmoderne dekonstruiert wird.

Strasser ist auch darin recht zu geben, dass bereits durch Paulus der Gott Jesu Christi zum Gott aller Menschen wird, jedoch ist damit keine platte Ethisierung Gottes vorprogrammiert, die dann in der Aufklärung entfaltet werde. So findet sich bei Immanuel Kant keinesfalls jener „schwache“, weil in Ethik aufgelöste Gott, von dem Strasser spricht. Nicht nur zielt gerade der kantische Gottesbeweis auf einen Gott, der das Reich der Natur und das Reich der Freiheit miteinander versöhnt,[24] vielmehr kennt auch Immanuel Kant in seiner Religionsschrift eine Lehre vom stellvertretenden Sühnetod Jesu.[25] Kant macht deutlich, dass nur durch den Sühnetod Jesu ein begangenes Übel ganz und gar vergeben werden kann. Nur in Jesus Christus ist der *circulus vitiosus* im Grunde überwunden. Kant zeigt in der Religionsschrift auch, warum gerade der Gott Jesu Christi der Gott aller Menschen ist. Bei aller Be-

---

[23] Strasser (wie Anm. 1) 94–96.

[24] Kritik der praktischen Vernunft (Nachdruck der Akademieausgabe Bd. 5), Berlin 1968, 124–132.

[25] Die Religion innerhalb der Grenzen der bloßen Vernunft (Nachdruck der Akademieausgabe Bd. 6), Berlin 1968, 74.118.

tonung der Moralität geht die kantische Religion gerade nicht in bloßer Ethik auf, vielmehr erweitert Kant die Moral in der Religionsschrift aus einer inneren Notwendigkeit auf die kirchlich verfasste Religion und ihre Satzungen. Eine „Pflicht ganz eigener Art“ drängt über den ethischen Naturzustand hinaus zu einem statuarischen Glauben. Doch geht es hier nicht um die Frage nach einer angemessenen Kantinterpretation. Dass für Kant die Trinitätslehre nichts für das Praktische abwirft, ergibt sich aus seinem geschichtlichen Ort, der jedoch etwa bei Hegel verlassen ist. Und für Hegel ist nun in der Tat auch die Trinitätslehre das Konstruktionsmoment in der Entwicklung des Absoluten. Nebenbei bemerkt zeigt sich gerade bei Hegel, dies sei gegen Strasser betont, dass und wie „mit der Trinität“ durchaus „Staat zu machen“ ist[26] und zwar ein bürgerliches Gemeinwesen, das auf dem Prinzip der absoluten Freiheit im Wesen des Menschen basiert.[27] In Modifikation eines Hegelworts sei sogar behauptet: Nur da, wo der Gedanke der Menschwerdung Gottes einschlägt, kann ein freiheitlicher Staat, gegründet auf der Menschenwürde, zur Welt kommen.[28]

Und schließlich ist Strasser darin recht zu geben, dass in der Trinitätslehre und in der Christologie „oberflächlich gesehen“ nichts zusammenpasst.[29] Doch für einen gründlicheren Blick fügen sich die einzelnen Elemente sehr wohl zu einem geschlossenen Ganzen. Dabei ist freilich einzusehen, dass die Logos-Idee gerade nicht mit dem Ganzen der Welt zu identifizieren ist, vielmehr die Welt durch den *logos* geschaffen wurde, wie schon der Johannesprolog verrät. Derselbe gibt auch eine erste Weisung für die Verhältnisbestimmung von Unserem Vater im Himmel und dem göttlichen Logos: Das Wort war bei dem Gott und das Wort war ein Gott. Doch um die trinitarische Identität in Differenz oder Differenz in Identität denken zu können, bedarf es einer Vernunft, die sich von der bloßen Verständigkeit unterschieden hat. Der bloßen Verständigkeit, die auf blanker Widerspruchsfreiheit beharrt, ohne zur stets dreigliedrigen, weil vermittelten Vernunft zu kommen, wird das *Mysterium mysteriorum* auf ewig der amorphe Haufen der „Widerspruchsmasse“ bleiben, von welcher Strasser spricht.[30]

---

[26] Strasser (wie Anm. 1) 98.

[27] Siehe G. W. F. Hegel, Vorlesung über die Philosophie der Religion I (Werke 16), Frankfurt am Main 1986, 236–246.

[28] Damit soll nicht behauptet werden, dass ein bürgerlicher Staat im islamischen oder jüdischen Kontext nicht gedeihen könnte, wohl aber, dass er geschichtlich betrachtet dem christlichen Abendland entspringt.

[29] Strasser (wie Anm. 1) 95.

[30] Strasser (wie Anm. 1) 95.

Was aber besagt die Trinitätslehre? Dass es in Gott eine Teilung der Gewalten gibt? Wohl kaum. Sondern, dass es in Gott drei individuelle Verwirklichungen des einen Wesens gibt, die sich in nichts unterscheiden als der Beziehung. Der Vater, die Identität vor aller Differenz, ist wesensgleich mit dem Sohn, der Identität gegen die Differenz, und mit dem Geist, der Identität in Differenz.[31] Im trinitarischen Gott sind die Identität und Differenz vermittelt und gewahrt. Die Lehre von der Trinität resultiert aus der Christologie, deren Kern die Menschwerdung Gottes ist. Die Trinitätslehre ist die spekulative Entfaltung des Satzes „Gott ist Liebe", denn auch die Liebe ist die Vermittlung des Einen zum Andern unter Wahrung des Unterschieds. Wenn Gott aus Liebe Mensch wird, und wenn dieser menschgewordene Gott, wie in den Evangelien dargestellt, Gott als seinen Vater anspricht, Gott gegenübertritt und liebt, wenn sich der Sohn vom Vater bis in die Gottverlassenheit des Todes hinein unterscheidet, dann ist in Gott selbst ein Unterschied zu machen, ein Unterschied, der durch die Liebe aufgehoben ist.

Wie aber kann in Gott selbst Unterschiedenheit und absolute Identität gedacht werden? Indem drei individuelle Verwirklichungen des einen Wesens angenommen werden, wobei das Individuationsprinzip gerade nicht eine individuelle Seele oder der konkrete Leib ist, sondern die Beziehung selbst:[32] die Beziehung von Vater und Sohn, von Vater und Geist usw. Diese innertrinitarischen Beziehungen selbst sind nicht akzidentell, sondern essentiell zu denken, denn im Sein des einen Gottes sind die Beziehungen von jeher begründet. Eine göttliche Person bezeichnet zunächst nichts weiter als die wesentliche innergöttliche Bezogenheit. Durch die *relationes ut subsistentes* wird der reale Unterschied gestiftet und nicht „aufgelöst".[33] Da jede Person voll mit dem Wesen Gottes identisch ist, kann keiner mehr oder weniger Seinsfülle zukommen als der anderen, ohne dass dadurch die Individualität der Personen bedroht wäre. Gott bedarf zu seiner inneren personalen Differenzierung in keiner Weise der Welt, wie Strasser sowohl Plotin als auch Hegel missverstehend unterstellt. Trinität bezeichnet das Bei-Sich-Sein Gottes, das sich dann der durch sie gesetzten Welt, die keinesfalls als böse Materie,[34] sondern als gute Schöpfung gedacht ist, selbst mitteilt, woraus folgt,

---

[31] Siehe C.-A. Scheier, Am Anfang war das Wort. Was war wann wo? Ein Philosoph liest in der Bibel (Manuskript).
[32] Siehe z. B. Thomas von Aquin, STh 1, 28, 2; 29, 2 ad 2; 29, 4, c.
[33] Strasser (wie Anm. 1) 96.
[34] Strasser (wie Anm. 1) 95.

dass die immanente Trinität in der ökonomischen voll und ganz wirklich ist.[35]

Auch das Verhältnis von Gottheit und Menschheit in der einen Person Jesu Christi kann nicht bloß „oberflächlich" besehen werden. Es ist hier stets acht zu geben, ob, wenn von Jesus gesprochen wird, die göttliche oder die menschliche Natur, die beide von der einen Person des Sohnes getragen werden, gemeint ist. Insofern die göttliche Natur Jesu in der Tat das eine göttliche Wesen bezeichnet, welches sich auch in der Person des Vaters verwirklicht, kann gesagt werden, dass „Jesus im Wesen mit Gott Vater eins ist [...] mit Ausnahme des Attributs, Gott Vater zu sein". Doch ist hier strenggenommen nicht vom Attribut des Vater-Seins zu sprechen, weil eben Vater-Sein die personkonstituierende Relation des Vaters zum Sohn bezeichnet, die, wie bereits erwähnt, Gott wesentlich ist, und gerade kein beiläufiges Attribut im Sinne eines Akzidens. Nur bei fein säuberlicher begrifflicher Unterscheidung spielt auch das Kapitel der „Idiomenkommunikation" keine „extrem heikle Rolle".[36]

Es geht hier nicht um Richtigstellungen und ebensowenig um eine unmittelbare Zuwendung zur großen Tradition christologischer und trinitarischer Metaphysik. Die Tat der nachmetaphysischen Moderne ist in keiner Weise zu tilgen. Wir leben und denken nicht mehr im Horizont klassischer Theologie und Philosophie. Wir befinden uns aber auch nicht mehr in einem Kontext, in dem die Metaphysik weiterhin zu negieren wäre. Diese negative Arbeit ist bereits vollbracht und ebenso die postmoderne Arbeit der De-Limitation oder Dekonstruktion. Für unseren Ort bleibt die metaphysische Theologie die maßgebliche Affirmation der christlichen Offenbarung, ihre Übersetzung in spekulative Vernunft, auf welche dann die Verhältnisse der Moderne und der Postmoderne folgen. Unser geschichtlicher Ort zeichnet sich durch die Anerkennung aller drei Verhältnisse aus, des metaphysischen Ja, des modernen Nein und des postmodernen Ja und Nein. Eine gründliche Kenntnis aller drei Dimensionen des Denkens bleibt die zentrale Voraussetzung für einen gediegenen Zugang zur Offenbarung.[37] Dieser Zugang ist angesichts der manifesten geistigen

[35] Vgl. K. Rahner, Grundkurs des Glaubens. Einführung in den Begriff des Christentums, Freiburg – Basel – Wien 1984, 141f.

[36] Strasser (wie Anm. 1) 96.

[37] Siehe dazu meinen Versuch, einen durch Postmoderne, Moderne und Metaphysik vermittelten Zugang zur christlichen Offenbarung zu finden: K. Ruhstorfer, Konversionen. Eine Archäologie der Bestimmung des Menschen bei Foucault, Nietzsche, Augustinus und Paulus, Paderborn – München – Wien – Zürich 2004.

Verödung – nicht zuletzt spürbar in der drastischen Reduzierung geisteswissenschaftlicher Fakultäten –, angesichts aufkeimender Fundamentalismen, angesichts des erlahmten Überwindungsgestus der Moderne und des erlahmenden Dekonstruktionsgestus der Postmoderne notwendig. Zwar verhindert die Dekonstruktion eine totalitäre Eskalation der Gewalt, doch kann sie nicht den Frieden geben, der alle Vernunft übersteigt. Nicht die unmittelbare Wiederholung einer natürlichen Metaphysik des Gottes aller Menschen, sondern nur die mittelbare und gefügte Erinnerung an das Kreuz durchbricht den Teufelskreis der Schuld und gibt Grund zur Hoffnung, dass es gut wird.

Trinitarischer Monotheismus

Wie man dem Gewaltverdacht gegen den Monotheismus zu entrinnen vermag

Saskia Wendel

1. Gewaltförmigkeit des Monotheismus?

„Freude und Hoffnung, Trauer und Angst der Menschen von heute, besonders der Armen und Bedrängten aller Art, sind auch Freude und Hoffnung, Trauer und Angst der Jünger Christi. (...) Ist doch ihre eigene Gemeinschaft aus Menschen gebildet, die, in Christus geeint, vom Heiligen Geist auf ihrer Pilgerschaft zum Reich des Vaters geleitet werden und eine Heilsbotschaft empfangen haben, die allen auszurichten ist. Darum erfährt diese Gemeinschaft sich mit der Menschheit und ihrer Geschichte wirklich engstens verbunden."[1] In diesen Sätzen, mit denen die Pastoralkonstitution des II. Vatikanums beginnt, kommt eine zentrale Überzeugung des christlichen Bekenntnisses zum Ausdruck: Die christliche Botschaft ist eine Botschaft des Heils und der Befreiung, die sich an alle Menschen richtet und die an deren reale Lebensverhältnisse und konkrete Lebensvollzüge anknüpft. Wiewohl sie sich an alle richtet als Botschaft von umfassendem Heil und Versöhnung, so gilt sie doch insbesondere den Armen und Bedrängten, denen, die am Rande der Gesellschaft stehen. Der christliche Glaube ist daher wesentlich als Praxis bestimmt, in der die Heilsbotschaft bezeugt und weitergegeben wird in der konkreten Praxis der Nachfolge Jesu. Deshalb kommt ihm eine zutiefst ethische und ebenso zutiefst politische Ausrichtung zu, da menschliche Praxis als geschichtliche Praxis sich immer auch als gesellschaftliche Praxis vollzieht. In dieser Einschätzung unterscheide ich mich von Peter Strasser, der in seinem Beitrag davon ausging, dass Jesus die Seinen gelehrt habe, dass die Glaubenstugenden sich dem Politischen gegenüber indifferent verhielten, und dies u. a. mit Verweis auf Joh 18,36 oder Mk 12,17, aber auch auf Röm 13,2. Die politische Dimension des Christentums lässt sich je-

[1] GS 1.

doch mit Verweis auf isolierte Bibelzitate weder verneinen noch legitimieren, sondern ist durch systematischen Rekurs auf das Zentrum des christlichen Bekenntnisses zu verdeutlichen, auf Christus selbst: Gott teilt sich selbst mit, wird Fleisch in einem konkreten Menschen und dessen Lebensgeschichte. Im Heilshandeln Jesu von Nazareth offenbart sich der barmherzige, gerechte und treue Gott, der sich unbedingt für den Menschen entschieden hat, und der allen Menschen Heil und Befreiung schenkt. Dieses Heil hat schon mitten unter uns begonnen, antizipiert in Jesu Leben, Tod und Auferweckung als Realsymbol der Liebe Gottes zu den Menschen, seine Vollendung steht jedoch noch aus in der Fülle der Zeit. Weil es aber schon begonnen hat, ist es – wiewohl seines Ursprunges als auch seiner Vollendung nach nicht von dieser Welt, so doch auch dieser endlichen Welt und Geschichte verheißen. Es gilt als umfassendes Heil allen Menschen, den Lebenden und den Toten. Doch gerade weil sich Gott in der Geschichte material bestimmt hat als der Barmherzige und Gerechte, der Recht und Gerechtigkeit schafft, und weil er sich am Kreuz in Knechtsgestalt mit den Leidenden und den Opfern der Geschichte identifiziert, sich ihnen gleichgemacht hat, richtet sich die Botschaft von Heil und Befreiung insbesondere an die Schwachen und Leidenden, an die Armen und Bedrängten, die unter Gewalt- und Unrechtsverhältnissen zu leiden haben. Verhielte es sich anders, verkäme die christliche Botschaft zu einer puren Vertröstungsideologie. Das Christentum wendet sich also als Botschaft des Lebens in Fülle nicht nur, aber auch gegen gesellschaftliche Verhältnisse, die diesem Leben in Fülle entgegenstehen und es zu verhindern drohen, und setzt ihnen eine parteiliche Praxis des Lebens entgegen im Namen der Würde, der Freiheit und der Unverfügbarkeit jedes einzelnen Menschen, die es anzuerkennen, zu achten und zu verteidigen gilt. Deshalb endet mit dem Christentum nicht alle Politische Theologie, sondern diese bekommt allererst einen neuen „Drive“, und zwar sowohl durch die Botschaft vom Beginn, die Botschaft vom menschgewordenen, gekreuzigten und auferweckten Sohn Gottes, als auch durch die Botschaft von der noch ausstehenden Vollendung der Geschichte im Zeichen umfassender Versöhnung, die allen verheißen ist, nicht nur den Durchgekommenen und Siegern der Geschichte.

Diese Interpretation des Christentums ist für das Thema „Kritik des Monotheismus“ von zentraler Bedeutung, denn die Einwände gegen den Monotheismus denken von den Folgen bestimmter Denktraditionen für die ethische und politische Praxis her. Insofern kann die Monotheismuskritik auch als ein Versuch der Ideologiekritik verstanden werden mit dem Ziel, die Gewaltförmigkeit des Monotheismus zu verdeutlichen. Diese Gewaltförmigkeit wurzelt den Kritikern des Monotheismus zufolge in der Identitätslogik, die dem Monotheismus zugrunde liege. Odo Marquard etwa kritisiert in seinem *Lob des Polytheismus* den Monotheismus nicht nur deshalb, weil dieser die Welt entmythologisiere und die Vielfalt der Geschichten zugunsten einer Geschichte – der Heilsgeschichte – ausmerze, sondern insbesondere deshalb, weil es sich um die Ermächtigung einer Alleinmacht handle, um die Etablierung der Unfreiheit der Identität aus Mangel an Nichtidentität. Diese Kritik speist sich aus moralischen und politischen Motiven; der Glaube an den einen und einzigen Gott gilt Marquard als Glaube an einen absolutistischen Willkürherrscher, der unbedingten Gehorsam einfordere.[2] Auch andere Kritiken des Monotheismus besitzen eine moralische Intention, auch wenn sie sich zunächst wie etwa diejenige Peter Sloterdijks gegen den Wahrheitsanspruch des Monotheismus richten, der mit dem Glauben an die Einheit und Einzigkeit Gottes verbunden ist. Sloterdijk beschuldigt den Monotheismus der Durchführung des Programms einer binären Logik mittels der Unterscheidung von „wahr" und „falsch", aus dieser Logik folge die Unterteilung der Welt in Subjekte und Objekte unter dem Primat des Subjekts. Der Gedanke der Subjektivität koinzidiere mit dem der unbeschränkten Macht, und Gott werde als „Hypersubjekt" verstanden. Der Gottesglaube entspreche somit dem Kaiserprinzip, der Mensch sei der Vasall, der „Subjekt-Vikar" des himmlischen Hypersubjekts, einem „Seins-Beamtentum" vergleichbar: „Es ist ihres Amtes, zu denken, wie der Dienstherr denkt, und der wiederum hat durch die Offenbarung wie durch das philosophische Denken jeden Zweifel daran ausgelöscht, daß er nur als der Eine, der Höchste, als der Herr der Optima begriffen werden darf."[3] Auch wenn sich Sloterdijk auf die epistemologischen Aspekte des Monotheismus konzentriert, wird deutlich, dass seine Kritik an der binären Logik weniger epistemologisch, sondern vielmehr moralisch-praktisch motiviert ist. In die gleiche Richtung zielt die Monotheismuskritik Martin Walsers: „Bloß keine Ethik für alle. Bloß keinen säkularisierten, auf Demokratie frisierten Monotheismus. Statt Glaubensleistungen nach oben, Genußfähigkeit

[2] Vgl. zu dieser Kritik O. Marquard, Lob des Polytheismus. Über Monomythie und Polymythie, in: Ders., Abschied vom Prinzipiellen. Philosophische Studien, Stuttgart 1981, 91–116, hier bes. 98–108.

[3] P. Sloterdijk, Tau von den Bermudas. Über einige Regime der Einbildungskraft, Frankfurt am Main 2001, 23.

unter uns."[4] Auch Jan Assmann kennzeichnet den Monotheismus durch die von ihm so genannte „Mosaische Unterscheidung" zwischen „wahr" und „unwahr" in bezug auf die Religionen als Wurzel der Konstruktion kultureller Andersheit und Konfrontation über die Konstruktion von Gegenreligionen.[5] Doch anders als Sloterdijk beschreibt Assmann diesen Prozess als unvermeidliche Konstruktion kultureller Andersheit, die zwar – ob gewollt oder ungewollt – zu Ausgrenzung von und Gewalt gegenüber anderen Religionen und Kulturen führen könne, die aber bis zu einem gewissen Grade von Kulturtechniken der Übersetzung kompensiert werde: „Übersetzung ist also nicht als illegitime Vereinnahmung wirklicher Andersheit zu verstehen. Sie ist vielmehr der Versuch, die Grenzen durchlässiger zu machen, die durch kulturelle Unterscheidungen errichtet werden."[6] Dennoch aber konstatiert auch Assmann einen Zusammenhang zwischen der Mosaischen Unterscheidung und dem Freund-Feind-Schema und damit eine politisch prekäre Folge des Monotheismus: „Gottesfeind ist, wer dem Irrtum anhängt und Götzen verehrt. (...) Gott ist die Wahrheit, die Götter der anderen sind Lüge. Das ist die theologische Basis der Unterscheidung von Freund und Feind. (...) Hier liegt m. E. das eigentliche ‚politische Problem' des Monotheismus."[7] Gelingt es der Theologie also nicht, den Gewaltverdacht gegen den Monotheismus auszuräumen und zu verdeutlichen, dass der Monotheismus gerade Möglichkeitsbedingung dafür ist, Unrechts- und Gewaltverhältnisse zu kritisieren und einer Praxis, die diesen Unheilsmächten und -gewalten widersteht, den Verdacht der Absurdität zu nehmen, dann steht die christliche Botschaft von umfassendem Heil und Versöhnung auf tönernen Füssen.

Zur Rechtfertigung des Monotheismus aus christlicher Perspektive kann nun – und hier stimme ich mit Strasser überein – die Trinitätslehre von entscheidender Bedeutung sein[8], dies allerdings

---

[4] Vgl. M. Walser, Ich vertraue. Querfeldein, Über das Gift der Verachtung gegen das Nächste, in: Neue Zürcher Zeitung 10./11.10. 1998.

[5] Vgl. J. Assmann, Moses der Ägypter. Entzifferung einer Gedächtnisspur, Frankfurt am Main ^{2}2000, 20ff.

[6] Vgl. ebd., 19.

[7] Vgl. J. Assmann, Monotheismus, in: Jahrbuch Politische Theologie 4 (2002) 122–132, hier 131f.

[8] Des weiteren sind zur Rechtfertigung des Monotheismus auch Reflexionen über die epistemischen Ansprüche religiöser Überzeugungen entscheidend: Werden in religiösen Überzeugungen universale Geltungsansprüche im Sinne theoretischer Gewissheit erhoben, und dies als Form der epistemischen Einstellung „wissen"? Oder handelt es sich bei religiösen Überzeugungen um Geltungsansprüche praktischer Vernunft sowie um eine Form der epistemischen Einstellung „glauben"? Was hieße dies für die Prädikation von „wahr" und „falsch" in bezug auf religiöse Überzeugungen wie etwa

weniger wegen einer „Gewaltentrennung in Gott" als Basis Politischer Theologie oder einer möglichen Affinität zu polytheistischen Traditionen, sondern wegen eines zentralen Aspekts der Trinitätslehre, der für das hier zu verhandelnde Problem „Monotheismus und Gewalt" bedeutsam ist: Gott ist keine differenzlose Einheit, keine absolute Identität, die Differenz und Besonderheit ausschließt, sondern Identität in Differenz in der Einheit der drei göttlichen Personen Vater, Sohn und Geist. Dabei suchte die christliche Theologie sich stets gegen zwei Versuchungen abzugrenzen, diejenige des Modalismus und diejenige des Tritheismus. Dem Modalismus, der die drei Personen lediglich als Modi und bloße Existenzweisen der einen, quasi noch hinter den Personen sich verbergenden und diese gründenden apersonalen Gottheit versteht, gelingt es nicht, die Unterschiedenheit in Gott unverkürzt zu denken: Die Personen sind bloße Momente der Existenz, eben Modi der einen Gottheit ohne differente Einzelheit und Besonderheit. Die Personen sind als Modi darüber hinaus lediglich heilsökonomisch relevant als Weise, in der Gott die Welt schafft, bewahrt und vollendet sowie als Weisen göttlicher Offenbarung. Die Gefahr des Tritheismus dagegen ist dann gegeben, wenn die drei Personen anthropomorph als drei singuläre Individuen in Gott bestimmt werden, und wenn die Einheit Gottes lediglich auf die Gemeinschaft der drei Personen verkürzt wird.[9]

Dem christlichen Trinitätsglauben ist es also um nichts anderes zu tun als um eine Verhältnisbestimmung von Identität und Differenz bzw. von Allgemeinem und Besonderen in Gott selbst, die weder die Einheit noch die Unterschiedenheit, weder die Allgemeinheit noch die Besonderheit verabsolutiert.[10] Diese Verhält-

---

das Bekenntnis zum Monotheismus? Diesen Fragen kann hier allerdings nicht nachgegangen werden.

[9] Vgl. zur aktuellen theologischen Diskussion um ein angemessenes Verständnis des Trinitätsglaubens jenseits von Modalismus einerseits und Tritheismus andererseits etwa G. Essen, Die Freiheit Jesu. Der neuchalkedonische Enhypostasiebegriff im Horizont neuzeitlicher Subjekt- und Personphilosophie, Regensburg 2001, 317–335; G. Greshake, Der dreieinige Gott. Eine trinitarische Theologie, Freiburg – Basel – Wien 1997; ders.: Streit um die Trinität. Ein Diskussionsbeitrag, in: HerKorr 56 (2002), 534–537; K.-H. Ohlig, Ein Gott in drei Personen? Vom Vater Jesu zum „Mysterium" der Trinität, Mainz 1999; M. Striet (Hg.), Monotheismus und christlicher Trinitätsglaube, Freiburg – Basel – Wien 2004; ders.: Spekulative Verfremdung? Trinitätstheologie in der Diskussion, in: HerKorr 56 (2002), 202–207; B. Stubenrauch, Dreifaltigkeit, Regensburg 2002; H. Vorgrimler, Randständiges Dasein des dreieinigen Gottes? Zur praktischen und spirituellen Dimension der Trinitätslehre, in: StZ 220 (2002), 545–552.

[10] Insofern unterscheidet sich das trinitätstheologische Konzept der Einheit in bleibender Unterschiedenheit vom Hegelschen Modell der Identität von Identität und

nisbestimmung von Identität in Differenz ist nun insofern beachtenswert, als sie die von monotheismuskritischen Konzepten kritisierte Identitätslogik des Monotheismus sprengt: Gott ist „einer", jedoch in bleibender Unterschiedenheit, und damit ist die Einheit Gottes bar jeglicher Gewaltförmigkeit. Wie kann solch ein Gedanke jedoch rational gerechtfertigt werden?[11]

2. Der Trinitätsgedanke als ein Modell von Einheit in bleibender Unterschiedenheit, das der Gewaltförmigkeit widersteht

Um den Trinitätsgedanken rational rechtfertigen zu können, bedarf es der Verhältnisbestimmung von Einheit und Unterschiedenheit unter zwei Maßgaben: Erstens ist die Möglichkeit der wechselseitigen Vermittlung des Unterschiedenen, d. h. auch: des Einzelnen und Besonderen, das voneinander unterschieden ist, zu denken, und dazu bedarf es eines Momentes von Einheit, das diesen Bezug zu garantieren vermag. Und zweitens ist die Möglichkeit der bleibenden Eigenständigkeit, der Singularität des Unterschiedenen zu denken, die gerade darin gegeben ist, dass das Besondere über ein Moment Allgemeinheit verfügt, welches es mit dem anderen Besonderen verbindet, und welches so zugleich als Einheitsmoment des Differenten fungiert.[12] Das Allgemeine

---

Differenz, das Identität und Differenz im Begriff absoluter Einheit zu vermitteln sucht. Das Konzept der Einheit in bleibender Unterschiedenheit dagegen sucht das Unterschiedene durch ein Identitätsmoment miteinander zu vermitteln, welches nicht nochmals durch eine absolute Einheit gegründet oder als Moment in diese Einheit aufgehoben wird. Diese dem Trinitätsglauben zugrundeliegende Verhältnisbestimmung von Identität in Differenz lässt sich m. E. mit dem Begriff „Konstellation" charakterisieren, den Walter Benjamin und Theodor Wiesengrund Adorno für eine nicht-identitätslogische Bestimmung des Verhältnisses von Einheit und Unterschiedenheit bzw. Allgemeinheit und Besonderheit verwendet haben.

[11] Die folgenden Überlegungen sind im Rahmen einer Replik an den philosophischen Beitrag Peter Strassers und somit primär aus philosophischer Perspektive formuliert; die aktuelle theologische Debatte um das Verständnis des Trinitätsglaubens bleibt daher weitgehend unberücksichtigt, wiewohl sich auch Folgerungen für diese Debatte ergeben, die jedoch an anderer Stelle zu explizieren und detailliert zu entfalten wären, insbesondere im Hinblick auf die Diskussion, ob erstens eine bewusstseinstheoretische Entfaltung des Trinitätsglaubens angemessen ist, ob zweitens der Personbegriff für die Bestimmung des trinitarischen Verhältnisses geeignet ist oder nicht, und ob drittens eine freiheitsanalytische Bestimmung des trinitarischen Verhältnisses als „Kommerzium von Freiheiten", wie sie etwa Georg Essen und Magnus Striet vorgelegt haben, in eine tritheistische Drift gerät oder nicht.

[12] Hier wird ein weiterer Unterschied zur Philosophie Hegels deutlich: Bei Hegel ist das Besondere, das Unterschiedene, lediglich Moment des Allgemeinen, das im Prozess des Zu-sich-selbst-kommens des Absoluten in ihm aufgehoben wird. Hier dagegen ist das Allgemeine als Moment des Besonderen bestimmt, welches nicht im All-

ist damit als Moment des Besonderen ein Identitätsmoment des Unterschiedenen insofern, als das Besondere, welches als Besonderes voneinander unterschieden ist, mit anderem Besonderen dadurch geeint ist, dass ein jegliches Besonderes über ein Moment Allgemeinheit verfügt. Das Allgemeine des Besonderen wiederum macht das Besondere zu einem singulären, einzigartigen Besonderen. So gesehen bestimmt das Allgemeine im Besonderen nicht dessen Einzelheit, sondern dessen Einzigartigkeit, durch die es unhintergehbar und unvertretbar *dieses* Einzelne und Besondere ist.

Diese Bestimmung des Allgemeinen als Allgemeines im Besonderen, das dessen Einzigartigkeit garantiert, und welches das differente Besondere miteinander vereint, weshalb es auch als Einheitsmoment des Unterschiedenen verstanden werden kann, wird in der Philosophiegeschichte vor allem im Kontext der philosophischen Bemühungen bedeutsam, das einzelne Dasein als ein singuläres Besonderes auszuzeichnen, als ein unvertretbar und unverfügbar Einmaliges, das von sich selbst „ich" sagen kann. „Ich" ist also dasjenige Dasein, das nicht bloß austauschbares Exemplar ist, sondern einmalig. Diese Perspektive der Singularität des Ichs und seines Wissens darum heißt Subjektivität.[13] Das Subjekt als dasjenige Moment des Ichs, welches ihm Singularität verleiht, ist nun genau jenes Moment Allgemeinheit, von dem soeben die Rede war, allerdings im Bezug auf das Ich gedacht: Ein Allgemeines im Besonderen, das dieses zu einem unvertretbar und unhintergehbar Einmaligen macht. Diese Subjektperspektive eint das Dasein, welches „ich" ist, mit anderem Dasein, das ebenso „ich" ist wie jenes – doch zugleich unterscheidet es sich genau darin von jenem Ich, denn es ist jenem Ich, wiewohl auch Ich, ein Anderes, anderes Ich, d. h. ebenso singulär und unvertretbar Ich wie jenes, und gerade darin diesem Ich ein Anderes.

Man kann sich diesem Aspekt nun auch noch von einem anderen Begriffspaar her nähern, nämlich dem von Unbedingtheit und Bedingtheit. Das Allgemeine, gekennzeichnet als Subjekt, lässt sich auch als ein formales Moment Unbedingtheit des bedingten Ichs verstehen, welches dieses Ich zu einem unvertretbar Einmaligen macht. Dieses Moment Unbedingtheit ist Möglichkeitsbedingung dafür, dass das „ich" überhaupt um sich selbst weiß, dass es um

---

gemeinen aufgeht; umgekehrt verliert sich das Allgemeine nicht im Besonderen, sondern bleibt gerade als Einheitsmoment des Unterschiedenen erhalten.

[13] Vgl. hierzu ausführlich vor allem im Rekurs auf entsprechende Überlegungen Dieter Henrichs K. Müller, Wenn ich „ich" sage. Studien zur fundamentaltheologischen Relevanz selbstbewußter Subjektivität, Frankfurt am Main 1994.

sein Wissen um sich weiß, und dass es aufgrund dieses Wissens um sich zu sich selbst „ich" sagen kann. Diese Reflexionen zum Begriff des Unbedingten und dessen Bezug zum Begriff des Subjekts lassen sich durch Rekurs auf Johann Gottlieb Fichtes Wissenschaftslehre deutlich machen. Fichte bestimmte nämlich das Unbedingte als unbedingtes Ich und als unbedingte Freiheit und setzt diese wiederum zu einem unbedingten Sollen in Bezug.[14] Zu dieser Bestimmung des Unbedingten gelangt er durch eine transzendentale Analyse des Selbstbewusstseins: durch das Selbstbewusstsein als Form von Wissen um sich im Sinne eines reinen „ich bin und weiss darum, dass ich bin" ist ein Moment Unbedingtheit im Ich eingeschrieben, das Fichte „unbedingtes" bzw. „absolutes" Ich nennt. Damit wird die Ich-Instanz bzw. Ich-Perspektive des Einzel-Ichs bezeichnet, die Möglichkeitsbedingung der einzelnen Vernunftvermögen dieses Ichs ist. Fichte spricht allerdings nicht nur von einem unbedingten Ich, gleichbedeutend mit Subjektivität, sondern auch von einer unbedingten Freiheit, die mit dem unbedingten Ich koinzidiert, daher bezeichnet er das absolute Ich auch als „Thathandlung".[15] Das unbedingte Ich ist frei, weil es als Tathandlung um sich weiß in Form eines Wissens, das jede weitere Erkenntnis und alle Handlungen des Ichs begleitet. Das reine Tätigsein des Ichs ist reines Vermögen, pures Können in der Einheit von Aktivität und Passivität, und das heißt: reine Freiheit. Jene unbedingte Freiheit im Sinne eines puren Vermögens realisiert sich in ihrer Entsprechung zu einem unbedingten Sollen. Somit ist im unbedingten Ich zugleich eine formale und in ihrer Formalität unbedingte Freiheit mitgesetzt, die sich von der bedingten und auf Materialität abzielenden Willensfreiheit als einzelnes Vermögen der Vernunft unterscheidet und dieser als deren Möglichkeitsbedingung noch voraus ist.[16] Unbedingtes Ich und unbedingte Freiheit sind Möglichkeitsbedingung des bedingten Ichs und der bedingten Freiheit, denn diese können aufgrund ihrer Bedingtheit nicht als Grund der Unbedingtheit, die im Selbstbewusstsein gegeben ist, aufkommen. Für Fichte impliziert dieser Gedanke jedoch nicht nur einen transzendentallogischen Begründungszusammenhang, sondern auch eine ontologische Verpflichtung: Bedingtes existiert, denn das endliche Ich weiß, dass zumindest es selbst existiert. Dieses Wissen um die eigene Existenz ist im Selbstbewusstsein mitgesetzt. Doch das Bedingte kann nicht für sein eige-

[14] Vgl. z. B. J. G. Fichte, Fichtes Werke. Hg. v. I. H. Fichte. Band II, Berlin 1971, 696–709.
[15] Vgl. hierzu etwa Fichtes Werke. Band I, Berlin 1971, 91.
[16] Vgl. Fichtes Werke. Band V, Berlin 1971, 513–523.

nes Dasein aufkommen, und auch das Bedingte, aus dem es stammt, kann nicht die Möglichkeit der Existenz von Bedingtem überhaupt garantieren. Darum ist das Sein eines schlechthin Unbedingten als Grund des Bedingten anzunehmen, das im Selbstbewusstsein des bedingten Ichs zur Erscheinung kommt, denn anders könnte es nicht Grund des Unbedingten im Bedingten sein. Folglich ist das schlechthin Unbedingte ebenso als unbedingtes Ich und unbedingte Freiheit zu bestimmen.[17] Das heißt: Das schlechthin Unbedingte ist Subjekt, da Subjektivität die Einmaligkeit und darin zugleich die Allgemeinheit der Ich-Perspektive bezeichnet. Das schlechthin Unbedingte lässt sich darum „Gott" nennen, welcher als unbedingtes Ich und unbedingte Freiheit Tathandlung ist in der Einheit von Aktivität und Passivität.

Fassen wir kurz zusammen: Das Allgemeine ist als Moment des Besonderen zu begreifen, das es zu einem Singulären macht. Darin verbindet es einerseits das singuläre Besondere miteinander, weil ein jegliches Singuläres über dieses Moment Allgemeinheit verfügt, andererseits ist die bleibende Unterschiedenheit des Besonderen in seiner Singularität garantiert. Das Allgemeine kann nun auch als ein Unbedingtes verstanden werden, welches im Blick auf dasjenige Dasein, das sich als „ich" bezeichnet, als Subjektivität und Freiheit bestimmt werden kann. Repliziert man dies nun auf die Frage nach der Verhältnisbestimmung von Allgemeinheit und Besonderheit in Gott, so kann man sagen: Das Allgemeine in Gott ist seine Unbedingtheit, und diese wiederum lässt sich als Subjektivität und Freiheit charakterisieren. Ja noch mehr: Gott ist das schlechthin Unbedingte, da nicht der Bedingtheit unterworfen, und dieses schlechthin Unbedingte ist unbedingtes Ich und unbedingte Freiheit. In seiner Unbedingtheit ist Gott singulär, einer und einmalig, denn wenn das Unbedingte als Moment des Bedingten Möglichkeitsbedingung der Einmaligkeit dessen ist, dessen Moment es ist, dann ist das schlechthin Unbedingte, also Gott, als schlechthin einmalig zu denken, also als unbedingtes Ich, Subjekt. Denn anders könnte das Unbedingte nicht Möglichkeitsbedingung der Einmaligkeit, d. h. der Subjektivität des Bedingten sein. Damit handelt es sich bei dem skizzierten Verständnis Gottes ohne Zweifel um einen monotheistischen Gottesgedanken. Als Subjekt ist Gott als das schlechthin Unbedingte und Allgemeine zugleich unbedingte Einmaligkeit. Doch darin haftet Gott jedoch anders als von Kritikern des Monotheismus behauptet nichts Herrschaftliches oder Gewaltförmiges an. Denn Subjektivität bedeutet nichts anderes als die

[17] Vgl. Fichtes Werke. Band II, 697f. und Band V, 455.512f.

Einmaligkeit der Ich-Perspektive als Möglichkeitsbedingung der Vernunftvermögen und als Bedingung der Möglichkeit der Beziehung zum Anderen seiner selbst. Zum anderen ist die Freiheit Gottes keine Willkürfreiheit, sondern eine Freiheit, die mit Moralität korrespondiert. Denn ist Gott wirklich unbedingt, so ist er auch moralisch, da im Unbedingten Sollen und Wollen bzw. Können zusammenfallen: Unbedingte Freiheit ist ein Können, das einem unbedingten Sollen vollkommen entspricht. Dieses Sollen limitiert jedoch keineswegs die unbedingte Freiheit, denn es ist kein von außen gesetztes, determinierendes Sollen im Sinne eines heteronomen Zwangs, sondern ein Sollen, das an Freiheit gebunden ist, worauf bereits Immanuel Kant hingewiesen hatte: Freiheit und Moralität weisen wechselweise aufeinander zurück, da Sollen Können voraussetzt und umgekehrt das Sollen in Freiheit erkannt wird. Die Unbedingtheit Gottes schließt also seine Moralität ein.[18] Ein gewalttätiger Gott im Sinne eines bedingungslosen Gehorsam einfordernden Willkürherrschers, der die Freiheit des Menschen missachtet, widerspräche somit sich selbst.[19]

In diesem Zusammenhang ist im Übrigen darauf hinzuweisen, dass der Glaube an den einen und einzigen Gott überhaupt erst die Haltung des Vertrauens und der Hoffnung auf Versöhnung ermöglicht, die den Glauben auszeichnet. Schon Kant hatte darauf verwiesen, dass ein moralischer Anspruch ohne Hoffnung auf die Einheit von Tugend und Glückseligkeit sinnlos wäre, und dass es daher eines Gottes bedarf, der diese Einheit und damit auch den Sinn von Moralität zu garantieren vermag – nicht als Grund, jedoch als notwendige Folge der Moral. Denn es nützt dem moralischsten Menschen nichts, wenn auf ihn doch nur das ‚tiefe Grab wartet, das ihn verschlingt'. Und welchen Sinn hätte alle Moral, wenn die Unschuldigen von Leid und Übel geschlagen und verfolgt werden? Kant formuliert daher anders als von Strasser ver-

---

[18] Vgl. hierzu auch T. Pröpper, Evangelium und freie Vernunft. Konturen einer theologischen Hermeneutik, Freiburg i. Br. 2001, 288–293.

[19] Gott als unbedingte Freiheit kann also nicht gegen diese Freiheit handeln, die er selbst ist. Damit kann er auch nicht die Freiheit des Geschöpfs missachten, weil sich dessen Freiheit seiner Freiheit verdankt. Gott kann nicht anders denn als unbedingte Freiheit die Freiheit der Kreatur zu achten – und dies im Übrigen auch dann, wenn sich diese in ihrer endlichen Freiheit gegen das Unbedingte wendet, dem es sich verdankt. Diese These ist auch entscheidend für die Diskussion des Problems der Theodizee (vgl. hierzu z. B. A. Plantinga, The Free Will Defence, in: B. Mitchell [Hg.], The Philosophy of Religion, Oxford 1971, 105–120; Pröpper, Evangelium und freie Vernunft [wie Anm. 18], 266–275; M. Striet, Versuch über die Auflehnung. Philosophisch-theologische Überlegungen zur Theodizeefrage, in: H. Wagner [Hg.], Mit Gott streiten. Neue Zugänge zum Theodizee-Problem, Freiburg – Basel – Wien 1998, 48–89).

mutet keinen Deismus, sondern eine philosophische Theologie der Hoffnung, die auf der Ethik als *prima philosophia* basiert. Denn weder ist alles damit getan, dass der Mensch nur moralisch zu sein braucht – aufgrund des Faktums des radikal Bösen ist das niemals möglich, noch hält sich Gott aus allem heraus, ist er doch Garant des höchsten Gutes und damit immer schon auf menschliche Praxis bezogen. Und das ist kein schwacher, schon gar kein Technokratengott, sondern ein starker Gott, der unsere Hoffnung auf ein „Mehr als das, was ist" zu verbürgen vermag.

Ist Gott nun in seiner Unbedingtheit als Subjekt bestimmt, dann bleibt allerdings die Frage: Inwiefern ist Gott als Subjekt auch Person? Denn Personalität gilt ja als die Perspektive des Ichs, die seine Relationalität zu anderen bezeichnet. Das Ich vermag sich als Person zu einem Anderen in Beziehung zu setzen und diesem Anderen ein Anderer, ein personales Gegenüber, zu werden, wiewohl von diesem anderen bleibend unterschieden aufgrund seiner Einmaligkeit.[20] Ist Gott nun in ebenjenem Sinn „Person", wie es von dem Dasein ausgesagt wird, das zu sich „ich" sagen kann?

Die Person-Perspektive wird man Gott zunächst hinsichtlich der Verhältnisbestimmung von Gott und Dasein zusprechen können: Gott setzt sich zu einem Anderen, dem Dasein, in Beziehung, und dieses relationale Verhältnis kann als personal verstanden werden, da als Beziehungsverhältnis zwischen Ich und anderem Ich zu deuten. Allerdings unterscheidet sich dieses Verhältnis von einem innerweltlichen Verhältnis von Dasein zu Dasein, und dies in zweifacher Hinsicht:

Erstens ist das Dasein ein Gott gegenüber Anderes, das Gott aus sich selbst herausgesetzt hat. Gott ist Grund dieses Daseins, der Anderes als Anderes gesetzt hat sowie den Unterschied zwischen Gott und Dasein, da sich das Andere Gott verdankt, aus dem es stammt. Dieses Andere hat Gott als Bild seiner selbst aus sich herausgesetzt, als *imago Dei*. Als Bild ist das Dasein einerseits mit Gott vereint, da aus Gott stammend und so das göttliche Sein in sich tragend. Andererseits ist es als Bild von Gott unterschieden, da es sich Gott als Grund verdankt und nicht selbstursprünglich, sondern radikal abhängig ist.[21]

---

[20] Vgl. zu dieser Bestimmung der Personalität und deren Bedeutung für die Relation zwischen Ich und Anderem ausführlich S. Wendel, Affektiv und inkarniert. Ansätze Deutscher Mystik als subjekttheoretische Herausforderung, Regensburg 2002, 292–298; dies.: Inkarniertes Subjekt. Die Reformulierung des Subjektgedankens am ‚Leitfaden des Leibes', in: Deutsche Zeitschrift für Philosophie 51 (2003), 559–569.

[21] Vgl. zu diesem Begriff des Bildes im Bezug auf Überlegungen von Meister Eckhart und Fichte Wendel, Affektiv und inkarniert (wie Anm. 20), 195–209.

Zweitens ist Gott als Grund des Anderen, zu dem er in ein personales Verhältnis tritt, kein Einzelnes wie das Dasein. Denn er ist Grund, nicht Teil der Welt im Sinne eines Einzelseienden, und somit existiert er auch nicht als Einzelnes neben unendlich vielen Einzelnen. Bezeichnet man Gott daher als „Person", so kann dieser Ausdruck nicht Einzelheit im Sinne der Einzelheit des innerweltlich Seienden bezeichnen, also nicht Individualität. Doch genau besehen besagt der Ausdruck „Person" bereits im Blick auf das Einzelseiende nicht einfach Einzelheit, Individualität. Denn Person ist im Unterschied zum „etwas", zum dinghaft Seienden, dasjenige Besondere, das unvertretbar und unwiederholbar einmalig ist, und das gerade aufgrund seiner Einmaligkeit dazu fähig ist, sich zum Anderen seiner selbst in Beziehung zu setzen und in Beziehung zu sein. Dennoch aber ist ein Unterschied zwischen der Personalität des Daseins und der Personalität Gottes herauszustellen: Gott ist nicht Dasein, sondern dessen Grund. Als Grund, nicht Teil, steht Gott nun nicht nur zu einzelnem Dasein, zu einzelnen Personen in Beziehung, sondern zum Gesamt des In-der-Weltseins, zum Gesamt der Bilder seiner selbst, deren Grund er ist.

Von der Kennzeichnung Gottes als Subjekt und als Person ausgehend eröffnet sich nun die Möglichkeit einer Verhältnisbestimmung von Einheit in bleibender Unterschiedenheit in Gott, und zwar dann, wenn man sich folgenden Fragen stellt: Wieso bestimmt sich die Personalität Gottes, also seine Relationalität Anderem gegenüber, als innergöttliche Dreiheit von Personen? Und inwiefern vergegenwärtigen die drei Personen die Einheit und Einmaligkeit Gottes?

An dieser Stelle wird meiner Ansicht nach noch einmal der Bildgedanke bedeutsam: Gott hat Anderes als sein Bild aus sich herausgesetzt und so ins Dasein, oder besser: als Dasein gesetzt. Darum heißt das Dasein, das nicht „etwas", sondern Person ist, „imago Dei", welches als Bild Gottes ein Moment Unbedingtheit in sich trägt, das das einzelne Dasein zu einem einmaligen Dasein macht. Doch dieses Sich-ins-Bild-setzen Gottes vollzieht sich nicht erst in der Setzung des Unterschieds von Gott und Dasein, also im Schöpfungsakt. Gott trägt den Unterschied bereits in sich selbst, hat sich in sich selbst bereits schon als Bild gesetzt, und die Schöpfungsdifferenz ist quasi Bild dieser innergöttlichen Differenz, Bild des innergöttlichen Bildes. Der Unterschied in Gott ist jedoch nicht als Setzen einer Andersheit zu verstehen, die sich Gott verdankt und von ihm radikal abhängig ist, sondern als Anderes seiner *selbst*, als göttliches Anderes, das ganz er selbst ist, doch zugleich als Bild ein *Anderes* seiner selbst. Wieso aber dieser Unterschied bereits in Gott selbst?

Weil Gott als unbedingtes Ich Selbstbewusstsein ist: die Ich-Perspektive impliziert nämlich ein Wissen um sich, ein Bewusstsein seiner selbst, aufgrund dessen „ich" überhaupt erst „ich" zu sich sagen kann. Bewusstsein schließt nun Gerichtetsein, Intentionalität auf ein Anderes hin mit ein. Das Selbstbewusstsein Gottes ist jedoch im Unterschied zu dem des Daseins nicht auf ein Anderes gerichtet im Sinne eines externen Phänomens, denn dann wäre Gott durch ein Anderes bedingt, das neben oder außer ihm bestünde, und dann wäre Gott nicht schlechthin unbedingt. Bezieht sich Gott somit in seinem Bewusstsein seiner selbst auf sich selbst, setzt er sich selbst als ein Anderes im Sinne eines Bildes seiner selbst, das kein externes Anderes ist, sondern er selbst. Diese Andersheit in Gott selbst ist also, da sie keine sich Gott verdankende Andersheit (also Dasein) ist, Gott selbst, dann aber ist sie ebenso schlechthin Unbedingtes, und das heißt: ebenso unbedingtes Ich, Tathandlung, Selbstbewusstsein, da sich nicht einem anderen verdankend, sondern sich selbst. Darin, in seiner Unbedingtheit, ist das Andere, das Bild des Unbedingten, schlechthin einmalig, denn ist Gott als Unbedingtheit zugleich Einmaligkeit, so ist er es auch im Bild, das er selbst ist. Die Einheit des Unterschiedenen in Gott ist somit in der schlechthinnigen Unbedingtheit Gottes gegeben, die unbedingtes Ich und unbedingte Freiheit ist, doch genau in dieser Einheit ist bereits der Unterschied gesetzt, weil Gott sich auf sich selbst beziehend als ein Anderes setzt, das als Bild seiner selbst ebenso einmalig ist wie das, dessen Bild es ist. In diesem Verhältnis von Einheit in bleibender Unterschiedenheit sind nun Selbstbewusstsein und das ihm Andere, das es selbst ist, miteinander verbunden. Da es sich jedoch um eine Verbindung des Unterschiedenen im Selbstbewusstsein handelt, welches immer schon Gerichtetsein impliziert, kann man dieses Verhältnis auch als ein Verhältnis der wechselseitigen Anerkennung bezeichnen, in dem sich das Unterschiedene in seiner Einmaligkeit anerkennt und darin auch material bestimmt.[22] In diesem Anerkennungsverhältnis manifestiert sich die Einheit, die bleibende Unterschiedenheit ist, denn einerseits kann sich nur bleibend Unterschiedenes wechselseitig anerkennen und sich darin gerade als Unterschiedenes anerkennen, und andererseits ist das Unterschiedene in eben jener Anerkennung immer schon miteinander verbunden, allerdings aufgrund der Ein-

[22] Diese Bedeutung des Anerkennungsaktes haben sowohl Hegel als auch Fichte herausgestellt, vgl. hierzu auch E. Düsing, Intersubjektivität und Selbstbewusstsein. Behavioristische, phänomenologische und idealistische Begründungstheorien bei Mead, Schütz, Fichte und Hegel, Köln 1986; A. Honneth, Kampf um Anerkennung. Zur moralischen Grammatik sozialer Konflikte, Frankfurt am Main 1994; H. Verweyen, Gottes letztes Wort, Regensburg ^{3}2000, 188–191.

heit in der Unbedingtheit, die sich im Unterschiedenen vergegenwärtigt, oder besser: die das Unterschiedene je schon ist.

Diese Verbundenheit im Anerkennungsverhältnis, in der sich das schlechthin Unbedingte in seiner Unterschiedenheit immer schon material bestimmt, kann nun als Personalität bezeichnet werden, da Personalität als Relationalität bestimmt wurde.[23] Die göttlichen Personen sind also „Personen“ als Bilder des Unbedingten, die das Unbedingte je schon selbst sind, Einmalige, die sich stets wechselseitig aufeinander beziehen und damit in einem interpersonalen Verhältnis zueinander stehen. Diese Einheit in der bleibenden Unterschiedenheit kennzeichnet den einen und einzigen Gott. Wenn aber die innergöttliche Differenz der Personen als reziprokes Anerkennungsverhältnis zu verstehen ist, dann ist es auch erlaubt, das Verhältnis der Personen als ein Verhältnis der Liebe zu kennzeichnen. Denn zum Anerkennungsverhältnis gehört in der Tradition der Anerkennungslehre nicht nur Selbstbewusstsein, sondern auch Liebe im Sinne eines reziproken Verhältnisses des Liebens und Geliebtwerdens und des Gebens und Empfangens.[24] Ein Gott jedoch, der in sich selbst Anerkennung ist und somit nicht allein Selbstbewusstsein, sondern auch Liebe, ist kein gewalttätiger Gott, kein „Himmelstyrann“. Dieser Liebe – als Liebe Gottes, d. h. des schlechthin Unbedingten, ist sie unbedingte, vollkommene Liebe – widersprechen Herrschaft und Gewalt. Daher kann niemand im Namen des drei-einen und einzigen Gottes, der in sich unbedingte Liebe ist, Gewalt ausüben, ohne diesem Gott zu widersprechen, denn wie heißt es doch in 1 Joh 4,8: „Wer nicht liebt, hat Gott nicht erkannt; denn Gott ist die Liebe.“

---

[23] Vgl. zur Verbindung von Personalität und Anerkennungsverhältnis auch Wendel, Affektiv und inkarniert (wie Anm. 20), 309–313.

[24] Vgl. hierzu etwa Fichtes Werke, Band V, 538–551; vgl. am Beispiel Hegels und Meads auch Honneth, Kampf um Anerkennung (wie Anm. 22) 153–175. Es wäre näher auszuarbeiten, inwiefern der Geist als dritte Person des innertrinitarischen Verhältnisses – ganz in der Tradition der Trinitätslehre – als das Band zwischen Vater und Sohn zu kennzeichnen ist, das die Liebe ist, wie also der Dritte das Verhältnis der Liebe zwischen erster und zweiter Person mitkonstituiert und wie der Dritte in diesem Verhältnis (mit-)geliebt wird. Dadurch wäre der Eindruck zu widerlegen, dass das hier skizzierte Modell der Einheit in bleibender Unterschiedenheit allein eine „Dualität“ in Gott zu denken vermag, nicht aber die Trinität. Ob etwa Emmanuel Lévinas‘ Reflexionen zur Bedeutung des Dritten (*le tiers*), der sich im Antlitz des Anderen (mit-)offenbart und (mit-)anerkannt wird (vgl. z. B. E. Lévinas, Totalität und Unendlichkeit. Versuch über die Exteriorität, Freiburg – München 1987, 308f. 443; ders., Jenseits des Seins oder anders als Sein geschieht, Freiburg – München 1992, 285. 342ff.), im Verhältnis zwischen Ich und Anderem hierzu wichtige Anstöße zu geben vermögen, wiewohl Lévinas selbst dieses Verhältnis nicht als reziprokes Anerkennungsverhältnis, sondern als asymmetrisches Verhältnis der Anerkennung des Anderen konzipiert, wäre weiter zu diskutieren.

III
Systematisch-theologische Selbstvergewisserung

Monotheismus und Schöpfungsdifferenz
Eine trinitätstheologische Erkundung

Magnus Striet

„Nur ein Schilfrohr, das zerbrechlichste in der Welt, ist der Mensch,
aber ein Schilfrohr, das denkt."
„Die Größe des Menschen ist groß,
weil er sich elend erkennt."
„Die wahre Natur des Menschen,
sein wahres Heil, die wahre Tugend
und die wahre Religion;
das sind Dinge,
deren Kenntnis untrennbar ist."
B. Pascal[1]

Die Trinitätstheologie gehört zu den schwierigsten Fragen der Theologie überhaupt. Deshalb kann jedes Vortasten in diesen Bereich auch nur einen Versuch darstellen. Zudem birgt sie einige Stolpersteine, die immer wieder einmal die Frage der Orthodoxie aufkommen lassen. Man könnte deshalb geneigt sein, sich lieber der Auskunft zu enthalten oder die Trinitätstheologie nur noch historisch zu behandeln. Andererseits bildet sie aber das notwendige Fundament einer Rede von Gott, die sich als christliche versteht. Zeugnisse hierfür finden sich bereits sehr früh. Sehr früh hat man gesehen, dass aufgrund des Glaubens an das fleischgewordene Wort Gottes der Glaube der Mütter und Väter nun eine trinitarische Struktur anzunehmen hat. Schon aus Gründen der historischen Vergewisserung der christlichen Glaubensgestalt ist es deshalb überhaupt nicht möglich, keinen *bestimmten* Begriff von dem im Christentum vorausgesetzten trinitarischen Gott zu entwickeln. Von Anfang an hat er, so umkämpft er auch gewesen sein mag, die gesamte christliche Glaubensgestalt verstehend orientiert. Erst in der Klärung der Vorstellung vom trinitarischen Gott zeigt sich das Wesen christlichen Glaubens. Dies gilt bis heute. Man kann diesen Be-

[1] B. Pascal, Über die Religion und über einige andere Gegenstände. Aus dem Französischen von E. Wasmuth, Frankfurt am Main 1997, 167 (= Fragm. 347), 181 (= Fragm. 397) sowie 207 (= Fragm. 442).

griff nicht im so verführerischen Ungefähren belassen. Zumal Vernunft in jedem Fall im Spiel ist, also auch da, wo aus Gründen der philosophischen Vernunftskepsis oder auch aus Achtung vor dem Geheimnis Gottes vor zu viel affirmativem Wissen gewarnt wird.

Letztendlich ist es die Soteriologie, die die Theologie zu verbindlichen Antworten auffordert. Sich in das trinitarische Geheimnis Gottes denkerisch hineinzuwagen verdankt sich deshalb auch nicht einem spekulativen Übermut – zumindest ist ein solcher nicht notwendig im Spiel –, sondern verdankt sich dem Logos des Glaubens an den Gott, der aus der Unverfügbarkeit seiner Freiheit heraus sich selbst offenbar gemacht hat und der nun dazu auffordert, „jedem (!) Rechenschaft von dem Grund der Hoffnung“, die die Glaubenden trägt, abzulegen (1 Petr 3,15). Ob dieser Gott wirklich Hoffnung zu geben vermag, ist vielfältig angefragt. Die notvollste Anfrage des Glaubens an diesen Gott ist die der Theodizee. Wenn der Blick sich nicht ablenken lässt vom abgründigen menschlichen Leid, der Blick vielmehr gerichtet bleibt auf eine Geschichte, in der es zwar auch die Erfahrungen tiefsten Glücks und wirklicher Menschlichkeit, aber eben auch die von entsetzlichem Elend und maßloser Bosheit gibt, wird sich das theologische Denken fragen lassen müssen, ob es einem ästhetisierenden Grundverhältnis entspringt, das keine existentiell verbindliche Auskunft zu geben bereit ist. Der Ästhetizismus, dieser Feind des Menschlichen, der wohl nie aufhören wird zu siegen, kann freilich viele Gesichter haben. Eine existenzvergessene spekulative Vernunfthybris ist nur eines dieser Gesichter. Eine Theologie, die um diese Gefahr weiß, wird sich gleichwohl aus anderen Gründen spekulativ in das Geheimnis Gottes vortasten. Nicht nur deshalb, damit der überlieferte Glaube an den menschgewordenen trinitarischen Gott den Gebildeten unter seinen Verächtern auch weiterhin zu denken gibt. Sondern vor allem deshalb, damit die Menschen guten Willens, die die bange Frage nach der Gegenwart dieses Gottes angesichts einer Geschichte, die durch ein entsetzliches Unheil gezeichnet ist und den Glauben an Gottes gute Schöpfung unerträglich anspannt, zumindest nicht denkerisch an diesem Glauben verzweifeln müssen.

I.

Nochmals: Wer sich darauf beschränkt, von der Güte Gottes zu sprechen, verkürzt die historische Problematik des Glaubens an diesen Gott: In die Geschichte dieses Glaubens ist eine tiefe Spur der Gewalt eingeschrieben. Zwar wird man das Gewaltproblem nicht auf die christliche Gestalt des Monotheismus beschränken dürfen. Aber es bleibt dabei, dass im Namen des Gottes Jesu unzähligen Menschen sprachlos machendes Leid zugefügt wurde. Doch selbst wenn ganz unzweifelhaft eine tiefe Blutbahn die Geschichte des christlichen Monotheismus durchzieht, die historische Erinnerung sich deshalb auch davor hüten sollte, dem christlichen Glauben die Gefahr abzusprechen, in Gewalt umzuschlagen, wird man ihn noch lange nicht in die Versenkung des kulturellen Gedächtnisses verschwinden lassen können. Die die Glaubwürdigkeit des Christentums bis heute schwer belastende historische Hypothek, dass es die Wahrheit dieses Gottes mit allen zur Verfügung stehenden Mitteln nun auch irdische Wirklichkeit werden lassen wollte, erledigt noch nicht die Frage nach der Wahrheit dieses Bekenntnisses. Weder vermag die historische Hypothek dieses Glaubens den religionskritischen Einwand zu verifizieren, dass der Mensch mit unabsehbaren Folgen in der Idee des einen Gottes nur „seine Idee" von sich selbst „vergotte"[2]. Noch vermag die Geschichte des monotheistischen Bekenntnisses darüber zu entscheiden, ob diese Geschichte dem existierenden Gott angemessen ist. Schließlich ist denkbar, dass dem wahren Gott jegliche Tendenz zur Gewalt fremd ist und die angemessene Antwort des diesem Gott entsprechenden Menschen Barmherzigkeit und Gewaltfreiheit ist. Auch vermag die Geschichte des Monotheismus nicht darüber zu entscheiden, *welcher* Gott denn dem Menschen überhaupt angemessen ist. Denn zu fragen ist ja, ob es überhaupt eine Alternative zum freien Gott gibt: zu einem Gott, der aus der Unverfügbarkeit seiner Freiheit heraus sein unbedingtes Ja zum Menschen spricht. Faktisch sind in den möglichen religiösen oder auch nachreligiösen Alternativen menschlichen Selbstverstehens immer normative Kriterien im Spiel, die der Anthropologie entnommen sind. Liegt der Fokus dieser Kriterien auf dem Menschen, liegt er näherhin auf der unbedingten Würde des Menschen, wird der freie Gott zur einzig noch möglichen Idee des Menschen – zur Idee jedenfalls des Menschen, der in der Religion seine größte Hoffnung zum Ausdruck bringt: Dass der Tod nicht das letzte Wort über den Menschen habe, die Zeit nicht alles vergessen lässt.

In Fragen der Religion sind faktisch immer solche anthropologischen Kriterien im Spiel. Auch in der von Jan Assmann forcierten Diskussion um den Preis des Monotheismus[3]. Das Kriterium bei

---

[2] E. Cioran, Lehre vom Zerfall. Übertragen von P. Celan, Stuttgart ^{2}1979 (franz. 1949), 7.

[3] Vgl. J. Assmann, Moses der Ägypter. Entzifferung einer Gedächtnisspur, München – Wien 1998; ders., Die Mosaische Unterscheidung oder der Preis des Monotheismus, München – Wien 2003.

ihm lautet: Eine potenziell zur Gewalt neigende Religion kann keine mögliche Religion für den Menschen sein, schärfer noch: darf dies nicht sein. Ich will Assmann in diesem Punkt ohne Umschweife zustimmen. Zugleich frage ich mich aber, ob nicht gerade deshalb der Monotheismus Israels und damit der Gott Jesu bleibend faszinieren muss – weil dieser Gott nämlich gerade gegen die Gewalt steht, ja schärfer noch: weil dieser Gott nicht nur gegen die Gewalt einsteht, sondern er eine Verheißung, die Verheißung definitiven Glücks für einen jeden Menschen bereithält. Dies setzt allerdings wiederum einen anspruchsvollen Begriff vom Menschen voraus. Zwar argwöhnte Friedrich Nietzsche, dass es der „Monotono-Theismus“[4] und damit der Glaube an den christlichen Krankengott[5] gewesen sei, der das menschliche Leben zum Ersticken gebracht habe, und dass der Blick auf das offene Meer erst dann wieder frei wäre und die Sehnsucht zu neuen Ausfahrten wieder geweckt sei, wenn die Menschheit sich endlich aus den Fängen einer „Totengräber-Mimik“[6] erlöst habe. Vor Augen hatte Nietzsche die Trostlosigkeit eines schwachen Nihilismus, der für die Sehnsucht des Menschen nach Sinn nur noch ein vielsagendes Augenzwinkern übrig hat und sich im geschichtlichen Bewusstsein des Todes Gottes einrichtet. In seiner Diagnose hatte Nietzsche Recht. Gemütlichkeit, die nichts mehr erwartet, kann durchaus mit Glück verwechselt werden. Solches Glück freilich lässt das Leben an sich selbst ersticken, provoziert die Gegenbewegung. Und da es dort, wo zur Erlösung geschritten wird, nie bescheiden zugeht, kann nicht verwundern, dass auch Nietzsches Programm der Selbsterlösung vom alten Gott nur eine wenig bescheidene Lösung zu bieten wusste.[7] Das Christentum ist mit seiner Rede von Erlösung nicht bescheiden, und Nietzsche ist es auch nicht. Den Schatten des toten Gottes, so Nietzsche, wird der Mensch nur los, wenn er endlich jenseits von Gut und Böse zu leben beginnt. Die vielfältigen Formen ästhetisierender Selbstinszenierungen, die gegenwärtig zu beobachten sind, haben hier ihren Ursprung. Nietzsches Abdankung des Monotheismus ist weder kulturell noch politisch unschuldig. Und deshalb kann auch nicht überraschen, dass ausgerechnet die Protagonisten eines neuen Menschen Nietzsche als das fünfte Evangelium[8] und damit als den-

[4] F. Nietzsche, Götzen-Dämmerung, in: Kritische Studienausgabe VI, hg. v. G. Colli u. M. Montinari, München ^{2}1988, 75.
[5] Ebd.
[6] Ebd.
[7] In Anlehnung an S. Neiman, Das Böse denken. Eine andere Geschichte der Philosophie. Übers. von C. Goldmann, Frankfurt am Main 2004, 327, formuliert.
[8] Vgl. P. Sloterdijk, Über die Verbesserung der guten Nachricht. Nietzsches fünftes

jenigen, der zuerst das Projekt der Selbstbefreiung des Menschen zu sich selbst aufgenommen hat, verkünden. Dass diese Form von Selbstbefreiung allerdings auf eine schiere Entfesselung der Kräfte hinausläuft, deren Folgen unübersehbar sind, wird von Menschen, die sich die Sensibilität für die moralischen Sollensansprüche, unter denen die menschliche Freiheit steht, noch bewahrt haben, nicht verschwiegen werden können und dürfen. Dagegen definiert gerade der Gott Israels im Hauptgebot des Dekalogs seine „göttliche Einzigartigkeit in der Antithese von Freiheit und Sklaverei: ‚Ich bin JHWH, der Gott, der [weil] ich Dich herausgeführt habe aus dem Land Ägypten, *aus dem Sklavenhaus.*' Das ist *seine* Wahrheit: Befreiung von allen Formen von Unfreiheit."[9] Ist diese Form von Freiheit identisch mit einer glücklichen Gemütlichkeit? Wohl kaum. Die im Namen dieses Gottes gelebte Freiheit wirkt vielmehr verändernd. Sie bricht mit den Zwängen gemütlichen Glücks, welches zwangsläufig die Augen vor inhumanen Realitäten verschließen muss, wie mit den Mechanismen der Gewalt.

Ich mache auf diese Diskussionskontexte des Monotheismus aufmerksam, um deutlich zu machen, dass das angesprochene Thema keineswegs ethisch neutral ist, sondern eingreift in aktuelle humane und gesellschaftlich-kulturelle Selbstverständigungsprozesse. Über den möglichen Preis des Monotheismus zu diskutieren, heißt immer auch Antwort auf die Frage des Menschen zu geben, die der Mensch unausweichlich sich selbst ist. Dabei ist gegen die Protagonisten eines neuen Bildes des Menschen von sich selbst, welches keine Bindung mehr kennt, zu fragen, ob denn der Mensch wirklich so maßstabslos ist, wie hier behauptet wird, oder ob er nicht gerade in seinem Wesen als Freiheit seinen Maßstab und zugleich die Grenze seiner Realisation findet. Wenn aber die menschliche Freiheit in sich selbst ihren Maßstab findet, dann gewinnt die in der Frage nach dem Preis des Monotheismus angesprochene religionsphilosophische Frage nach dem dem Menschen möglichen Gott nochmals eine ganz andere Sinnrichtung. Denn ist erst einmal die menschliche Freiheit in ihrer Aktualität als unbedingt sein*sollende* und damit die unbedingt zu achtende Würde einer jeden auch nur potenziellen Freiheit bejaht, dann ist, trotz der religionstheologischen Brisanz dieser These, nur noch ein sich

---

Evangelium. Rede zum 100. Todestag von Friedrich Nietzsche, gehalten in Weimar am 25. August 2000, Frankfurt am Main 2001, 32: „Nietzsches Evangelismus bedeutet somit: sich im Gegensatz zu wissen zu den Verkehrungsmächten von Jahrtausenden, in Opposition zu allem, was bis dahin Evangelium hieß […]."

[9] E. Zenger, Was ist der Preis des Monotheismus?, in: J. Assmann, Mosaische Unterscheidung (wie Anm. 3) 209–220, 219.

durch Freiheit auszeichnender Gott für den Menschen akzeptabel. Zumal angesichts der Schrecken der Geschichte und im Eingedenken der Gedemütigten und Erschlagenen der Geschichte, aber auch im Wissen darum, dass das Gelungene menschlichen Daseins von der alles verzehrenden Gefräßigkeit der Zeit dem Vergessen übergeben sein wird, ist dies zu betonen. Ohne den Glauben an den rettenden und damit freien Gott zu riskieren, bleibt die sich selbst bestimmende Vernunft unter ihren Möglichkeiten – oder sie verfängt sich in den Aporien der Anthropodizee. „Wer nicht an Gott glaubt“, heißt es bei Elias Canetti, „nimmt alle Schuld der Welt auf sich.“[10] Kann dies aber der Mensch wollen, da er endlich und deshalb keines über den Tod hinaus rettenden und definitiv erlösenden Wortes fähig ist?

Wenn ich dies mit Schärfe betone, so kündige ich damit nicht die Solidarität mit den religiös unmusikalisch Gewordenen auf. Die beängstigende Möglichkeit, so George Steiner, dass „es in der Schöpfung eine Ungeheuerlichkeit der Irrelevanz, was das menschliche Leben angeht“[11], geben könnte, wird nur übersehen, wer Hiobs Not und Verzweiflung nie verspürt hat. Andererseits hat bereits Pascal gewusst, dass die Lebenszeit des Menschen angesichts der scheinbaren Unermesslichkeit der Welt eine zu vernachlässigende Größe darstellt. Und hat gerade deshalb, angesichts der der menschlichen Vernunft sich nun abzeichnenden Möglichkeit der Absurdität menschlichen Daseins die Wette auf den Gott Abrahams, Isaaks und Jacobs und damit auf den einer der Geschichte fähigen und damit durch Freiheit sich auszeichnenden Gott für riskierbar gehalten.[12] Dass es auch dann, wenn dieser Gott nicht existierte, immer noch gälte, mit letzter unbedingter ethischer Ernsthaftigkeit zu leben, eben weil der Mensch sich so selbst entspricht, muss nicht geleugnet werden. So fremdartig das Glück des Sisyphos auch denen anmuten mag, die sich bereits augenzwinkernd in der unbedingten Ablehnung alles Unbedingten[13] eingerichtet haben mögen –, es gibt dieses Glück. Allerdings halte ich es gerade deshalb, weil der Mensch das Unbedingte nur im Be-

[10] E. Canetti, Aufzeichnungen 1942–1972 (BS 580), Frankfurt am Main 1978, 56.
[11] G. Steiner, Grammatik der Schöpfung. Aus dem Englischen von M. Pfeiffer, München – Wien 2001, 45.
[12] Vgl. B. Pascal, Über die Religion (wie Anm. 1) 43 (= Fragm. 72). Vgl. die Schilderung dieser Verlorenheitserfahrung unter zeittheoretischen Perspektiven ebd., 114 (= Fragm. 205). Vgl. auch H. Blumenberg, Lebenszeit und Weltzeit, Frankfurt am Main 2001.
[13] Vgl. H. Verweyen, Theologie im Zeichen der schwachen Vernunft, Regensburg 2000.

wusstsein dessen intendieren kann, für seine Verwirklichung letztendlich selbst nicht aufkommen zu können, mit Kant. Gott ist der menschlichen Vernunft nicht nur fakultativ, sondern ihr notwendiges Postulat.[14] Notwendiges Postulat aber ist ihr eben der *freie* Gott, weil nur ein durch Freiheit sich auszeichnender Gott das definitive Sein der Freiheit gewähren und ihr Sinn ermöglichen kann. Kein Sinnaufweis ersetzt freilich den fundamentaltheologisch geforderten Aufweis der Denkbarkeit eines solchen Gottes. Wenn ich deshalb im Folgenden trinitätstheologische Implikationen des Glaubens an den einen und einzigen Gott zu erkunden versuche, werde ich fundamentaltheologische Fragen zur Denkbarkeit des freien Gottes mitreflektieren. Wie sollte dies auch anders sein. Ist doch eine jede Glaubenshermeneutik rechenschaftspflichtig und deshalb notwendig auch fundamentaltheologisch. Eine nicht spekulativem Übermut erlegene, sondern dem Glauben an die Freiheit eines Christenmenschen verpflichtete Vernunft wird sich schon deshalb um Gottes und des Menschen willen denkend in das Geheimnis dieses Gottes hineintasten, damit der überlieferte Glaube human vertretbar bleibt. Ich will das bisher Vorgetragene deshalb in einem weiteren Schritt vertiefen, vorab aber bereits eines herausstreichen: wenn das christliche Bekenntnis zu dem einen und einzigen Gott trinitarisch ist, so kann dieses Bekenntnis nur in Kategorien der Freiheit explizierbar sein. In Säkularisaten christlichen Glaubens ist dies durchaus noch gewusst.

II.

Der zwar seit langem dem Phänomen von Religion und dann zumal der christlich-jüdischen Tradition gegenüber aufgeschlossene, wenngleich freundlich distanziert bleibende Jürgen Habermas hat vor einiger Zeit mit in Hinsicht auf so manche ökumenische Einig-

[14] So entschieden auf der Basis des Primats praktischer Vernunft I. Kant, Kritik der praktischen Vernunft (WW VII, hg. v. W. Weischedel), Frankfurt am Main 1974, A 226: „Nun war es Pflicht für uns, das höchste Gut zu befördern, mithin nicht allein Befugnis, sondern auch mit der Pflicht als Bedürfnis verbundene Notwendigkeit, die Möglichkeit dieses Guts vorauszusetzen, welches, da es nur unter der Bedingung des Daseins Gottes stattfindet, die Vorraussetzung desselben mit der Pflicht unzertrennlich verbindet, d.i. es ist moralisch notwendig, das Dasein Gottes zu postulieren." Unter dem Eindruck der *Dialektik der Aufklärung* und vor dem Hintergrund des wissenschaftstheoretischen Diskurses des 20. Jahrhunderts ausgewiesen findet sich diese Argumentationsstruktur wegweisend wieder bei H. Peukert, Wissenschaftstheorie – Handlungstheorie – Fundamentale Theologie. Analysen zu Ansatz und Status theologischer Theoriebildung (stw 231), Frankfurt am Main 1978.

keit erfrischender Klarheit notiert, dass Gott „nur so lange ein ‚Gott freier Menschen'" bleibe, wie „die absolute Differenz zwischen Schöpfer und Geschöpf" nicht eingeebnet werde. Denn nur so lange bedeute „die göttliche Formgebung keine Determinierung, die der Selbstbestimmung des Menschen in den Arm"[15] falle. Deutlicher kann man die seit der Patristik, vor allem durch den heilsgeschichtlich ansetzenden Irenäus von Lyon in der Formel *creatio ex nihilo* auf den Punkt gebrachte absolute Differenz zwischen Gott und Schöpfung nicht ausdrücken. Gemäß diesem Glauben ruft Gott gegensatzfrei, auf nichts als auf sich selbst bezogen die gesamte Weltwirklichkeit ins Dasein. Gerade weil aber in diesem Glauben das Verhältnis zwischen Gott und Mensch unbeschadet dessen, dass dieses in seiner Möglichkeit ausschließlich in Gottes Willen gründet, das Verhältnis einer *absoluten* Differenz ist, ist es ihm möglich, Israels Glauben an den einer Bundesgeschichte fähigen und willigen Gott zu integrieren. Ausschließlich ein Gott aber, der nicht nur ursprünglich, sondern auch bleibend frei ist gegenüber einer Schöpfung, erlaubt es, mit einer Freiheit des Menschen ihm gegenüber zu rechnen. Nur wenn Gott vollkommen frei ist, kann das Verhältnis des Menschen gegenüber Gott als ein freies bestimmt werden. Worum es deshalb einem sich vom Bundesgedanken in Anspruch nehmenden theologischen Denken gehen muss, ist, das präzise Verhältnis von göttlicher und menschlicher Freiheit zu erkunden – und zwar ein Verhältnis, welches unbeschadet der formal unbedingten und insofern auch nur durch sie selbst zu erklärenden Aktualität menschlicher Freiheit seiner Möglichkeit nach einzig und allein in der Freiheit Gottes gründet. Wie ein Wesen zum freien Gebrauch seiner Kräfte erschaffen werden kann, ist der menschlichen Vernunft schlechterdings unmöglich einzusehen. Kant hat dies mit Nachdruck herausgestellt und auch den Grund hierfür benannt: weil die theoretische Vernunft vom Gebrauch der Kausalitätskategorie nicht absehen kann, kann sie keinen unbedingten und freien Anfang denken.[16] Philosophisch lässt sich aber immerhin schließen: Nur unter der Voraussetzung, dass auch Gott selbst sich durch Freiheit auszeichnet, eignet ihm die Möglichkeit zur Differenz und zur Alterität. Denn die

[15] J. Habermas, Glauben und Wissen. Friedenspreisrede des Deutschen Buchhandels 2001. Laudatio: Jan Philipp Reemtsma, Frankfurt am Main 2001, 30.

[16] Vgl. I. Kant, Die Religion innerhalb der Grenzen der bloßen Vernunft (WW 8), Frankfurt am Main 1977, B 216. Nicht von ungefähr rekurriert Kant sowohl in der *Kritik der praktischen Vernunft* als auch in der Religionsschrift immer wieder auf die *Dritte Antinomie* der *Kritik der reinen Vernunft*, bleibt doch aufgrund dieser Antinomie Freiheit auch theoretisch denkbar.

Anerkennung von Differenz oder auch Alterität setzt Freiheit voraus. Freilich bleibt die Frage, ob ein so gedachter Gott existiert. Kommen wir noch einmal kurz auf Jürgen Habermas zurück. Seine Übersetzungstätigkeit von religiösen in säkulare Termini entspringt keinem Zufall. Zum einen schreibt sich diese in die bereits angedeutete Irritation des Glaubens an den barmherzigen Gott ein, die ihren Nährboden in Fragen der Theodizee hat und tief in der abendländischen Geschichte verwurzelt ist. Zum anderen aber weiß Habermas um Kants in der *Transzendentalen Dialektik* vollzogene Einsicht, dass zwar auch die Nichtexistenz Gottes nicht zu beweisen ist, aber eben auch seine Existenz nicht. Da nun aber „das zumindest für den Fall der freien Vernunft selbst gesicherte Kontingenzbewusstsein als Indiz für die *Freiheit* des möglichen Gottes" gewertet werden kann, so dass „nicht nur die menschliche Freiheit als zu ihrem ursprünglichen Selbstvollzug *ermächtigte* zu verstehen, sondern auch – zumal ein in sich Notwendiges in keinem Erkennbaren antreffbar ist – die *Welt* als Schöpfung zu glauben"[17] ist, ist die bereits angesprochene Wette auf einen Gott, der sich dem Glauben an eine geschichtliche Selbstmanifestation und -definition verdankt, zu riskieren. Sie ist alles andere als vernunftwidrig. Ganz im Gegenteil. Sie ist theoretisch möglich und human gefordert. Dabei geht die philosophisch erreichbare „Minimalbestimmung" der Freiheit des möglichen Gottes „als noch bestimmungsfähige und -bedürftige Grundbestimmung in alle theologischen Aussagen"[18] ein – Aussagen, die nur noch offenbarungstheologisch gewonnen werden können und dann, wenn sie *Wesens*aussagen sein sollen, einen Akt der *Selbst*definition Gottes voraussetzen. Das Christentum behauptet nicht weniger, als dass in der Geschichte des Menschen Jesus Gott selbst sich geoffenbart und so sein Wesen zugänglich gemacht hat.

Dass für das Christentum diese Selbstdefinition Gottes in der Lebensgeschichte Jesu in einmaliger Weise stattgefunden hat, ist als das dem Glauben vorgegebene Datum in seiner Positivität auch nochmals vor dem Forum der Vernunft auszuweisen. Dies kann ich hier nicht leisten. Für eine Hermeneutik des offenbar gewordenen Gottes ist zunächst entscheidend: Soll das wahre Menschsein Jesu nicht geleugnet werden, dann ist der Gott, der sich gemäß christlichem Glauben im Fleisch des Juden Jesus defi-

---

[17] Th. Pröpper, Zur theoretischen Verantwortung der Rede von Gott. Kritische Adaption neuzeitlicher Denkvorgaben, in: Ders., Evangelium und freie Vernunft, Konturen einer theologischen Hermeneutik, Freiburg u. a. 2001, 72–92, 90.
[18] Ebd.

niert hat, kein anderer Gott als der Gott Israels, weil Jesu Selbstanspruch ja gerade darin lag, vollmächtiger Exeget dieses Gottes zu sein. Die Glaubensgeschichte Israels geht damit gemäß dem paulinischen Bild vom Ölbaum (Röm 11,18: „nicht du trägst die Wurzel, sondern die Wurzel trägt dich") notwendig in die christliche ein. Es ist damit der einer Geschichte mit den Menschen willige Gott, der in der Perspektive christlichen Glaubens die philosophisch zu erreichende Minimalbestimmung Gottes in einer ersten grundlegenden Weise erfüllt. Es ist der Gott, der im Bilderverbot auf der Unverfügbarkeit seiner Freiheit besteht, ein Gott, der ohne sein faktisches Sich-beziehen-Wollen auf eine sich seiner schöpferischen Tätigkeit verdankenden kontingenten Geschichte nicht mehr zu denken ist. Nicht nur also, weil die menschliche Freiheit in ihrer Aktualität durch nichts anderes als durch sie selbst verstehbar gemacht werden kann, sondern auch weil der im Glauben bekannte offenbar gewordene Gott sich durch Freiheit auszeichnet, muss die schöpfungstheologische Intention eines Differenz-Verhältnisses theologisch gewahrt bleiben. Was dieses pneumatologisch und gnadentheologisch heißt, ist noch lange nicht hinreichend bedacht.[19] Auf einige trinitätstheologische Implikationen werde ich noch verweisen, will aber bereits hier eines vermerken: Nicht nur ein spinozistisch-hegelianisch inspirierter Monismus, der die Welt als Ermöglichungsbedingung Gottes begreift, sondern auch ein gnadentheologischer Monismus, der entweder in spätaugustinischer Tradition die Freiheit des Menschen aufgrund dessen Verfallenheit an die Sünde oder aufgrund eines letztlich vom Gedanken der Konkurrenz bestimmten Natur-Gnade-Verhältnisses zugunsten einer Alleinwirksamkeit Gottes bestreitet, sollen im Namen des bundeswilligen Gottes, der im christlichen Bekenntnis als der trinitarische bekannt wird, ausgeschlossen bleiben. Es gilt vielmehr die molinistische Intuition gegen ein das Wesen von Freiheit unterbestimmendes Denken zur Geltung zu bringen – was dann eine transzendentale trinitätstheologische Figur verlangt, die an der Differenz von ökonomischer und immanenter Trinität festhält.

[19] Vgl. aus mehr historischer Perspektive K. Ruhstorfer, Sola gratia. Der Streit um die Gnade im 16. Jahrhundert, seine Auswirkungen für die Neuzeit und seine Virulenz in der Gegenwart, in: ZKTh 126 (2004) 199–210. Systematisch vor allem K.-H. Menke, Das Kriterium des Christseins. Grundriss der Gnadenlehre, Regensburg 2003.

III.

Damit gelangen meine Überlegungen endgültig zum Spezifikum des christlichen Glaubens an Gott. Nicht soll es und kann es mir hier ja um den Monotheismus im Allgemeinen gehen, sondern um seine christliche Spielart. Ich bin also an dem Punkt angelangt, der immer wieder einmal zu erregten Debatten führt. Wenn ich recht sehe, dann findet in allen trinitätstheologischen Entwürfen der Gegenwart ein Satz ungeteilte Akzeptanz. Es ist das berühmte Axiom Karl Rahners von der Identität von ökonomischer und immanenter Trinität.[20] Ganz offensichtlich herrscht zunächst einmal Konsens in dem Punkt, dass sich die Trinitätstheologie ihre Vorgaben von der Heilsökonomie zu geben hat. Christliche Theologie ist eine *nach*denkende Wissenschaft, die in einem transzendentalen Reflexionsverfahren die Bedingungen der Möglichkeit des Glaubens daran zu denken versucht, dass der zuerst von Israel bekannte frei erwählende und barmherzige Gott sich im Fleisch des Menschen Jesus bis ins Äußerste hinein als der definiert hat, der seinem Schöpfungsentschluss treu bleibt und alle Menschen für sich gewinnen will. Dieser Gott will gemäß christlichem Bekenntnis deshalb trinitarisch verstanden werden, weil nur unter dieser Voraussetzung der Glaube daran, dass Gott *selbst* sich in der Lebensgeschichte Jesu in seiner Entschiedenheit für uns bestimmt hat und sich als dieser stets neu selbst vergegenwärtigt, durchzuhalten ist. Der angesprochene Streit geht da los, wo es um das konkrete Verstehen dieses trinitarischen Daseins Gottes geht.

Nun bin ich der Ansicht, dass eine konsequent offenbarungstheologisch ansetzende Trinitätstheologie sich ihre materialen Vorgaben von dem Ereignis vorzugeben lassen hat, das als das Ereignis der Selbstoffenbarung Gottes geglaubt wird. In jüngerer Vergangenheit hat Gisbert Greshake völlig zu Recht angemerkt, dass die Verfechter des Rahnerschen Ansatzes in der Trinitätstheologie sich die Frage gefallen lassen müssten, warum „nicht wirklich ernst mit dem von ihnen vertretenen Prinzip“ gemacht werde, „wonach Gott uns so in der Heilsgeschichte begegnet, wie

---

[20] Vgl. K. Rahner, Der dreifaltige Gott als transzendenter Urgrund der Heilsgeschichte, in: J. Feiner – M. Löhrer (Hg.), Mysterium Salutis. Grundriss heilsgeschichtlicher Dogmatik. Bd. 2, Einsiedeln u. a. 1967, 317–397, 327f. Zur konstruktiven Aufnahme dieses Axioms in der jüngeren Vergangenheit vgl. v.a. J. Wohlmuth, Trinität – Versuch eines Ansatzes, in: M. Striet (Hg.), Monotheismus Israels und christlicher Trinitätsglaube (QD 210), Freiburg u. a. 2004, 33–69.

er in Wirklichkeit ist".[21] Greshake fordert also nicht weniger ein, als den Glauben an Gottes Menschwerdung zum Prinzip dogmatischen Verstehens und damit auch der Trinitätslehre zu machen. Nicht zufällig zitiert Greshake an dieser Stelle Walter Kasper mit seinem wiederum berühmten gegen Rahner gerichteten Satz: „Wenn die göttlichen Hypostasen in Gott keine Subjekte sind, können sie auch in der Heilsgeschichte nicht als Subjekte sprechend und handelnd auftreten."[22] Ausgangspunkt in dieser Formulierung ist die biblisch bezeugte Selbstunterscheidung des Sohnes vom Vater, die jedenfalls für diese Äußerung Kaspers maßgeblich ist. Daraus folgt: Wenn wirklich Gott *selbst* in der Geschichte Jesu sich geoffenbart hat, dann darf auch mit einer ewigen Selbstunterscheidung Jesu vom Vater gerechnet werden, weil, so Wolfhart Pannenberg, von der „Offenbarung im Sohne her … sich … das Wesen dieses sonst unbegreiflichen Gottes"[23] erschließt – einer *ewigen* Selbstunterscheidung freilich, die in nachchalkedonischer Tradition, wie Georg Essen unter Aufnahme freiheitstheoretischer Kategorien nun ausgearbeitet hat, eine strenge Identität der menschlichen Freiheit Jesu mit der Freiheit des ewigen Logos[24] zu seiner Voraussetzung hat. Wenn aber in der Lebensgeschichte Jesu

---

[21] G. Greshake, Streit um die Trinität. Ein Diskussionsbeitrag, in: HerKorr 56 (2002) 534–537, 535.

[22] Zit. nach ebd.

[23] W. Pannenberg, Systematische Theologie. Bd. 1, Göttingen 1988, 367.

[24] Vgl. G. Essen, Die Freiheit Jesu. Der neuchalkedonische Enhypostasiebegriff im Horizont neuzeitlicher Subjekt- und Personenphilosophie, Regensburg 2001, 291, der die These von einer strengen Identität der Freiheit Jesu mit der Freiheit des göttlichen Logos ausgearbeitet hat – eine These, der ich mich ausdrücklich anschließe: „Weil er [Jesus, M.S.] in diesem Anspruch", vollmächtig „sein eigenes Dasein als den verwirklichenden Ausdruck der liebenden Zuwendung Gottes für uns zu behaupten", „von Gott selbst bestätigt wurde, darf die Freiheit Jesu als Realsymbol der Liebe Gottes bezeichnet werden. Ihre innere Begründung erfährt diese Einsicht darin, dass die Freiheit Jesu als das Realsymbol der Liebe Gottes, genauer: der Selbstgegenwart Gottes in der Unbedingtheit seiner Liebe ist. Vermittelnde Selbstgegenwart dieser Liebe für uns in dem qualifizierten Sinne, als reale Freiheit die ihrer Unbedingtheit entsprechende Gestalt zu sein, aber kann die Freiheit Jesu nur sein, wenn sie sich bestimmt wusste durch die unvermittelte Unmittelbarkeit ihrer Beziehung zum Vater und deshalb seiner Liebe zu ihr auch ursprünglich gewiß war. Welche Freiheit aber […] kann in ihrer Gehaltlichkeit auf den für uns doch schlechthin entzogenen Grund aller Wirklichkeit bereits so bezogen sein, dass sich dieser Grund nicht bloß als ihr schöpferischer und deshalb göttlicher Ursprung bekundet, sondern er selbst sich dieser Freiheit zuwendet in der unvermittelten Fülle jener Gehaltlichkeit, die wir die Liebe Gottes nennen? Weil die göttliche Freiheit des Vaters selbst dieser Gehalt ist, für den sich die Freiheit Jesu in einem unableitbaren Entschluß so öffnet, dass sie diesen für ihn gegebenen, jedoch nicht symbolisch vermittelten Gehalt affirmiert und darin einstimmt in die für ihn unbedingt erschlossene Liebe des Vaters, kann die Freiheit des Menschen Jesus keine andere sein als die Freiheit des göttlichen Sohnes selbst."

sich das Wesen Gottes erschließt, dann, so Wolfhart Pannenberg, sind gerade „nicht die trinitarischen Unterschiede" in Gott verborgen. Ganz im Gegenteil kennzeichnet diese Unterschiedenheit „gerade die im Offenbarungsgeschehen sich erschließende göttliche Wirklichkeit." Was vielmehr verborgen ist, das ist „die Einheit des göttlichen Wesens in dieser seiner Unterschiedenheit."[25]

Dass angesichts der sich abzeichnenden Tendenz, das trinitarische Dasein Gottes als Kommerzium dreier gleichursprünglicher Freiheiten begreifen zu wollen, sich der Verdacht des Tritheismus aufdrängt, ist verständlich. Allerdings will ich, bevor ich diesem Vorwurf konstruktiv zu entgegnen versuche, auf zwei Punkte aufmerksam machen. *Erstens* fragt sich, wie ein Verstehensversuch des trinitarischen Daseins Gottes, der ohne die Annahme einer freiheitstheoretisch reflektierten personalen Differenz in Gott auszukommen sucht, noch den Gedanken einer strengen *Selbst*offenbarung erreichen will. Wenn nämlich die Freiheit des Menschen Jesus nicht die immer schon ursprünglich von der Liebe des Vaters zu ihm erfüllte und diese erwidernde Freiheit des ewigen Sohnes *ist*, also ohne dass diese in einer in der Tat singulären Weise göttlich wäre, geschähe doch am Ende an der menschlichen Freiheit nur etwas. Sie ließe sich dann zwar noch als Medium, nicht aber mehr als Subjekt eines Selbstoffenbarungsgeschehens begreifen. Deswegen plädiere ich mit Nachdruck für die Identitätsthese, so dass die christologische These erreichbar wird: In der sich formal von einer jeden anderen menschlichen Freiheit durch nichts unterscheidenden menschlichen Freiheit Jesu spricht sich gleichwohl Gott selbst aus und uns zu, weil es der göttliche Sohn ist, der selbst vollständig erfüllt von der Liebe des Vaters zu ihm, in der Niedrigkeit einer menschlichen Freiheit dem Menschen zuspricht, was ihm nur auf menschliche Weise gesagt werden konnte: dass dieser nicht nur von Gott ursprünglich gewollt, sondern deshalb, weil Gott trotz der sich immer neu wiederholenden faktischen Verweigerung des Menschen treu ist, dazu eingeladen ist, sich von der Liebe dieses Gottes bestimmen zu lassen und in der Aktualität der eigenen Freiheit aus ihr heraus zu leben. Dass Jesus dabei in seiner wahrhaft menschlichen Freiheit und damit wie eine jede andere menschliche Freiheit auch versucht ist von der die weltlichen Möglichkeiten vergötzenden Angst, spricht nicht gegen die ontologische Differenz zwischen ihm und uns. Vielmehr wird auf univoker Basis diese Differenz zwischen seinem Menschsein und unserem Menschsein erst in *bestimmter* Weise aussagbar. Und zugleich

---

[25] W. Pannenberg, Systematische Theologie. Bd. 1, Göttingen 1988, 368f.

ist das Grunddatum des Christentums eingeholt, dass *Gott* wahrhaft Mensch geworden ist: wahrhaft *Mensch* in allem uns gleich außer der Sünde.

Damit ist bereits ein weiterer Gegeneinwand benannt. Denn *zweitens* müsste ein den Tritheismusvorwurf erhebender Einwand sich die Frage gefallen lassen, ob sich in der Lebensgeschichte Jesu nicht in einer am Ende doch ununterscheidbaren Weise nur ereignet, was einem jeden Menschen zugesagt ist. Denn wie ohne das Differenzmoment einer singulären ursprünglichen Bestimmtheit des freiheitlichen Bewustsseins Jesu die bleibende Differenz zwischen ihm und uns ausgesagt werden soll, ist mir nicht klar. Entweder wäre diese nachträglich theonom konstituiert, was aber im Hinblick auf das wahre Gottsein Jesu zumindest adoptianistische Mutmaßungen provozieren und den Gedanken einer strengen *Selbst*offenbarung Gottes unterlaufen würde. Oder aber diese Differenz würde entfallen, was wiederum den christlichen Glauben in eine prekäre Nähe zu Hegel bringen würde. Ich plädiere deshalb für die Aufnahme der freiheitstheoretisch vermittelten christologischen Enhypostasiethese, bin bereit, daraus die trinitätstheologischen Konsequenzen zu ziehen und komme zu meiner eigentlich spekulativen trinitätstheologischen These.

IV.

Angesichts der Konjunktur negativer Theologie in der Gegenwart wird der Versuch, bestimmte Begriffe univok auf Gott und Mensch Anwendung finden lassen zu wollen, natürlich irritieren. Freilich meine ich, dass der Glaube an den menschgewordenen Gott, der bereits laut Paulus Torheit in den Ohren der Heiden ist (1 Kor 1,23), dazu auffordert, dies zu wagen. Denn wenn die primäre und alles weitere grundlegende Antwort des Christentums auf die Frage *Cur deus homo?* lautet: damit er dem Menschen Freund sein könne[26], dann will dieser Gott nicht nur verstanden werden, sondern kann dieses auch. George Steiner hat kürzlich Edmund Husserl mit einem auf Martin Heidegger gemünzten Satz zitiert, der eine Motive der johanneischen Schule aufnehmende Theologie nur erfreuen kann: „Unverständlichkeit schließt

[26] Vgl. P. Hünermann, Jesus Christus – Gottes Wort in der Zeit. Eine systematische Christologie, Münster 1994, 369ff.; Th. Pröpper, Gott hat auf uns gehofft … Theologische Folgen des Freiheitsparadigmas, in: ders, Evangelium und freie Vernunft (wie Anm. 17) 300–321, bes. 320f.

Freundschaft aus."[27] In der Tat: ohne Verstehbarkeit, die zugleich Verlässlichkeit ist, gibt es keine Freundschaft. Was freilich zwischen Menschen gilt, das gilt auch für das Verhältnis zwischen Gott und Mensch. Dass Gott verstanden werden kann, kann nun deshalb vorausgesetzt werden, weil er aus der Unverfügbarkeit seiner Freiheit heraus sich entäußert hat – und zwar deshalb, weil er verstanden werden will, um so Gott für den Menschen, der Heilige inmitten seines Volkes (vgl. Hos 11,9) sein zu können. Von einer Verstehbarkeit Gottes und damit der Möglichkeit einer Freundschaft mit Gott auszugehen, setzt aber voraus, nicht mehr in äquivoker Weise über Gott und Mensch reden zu dürfen. Die Rede von der Andersheit Gottes droht das Proprium auch des Glaubens Jesu, seines Abba-Glaubens, zu verstellen. Ohne auf der anderen Seite die Differenz zwischen der göttlichen und der menschlichen Freiheit negieren zu dürfen, sind deshalb bestimmte Momente des Freiheitsbebriffs beiden Freiheiten zu prädizieren. Setzen wir die Bestimmung des Freiheitsbegriffs bei der endlichen menschlichen Freiheit an. Ich erinnere dabei nur in Kürze wesentliche Momente dieses Begriffs innerhalb eines transzendentallogischen Reflexionsverfahrens.[28]

Transzendentallogisch betrachtet sind dies die Momente des ursprünglichen Sich-Öffnens der Freiheit durch sich selbst, ihrer Selbstbestimmbarkeit sowie des unbegrenzten Sichöffnenkönnens und des Sichbeziehenkönnens auf Gehalte, die von ihr unterschieden sind. Im Hinblick auf die endliche menschliche Freiheit folgt

---

[27] Zit. nach G. Steiner, Der Meister und seine Schüler. Aus dem Engl. v. M. Pfeiffer, München – Wien 2004, 100.

[28] Vgl. insgesamt H. Krings, System und Freiheit. Gesammelte Aufsätze (Praktische Philosophie 12), Freiburg – München 1980; H. M. Baumgartner (Hg.), Prinzip Freiheit. Eine Auseinandersetzung um Chancen und Grenzen transzendentalphilosophischen Denkens (Praktische Philosophie 10), Freiburg 1979; Th. Pröpper, Erlösungsglaube und Freiheitsgeschichte, Eine Skizze zur Soteriologie, München ^{3}1991, 182–194; ders., Evangelium und freie Vernunft (wie Anm. 17). Ich möchte nochmals entschieden vermerken, dass das Insistieren auf dem Freiheitsprinzip nicht verhindert, die vielfältigen Bedingtheiten und Eingrenzungen menschlicher Freiheit anzuerkennen. Ganz im Gegenteil. In transzendentalen Reflexionsverfahren geht es ausschließlich darum, die Wirklichkeit menschlicher Freiheit gegen ihre Skeptiker oder gar Verächter auszuweisen – und dies nicht zuletzt deshalb, um so zum Widerstand gegen alle Gefährdungen des Menschen zu ermutigen. Ohne das Bewusstsein von der Würde der Freiheit wird der Mensch zur verzweckbaren Masse. Theologisch kommt hinzu, dass ohne Freiheitsprinzip kein hermeneutisches Prinzip mehr zur Verfügung steht, das den bundeswilligen Gott erschließen kann. Und auch eine biblische negative Theologie, die Gott eben nicht aus der Verantwortung für das Leiden des Menschen entlässt, sondern ihn befragt, die auch noch auf den Grenzen des Verstummens lebt, da also, wo die Not lautlos zu werden droht, setzt doch voraus, dass es der freie Mensch ist, der sich gegen die abgründige Negativität des Daseins empört.

daraus, dass sie sich zwar, wenn sie auf die Bedingungen der Möglichkeit ihres Aufkommens aufmerkt, als radikal kontingent verstehen lernt, sich aber gleichwohl als diese ursprüngliche Bestimmbarkeit durch sich selbst begreift. Dieser Prozess des Sichbestimmens durch sich selbst geschieht, nochmals transzendentallogisch betrachtet, indem die Freiheit sich in bestimmter Weise auf Gehaltlichkeit bezieht und so eine identifizierbare personale Gestalt gewinnt. Solcherweise mit einer formalen Unbedingtheit menschlicher Freiheit zu rechnen und diesen Freiheitsbegriff konstitutiv für den menschlichen Personbegriff werden zu lassen, unterscheidet diesen Ansatz von allen Ansätzen, welche das personale Dasein des Menschen von seiner Relationalität her oder gar alteritätstheoretisch explizieren. Eingedenk der freiheitstheoretischen Aufnahme der neuchalkedonischen Identitätsthese und nach den trinitätstheologischen Konsequenzen dieses Personbegriffs fragend, soll die These gewagt werden, ob nicht in Gott mit drei Freiheiten und damit auch mit drei Bewusstseinen zu rechnen ist, so dass nun, radikaler noch als bei Wolfhart Pannenberg und bei Gisbert Greshake, die Frage der Einheit Gottes umso dringlicher wird. Setzt man die Reflexion dazu nochmals bei der mit der Freiheit des göttlichen Logos identifizierten Freiheit des irdischen Jesus an, dann war es, retrospektiv geschlossen, die Liebe des Vaters, die in der Aktualität seiner eigenen Freiheit und deshalb ursprünglich frei für den Sohn eröffnet die Freiheit Jesu bestimmt hat, und zwar so bestimmt hat, das sie als frei eröffnete frei erwidert wurde. Jesu Verkündigung des Reiches Gottes, das symbolische Wahrwerden der Liebe des Vaters zu seiner Schöpfung in seinem vollmächtigen Handeln, hat folglich seinen ermöglichenden Grund in der Liebe des Vaters zu ihm – und geschieht doch gleichwohl frei. Und nur so ist ja auch das Angebot des Reiches Gottes *freies* Angebot an den Menschen. So wie Jesus sich vorbehaltlos auf den Gott einlässt, den er als *abba* anspricht, so kann auch der in der Vollmacht Jesu und damit durch Gott selbst eingeladene Mensch sich in der ursprünglichen und damit formalen Unbedingtheit der Aktualität seiner Freiheit einlassen auf diesen Gott, der ihm als Freiheit begegnet. Und so wie Gott *selbst*, die Präexistenz des Logos sachlogisch vorausgesetzt, in der Lebensgeschichte Jesu sich als der vorbehaltlos Liebende für uns bestimmt hat, als der, der auch künftig – seine in seiner Selbstidentität als vollkommene Liebe gründende Treue vorausgesetzt – ausschließlich mit den Mitteln der Liebe um den Menschen wirbt, so ist auch seine Selbstvergegenwärtigung zu allen Zeiten als freie und um die Freiheit des Menschen werbende Selbstvergegenwärtigung zu verstehen. Mit der trinitätstheologischen Konsequenz, die sich meines Erachtens im Einklang mit dem biblischen Zeugnis wissen darf, dass Jesus einen „andern Tröster" ankündigt, der vom Vater kommt (Joh 15,26): Auch der Geist ist persontheoretisch von Vater und Sohn zu unterscheiden und in Kategorien der Freiheit zu begreifen, da nur so Gott ein Gott freier Menschen ist. Das Eingegossensein des Geistes in unsere Herzen, von dem Paulus so eindringlich in Röm 5,5 spricht, lässt sich dann als das freie Werben des Geistes um uns verstehen, sich mit der Liebe des Vaters beschenken zu lassen, die Jesus, selbst vollständig von ihr erfüllt und nur deshalb ihm möglich, für uns hat konkret erfahrbar werden lassen. ‚Liebe gibt es eben nur konkret', weiß der Theatermacher George Tabori. Freilich weiß er auch, wie angefragt dieses kleine Wort angesichts der Gräuel der Geschichte ist.[29] Ich weise deshalb auf die Gefahr des Wortes Liebe hin, weil es nur dann ein menschliches Wort bleibt, wenn es sich durchhalten und bewähren lässt angesichts einer Geschichte, in der sich Unvorstellbares, durch menschliche Gewalt Verursachtes zugetragen hat und – bei einer realistischen Sicht auf den Menschen – wohl auch künftig zutragen wird. Wo aber ist Gott hier? Warum greift er nicht ein, wenn er ein Handelnder ist? Kann noch von Gott als Liebe geredet werden, wenn er immer wieder vermisst wird? Wenn kein Gott der Bitte zu retten, nachkommt? Wenn die Klage antwortlos zu bleiben scheint? Auch der hier spekulativ ausgelotete trinitarische Gottesbegriff findet keine Antwort auf diese Fragen. Seine spekulative Durchdringung sucht diese Fragen deshalb auch nicht zu beschwichtigen, sondern lediglich offenzuhalten. Damit das „Schweigen des Scheiterns, ein furchtbares Schweigen, das schon Pascal in seiner gottlosen Leere mit Schaudern füllte"[30], nicht bereits jetzt als die letzte Prophetie über der Menschheit stehen bleibt.

V.

Laut christlichem Bekenntnis ist dieser Gott konkret geworden in der Unausdenkbarkeit seiner Menschwerdung und ist auch weiterhin konkret, indem er sich stets neu selbst vergegenwärtigt, eine Aussage freilich, die nur unter der Voraussetzung der Präexistenz des Sohnes und des Geistes durchzuhalten ist. Zugleich muss trotz

---

[29] Vgl. G. Tabori, Liebeserklärung. Büchner-Preisrede, in: Büchner-Preis-Reden 1984–1994, Stuttgart 1994, 204–209, 206.

[30] Ebd., 209.

der Identität von ökonomischer und immanenter Trinität auch deren bleibende Unterschiedenheit gewahrt bleiben, um das mit dem Wort Liebe bezeichnete Geschehen zwischen Gott und Mensch als freies Geschehen denken zu können. Zu fragen ist aber, ob die Einheit Gottes und damit der strenge Monotheismus Israels, der die Einzigkeit Gottes als die Einzigkeit des einen Gottes begreift, in diesem Denken nicht doch zugunsten eines tritheistischen Gottesbildes aufgegeben ist. Dass dies für den christlichen Glauben fatal wäre, wurde bereits angedeutet. Denn nicht weniger wäre ja dann bestritten als das wahre Menschsein Jesu. Denn schließlich hat Jesus keinen anderen als den Gott ausgelegt, den auch die Mütter und Väter des Glaubens Israels bezeugt haben. Fixiert man nun aber dieses monotheistische Bekenntnis nicht vorschnell auf die neuplatonische Kategorie schlechthinniger Einfachheit[31], dann wird man fragen können, ob denn, ontologisch betrachtet, in einem solchen, mit einer persontheoretischen Differenz in Gott rechnenden trinitätstheologischen Denken die Einheit Gottes überhaupt aufgegeben ist oder ob sich das christliche Bekenntnis nicht doch immer noch als Monotheismus begreifen darf, so dass das christliche Bekenntnis zwar eine Fortbestimmung des Glaubens Israels darstellt und somit auch eine Differenz zum Glauben der älteren Brüder und Schwester markiert ist, gleichwohl aber auf dessen Linie bleibt.

Erst kürzlich hat Wolfhart Pannenberg die vielleicht entscheidende Linie angedeutet, auf der dieses Problem in den Begriff zu bekommen ist.[32] Umher getrieben eben von der Frage der Denkbarkeit einer strengen Einheit Gottes, hat Pannenberg an die Einsicht des Athanasius erinnert, dass der Vater nur Vater ist mit dem Sohn. Das ewige Vatersein des Vaters impliziert, ein ewiges Dasein des Sohnes anzunehmen, und zwar in persontheoretisch differenzierter Weise. Diese Relation gilt selbstverständlich dann auch umgekehrt, und selbstverständlich gilt dann auch, dass auch der Geist nur ist in Gemeinschaft mit den beiden anderen Personen. Freiheitstheoretisch eingeholt folgt aus dieser athanasischen Einsicht, dass die göttlichen Personen anfanglos sich in der formell unbedingten Aktualität der jeweils eigenen Freiheit vollständig als Gehalt aktuieren und so, als die gleichursprünglichen freien Personen, der eine Gott und die vollkommene Liebe sind. Gehalt der drei

---

[31] Vgl. hierzu M. Striet, Offenbares Geheimnis. Zur Kritik der negativen Theologie (ratio fidei 14), Regensburg 2003.

[32] W. Pannenberg, Geschichtliche Offenbarung Gottes und ewige Trinität, in: KuD 49 (2003) 236–246.

Freiheiten in dem einen Gott sind und können ja auch nur die jeweils anderen Freiheiten sein, da nur göttlicher Gehalt die notwendige Adäquanz für eine göttliche Person aufweist. Dieses ursprünglich freie Gehaltsein der Personen füreinander macht das Wesen des einen Gottes, vollkommene Liebe zu sein, aus. Deshalb ist dieser Gott ein, wenngleich auch offenbares, so doch bleibendes Geheimnis für die endliche Vernunft. Denn das gegenseitige Sich-Öffnen und die gegenseitige Affirmation der göttlichen Personen in der Aktualität der jeweils eigenen Freiheit, allesamt „interne Bestimmunge[n] des (nur im Singular existierenden) göttlichen Wesens“[33], kann ja nur, soll die denkerische Alternative einer Selbstwerdung Gottes ausgeschlossen bleiben, ein gleichursprüngliches Geschehen sein, das in seiner inneren Möglichkeit hinlänglich bestimmt zu denken der endlichen Vernunft schlechterdings unmöglich ist. Es ist ihr dies genauso schlechterdings unmöglich, wie es ihr als philosophische Vernunft unmöglich ist, Gott mit hinlänglicher Bestimmtheit als existierend zu denken. Die göttlichen Personen bestimmen sich so ohne zeitlichen Anfang füreinander, ohne ihre Freiheit aufzuheben. Anfanglos, aber keineswegs zeitlos.

Ich komme auf diese Unterscheidung zurück. Einsichtig wird so zunächst, warum dieser Gott, dessen Wesen sich durch das freie Bezogensein von drei gleichursprünglichen Freiheiten aufeinander auszeichnet, nicht nur einer kontingenten Schöpfung fähig ist, so dass auch die Nicht-Existenz der Schöpfung hätte sein können, sondern auch, warum das rettende Eingreifen dieses Gottes in die Geschichte als kontingentes Ereignis zu verstehen ist, das seiner Treue zu seiner Schöpfung entspringt. Wiederum spiegelt dieses Eingreifen die innertrinitarischen Verhältnisse wider. Wenn nicht des Sohnes, sondern des Vaters Wille geschehen soll, so macht dies nicht nur die Theozentrik der Verkündigung und des vollmächtigen Handelns Jesu deutlich, sondern auch die Gottheit des Sohnes. Es ist der göttliche und insofern vollmächtige Wille des Menschen Jesus, der in der Aktualität seiner eigenen Freiheit sich voll und ganz vom Willen des Vaters einnehmen lässt, so dass der Wille des Vaters auch sein Wille ist. So wie auch der Geist, der in den Menschen eingegossen ist (Röm 5,5) und die reale geschichtliche Selbstbestimmung Gottes in der Lebensgeschichte Jesu erinnert und vergegenwärtigt, frei um diesen wirbt, und zwar in Selbstunterscheidung von Vater und Sohn und doch in strenger

[33] Th. Pröpper, Zur vielfältigen Rede von der Gegenwart Gottes und Jesu Christi. Versuch einer systematischen Erschließung, in: ders., Evangelium und freie Vernunft (wie Anm. 17) 245–266, 253.

Willenseinheit mit diesen. Heilsökonomisch geschieht deshalb bei bleibender Unterschiedenheit von Gott und Mensch, was anfanglos in Gott selbst ist und dessen Wesen bestimmt: vollkommene Liebe zu sein. Dass aber dieser Gott in der Tat nicht nur an sich selbst vollkommene Liebe ist, sondern als diese auch vorbehaltlos für alle Menschen da sein will und ewig da sein wird, darf die dem selbst offenbar gewordenen Gott nachdenkende Vernunft glauben, weil es keinen Grund mehr gibt, daran zu zweifeln. Diese offenbar gewordene Liebe ist bis ins Äußerste hinein bewährt, bis in den Schrei des Gekreuzigten hinein. Deshalb darf auch gehofft werden, dass ein jeder Mensch sich von diesem Gott gewinnen lassen will. Denn der ewige Sohn, dem Menschen wahrhaft ein Bruder geworden und schon deshalb glaubwürdig, begegnet dem Menschen gezeichnet mit Foltermalen, die die Identität dieses Gottes nunmehr bestimmen. Es sind die Male eines äußersten Einsatzes. So dass nun umgekehrt die Verweigerung dieses Gottes sich fragen lassen muss, ob sie sich nicht zu viel zumutet und den in ihrem Wesen begründeten Anspruch der Freiheit unterbietet. Aber diese Fragen sind abgründig und müssten eigens erläutert werden.

Ich will stattdessen noch auf einen Aspekt aufmerksam machen. Nicht nur, weil die innertrinitarischen Verhältnisses dieses verlangen, sondern auch, um Gott als einen einer freien und damit kontingenten Geschichte fähigen Gott glauben zu können, besteht die vielleicht schwierigste dogmatische Aufgabe der Zukunft darin, das Verhältnis Gottes zur Zeit einer Überprüfung zu unterziehen. Denn ist nicht alles, was wirklich ist, zeitlich, und verlangt nicht auch, um auf der Seite Gottes die Möglichkeit eines kontingenten Schöpfungshandelns und eine in seiner Freiheit gründenden Treue denken zu können, diesen als zeitlich Existierenden verstehen zu lernen? Und ist überhaupt erfasst, was Inkarnation heißt, und zwar für Gott selbst heißt, ohne eine Bestimmbarkeit Gottes durch die Zeit hinzuzudenken?[34] Und auch die immanent-trinitarischen Ver-

[34] In einem postum gerade zur Veröffentlichung vorbereiteten Beitrag zur Eschatologie heißt es bei Hans Urs von Balthasar [Eschatologie in unserer Zeit. Mit einem Vorwort von A.M. Haas und einer theologischen Einführung von J.-H. Tück, Freiburg 2005]: „Aber dieser Mensch Jesus ist zugleich der ewige Sohn des Vaters, der, in der Erfahrung zeitlichen Daseins und Leidens und Sterbens, etwas erlebt, was er nicht als Gott erlebt hat, der somit – wir müssen hier stammelnd und übertragen reden – in die Erfahrung des ewigen Lebens eine zeitliche Erfahrung einschreibt. Wenn es wahr ist, dass das Leben Christi nicht von einem bloßen Menschen, sondern vom ewigen Sohn des Vaters gelebt wird, so wird man nicht sagen können, dass mit der Menschwerdung, mit der persönlichen Erfahrung eines Menschenlebens in Gott und für Gott nichts passiert. Es passiert vielmehr dies, dass die zeitlichen und endlichen Erfahrungen der Kreatur, wie Geborenwerden, Wachsen, Arbeiten, Beten, Ermüden, Dulden

hältnisse werden ja dann, wenn sie als die Verhältnisse dreier gleichursprünglich aufeinander bezogener freier Personen zu verstehen sind, die als diese der eine Gott sind, nur unter der Voraussetzung von Zeit gedacht werden können. Eine relationale Differenz-Einheit, eine Einheit sich in vollkommener Weise aufeinander beziehender gleichursprünglicher Freiheiten, setzt Zeit voraus. So von Gott zu denken, impliziert nicht notwendig seine Verendlichung. Denn wenn er als die „Quelle der Zeit“ (K. Barth) die Zukunft seiner selbst ist, er insofern der Ewige ist, dann ist sogar ganz im Gegenteil die Differenz zwischen ihm und dem Geschaffenen, dem nur Anteil an der Zeit Gottes gewährt ist, unter zeittheoretischem Gesichtspunkt benannt. Zugleich wird so meines Erachtens auch allererst verstehbar, dass einem solchen Gott alles Vergangene bleibend ins Gedächtnis eingeschrieben ist, nichts vergessen gehen wird und einem seinerseits sich durch Kontingenz auszeichnenden Geschehen zugeführt werden kann, welches das, was war, definitiv offenbar macht und so der Vergeblichkeit und dem Vergessen entreißt. Auch dieses Geschehen, das Gericht, ist dann eines, das unter dem Index der Zeit steht. Himmel und Hölle sind dann reale Möglichkeiten des freien Menschen. Den Geist nihilistischer Monotonie verbreitet dieser Gott deshalb auch gerade nicht. Vielmehr fordert er dazu auf, dem Leben in allen seinen Dimensionen das Sigel der Freiheit einzuprägen, es mit letzter Ernsthaftigkeit, aber auch in Freude mit und auf diesen Gott hin zu leben, und zwar gewaltfrei. Denn dem Verdacht, dass „in der Schöpfung eine Ungeheuerlichkeit der Irrelevanz“ herrschen könnte, entgegnet dieser Glaube, dass alles von Bedeutung ist und nichts einfach vergessen sein wird. So wie die Wahrhaftigkeit Gottes darin besteht, aus den Sklavenhäusern seiner Welt zu befreien, so besteht die gesuchte Wahrhaftigkeit des diesem Gott ebenbildlichen Menschen darin, mit friedfertigen Mitteln der Gewalt entgegenzutreten. Bis dahin, dass der Mensch sich notfalls für diesen Gott zerbrechen lässt. So wie der ewige Sohn sich hat zerbrechen lassen. Sich hat zerbrechen lassen, um als der Zerbrochene im Gericht die Versöhnung suchen zu können. Denn der offenbar gewordene Gott will keinen Himmel, in dem die Amnesie herrscht, so dass die Mörder nochmals über ihre Opfer siegten. Der Feind des Vergessens wird über den sich erinnernden Gott Jesu nicht siegen. Der Gott Israels, und damit der Gott Jesu, ist gerade nicht gedächtnislos. Sondern er hat ein Gedächtnis, in das alles eingeschrieben ist. Zumal dieser Gott, eben weil er ein Gedächtnis hat, dann doch

---

und Sterben auf Grund der hypostatischen Union zu Erfahrungen des ewigen und unveränderlichen Gottes selber werden …“

auch darum weiß, dass *er* es war, der die nun von einer Spur der Gewalt gezeichnete Schöpfung wollte – bis dahin, dass ein Scheitern der Schöpfung drohte, wenn auch nur ein Mensch sich dem Ziel dieser Schöpfung, der Freundschaft mit Gott und der Menschen untereinander, verweigerte. Freilich verweigert sich der Glaube, an ein Scheitern der Schöpfung zu glauben. Sondern er hofft auf die gewinnenden Möglichkeiten dieses Gottes. Man mag diese Hoffnung als anthropomorph diskreditieren. Aber kann der Mensch anderes erhoffen? Mehr geht nicht. Und weniger wäre zu wenig.

Anmerkungen zu Magnus Striets „Monotheismus und Schöpfungsdifferenz Eine trinitätstheologische Erkundung“

Karl-Heinz Menke

Das Denken ist eine so seltene Essenz, dass man, wo immer man auf seine Kundgaben stößt, versucht ist, es nicht bloß zu verkosten, sondern ihm auch beizupflichten. So jedenfalls geht es mir mit dem Denken der Pröpper-Schule und ganz besonders mit allen Publikationen von Magnus Striet. Es wird daher kaum jemanden überraschen, wenn ich ihm weithin zustimme und die von mir erbetenen Anmerkungen weniger als Kritik denn als teils fragenden, teils zuspitzenden Kommentar verstehe.

(1) Eine erste Anmerkung ist allgemeiner Natur. Sie betrifft die so genannte „Assmann-Debatte“ insgesamt. Wer mit Assmann diskutiert, sollte ohne Scheuklappen zugestehen: Die Geschichte Israels und des Christentums ist weder reine Freiheitsgeschichte noch herrschaftsfreier Diskurs, sondern oftmals das Gegenteil. Denn einem christlichen Theologen, der das nicht eingesteht, hört kein Religionswissenschaftler mehr zu. Dies also vorausgesetzt, müsste, wie ich meine, eine *umfassende* Antwort auf die Frage nach der Verhältnisbestimmung von Monotheismus und Gewalt

(a) den Ursprung ungerechter Gewalt – Stichwort: ‚Erbsünde‘! – von ihrer möglichen Radikalisierung in *allen* universal-globalen Weltanschauungen, deren erste der Monotheismus war, unterscheiden;

(b) die Politisierung der Religion als die entscheidende Ursache jeder Entfesselung ihres gegen ‚den Anderen‘ gerichteten Gewaltpotentials entlarven;

(c) die Aussagen über die Gewalt Gottes in Schrift und Tradition in ihrem positiven Wert anerkennen und sie gleichzeitig unter den eschatologischen Vorbehalt stellen, unter den sie nach biblischem Verständnis gehören;

(d) stärker auf den Beitrag des Christentums zur Eingrenzung von Gewalt aufmerksam machen, welche erst der totale Vernichtungskrieg und die Kreuzzüge der entchristlichten Moderne aufgegeben haben, die zwar vom Christentum die Form der universalen Weltanschauung, nicht aber die Überzeugungen von einer unverletzlichen Dignität der Person und der persönlichen Verantwortung vor Gott übernommen haben.

(2) Eine zweite Anmerkung bezieht sich auf den Anknüpfungspunkt, den Magnus Striet für ein Gespräch mit Assmann in folgender Norm erkennt: *„Eine potentiell zur Gewalt neigende Religion kann keine, ja darf keine mögliche Religion für den Menschen sein."*

Aus der Sicht von Assmann ist diese Norm mit dem Monotheismus nur schwer vereinbar, wohingegen Striet den jüdisch-christlichen Monotheismus zu deren Bedingung erklärt. Von daher könnte sich der *Anknüpfungspunkt* als *Graben* entpuppen, sobald man der Frage nachgeht, wie unterschiedlich Assmann und Striet die gemeinsam bejahte Norm begründen.

Magnus Striet – Stichwort: „Freiheitsanalyse" – sieht die Möglichkeit jedes Menschen, sich als Ich zu sich selbst und zu jedem Nicht-Ich verhalten zu können, immer schon bestimmt von einem unbedingten Sollen[1]. Das Ich soll sich selbst und jedem Nicht-Ich gerecht werden. Wo immer ein Ich ein Nicht-Ich anerkennt, entspricht es sich selbst, nämlich dem formal unbedingten Sollen der eigenen Freiheit. Oder abstrakter formuliert: Die durch ein unbedingtes Sollen gekennzeichnete Freiheit des Menschen gewinnt durch Akte der Anerkennung bzw. durch Liebe einen konkreten Gehalt[2]. Wer den Anderen unbedingt anerkennt, weiß allerdings auch um den Preis, den Menschen in der Einlösung dieser Norm gezahlt haben und immer noch zahlen. Nur wenn es den einen Schöpfer gibt und wenn dieser eine und einzige Gott als absolute Liebe (als formal und material unbedingte Freiheit) das Sinnverbürgende aller geschöpflichen Freiheit ist, ist die Befolgung des je-

---

[1] Wenn „Freiheit mit Fichte als selbstursprünglich und deshalb als unbedingt zu denken ist, dann bringt sich die Freiheit mit einer Selbstevidenz zur Wirklichkeit, die nicht mehr zu hinterfragen ist; Freiheit kann gar nicht weiter begründet werden und braucht auch gar nicht weiter begründet zu werden, weil sie ursprünglich und unbedingt ist". Daraus folgt für die Verhältnisbestimmung von Freiheit und Wahrheit, „dass Wahrheit ist, weil Freiheit ist, und da die Freiheit sich immer schon unter einem Sollensanspruch befindet, der in ihr selbst begründet ist, muss der Wahrheitsbegriff so bestimmt werden, dass er die Übereinstimmung der unter dem Sollensanspruch stehenden Freiheit mit sich selbst bezeichnet" (M. Striet, Das Ich im Sturz der Realität. Philosophisch-theologische Studien zu einer Theorie des Subjekts in Auseinandersetzung mit der Spätphilosophie Friedrich Nietzsches, Regensburg 1998, 235f.).

[2] „Denn wenn sich in der Instanz menschlicher Vernunft nicht in eindeutiger Weise der Begriff Liebe bestimmen ließe, beziehungsweise sich auf der Seite des Menschen nicht abrufen ließe, welchen Sinngehalt dieser Begriff intendiert – und wie sollte Liebe sich anders denn als Selbstbestimmung von Freiheit verstehbar machen?, dann ließe sich Gottes offenbar gewordene Liebe auch nicht als diese Liebe identifizieren" (M. Striet, Offenbares Geheimnis. Zur Kritik der negativen Theologie, Regensburg 2003, 225f.).

dem Menschen eingeschriebenen Sollens als hinreichend sinnvoll ausgewiesen. Denn die Befolgung einer Norm, die nicht nur Gewaltlosigkeit, sondern positiv die Anerkennung der Andersheit des Anderen empfiehlt, könnte doch auch eine durch Erziehung oder genetische Disposition bedingte Zwangsneurose sein und sich als die Dummheit derer erweisen, die in dieser Welt den Kürzeren ziehen im Vergleich zu allen, die sich lieber auf die Strategien des Stärkeren als auf die der Liebe verlassen.

Ganz anders als Magnus Striet begründet Jan Assmann die auch von ihm postulierte Norm der Gewaltlosigkeit. Der Gott der jüdisch-christlichen Tradition, den Striet als formal und material unbedingte Liebe erklärt, ist aus der Sicht des Religionswissenschaftlers Assmann der Gott der „Mosaischen Unterscheidung" zwischen *wahr* und *falsch*, zwischen *gut* und *böse* und also – zumindest potentiell – das Gegenteil des Urhebers und Wahrers einer gewaltlosen Religion. In allen monotheistischen Religionen sieht Assmann Gewalt geradezu angelegt. Denn – so seine Begründung: „Monotheistische Religionen konstruieren den Gegensatz zwischen dem Alten und dem Neuen nicht im Sinne einer Evolution, sondern einer Revolution, und lehnen alle älteren und anderen Religionen als ‚Heidentum' und ‚Götzendienst' ab. Alle monotheistischen Religionen sind Gegenreligionen. In ihrer Sicht gibt es keinen natürlichen und evolutionären Weg, der vom Irrtum der Idolatrie zur Wahrheit des Monotheismus führt. Diese Wahrheit kann nur von außen kommen, durch Offenbarung. Die Exodus-Erzählung betont die zeitliche Bedeutung des religiösen Antagonismus von Monotheismus und Götzendienst. Ägypten steht nicht nur für Idolatrie, sondern auch für eine überwundene Vergangenheit."[3] Entscheidend ist für Assmann, dass das Ägypten, von dem sich das Israel des Exodus absetzt, mit dem Begriff Polytheismus nicht hinreichend gekennzeichnet ist. Denn – so stellt er im Blick auf das Ägypten der Zeit des Mose fest – in einer kosmotheistischen Religion gibt es weder den für den Polytheismus typischen Kampf unterschiedlicher Götter gegeneinander noch die für den Monotheismus typische Unterscheidung zwischen wahr und falsch bzw. gut und böse. Mit dem Begriff „Kosmotheismus" beschreibt Assmann eine alles umfassende Ordnung, die im Unterschied zum Monotheismus nichts und niemanden ausgrenzt und deshalb von vornherein Gewalt gegen den anders Denkenden oder anders Glaubenden, gegen die vermeintlich Irrenden oder vermeintlich

[3] J. Assmann, Moses der Ägypter. Entzifferung einer Gedächtnisspur, Frankfurt am Main [4]2003, 24f.

Bösen ausschließt. „Denken wir uns“ – so schlägt er vor – „die Welt als ein Geviert aus Gott, Kosmos, Mensch und Gesellschaft, dann wird als erstes klar, dass sich dieses Geviert in ein Dreieck verwandelt, wenn wir an die Stelle Gottes eine Götterwelt setzen. Eine Götterwelt steht der Welt aus Kosmos, Mensch und Gesellschaft nicht gegenüber, sondern ist ein Prinzip, das sie strukturierend, ordnend und sinngebend durchdringt. Eine Götterwelt konstituiert erstens den Kosmos, der als ein synergetischer Prozess zusammen- und gegeneinanderwirkender Kräfte gedacht wird. Für Ägypten jedenfalls gilt, dass der Kosmos weniger ein wohlgeordneter Raum als vielmehr ein wohlgelingender Prozess ist, wie er sich täglich aufs neue aus dem Wirken der Götter ergibt. Damit wird klar, dass und in welcher Weise das Prinzip der Vielheit auf eine unhintergehbare Weise diesem Weltbild eingeschrieben ist. Der kosmische Prozess würde seinen synergetischen Charakter verlieren, wenn er als Veranstaltung eines einzigen Gottes gedacht würde.“[4]

Mich erinnern diese Ausführungen Jan Assmanns an Kurt Hübners Analyse der Welt des griechischen Mythos[5]. Diese ist aus der Sicht des Kieler Philosophen Ausdruck einer Ontologie, in der es keine Freiheit des einzelnen Menschen, keine Unterscheidung zwischen Subjekt und Objekt und doch eine in sich konsistente Logik gibt[6]. In der Welt des griechischen Mythos ist alles, was man empirisch wahrnehmen kann, Erscheinung einer ewig bleibenden Ordnung, deren Komponenten die einzelnen Götter sind. Kausalität ist so gesehen immer göttliche Wirksamkeit, gleichgültig, ob sie eine Ortsbestimmung betrifft oder eine qualitative Umwandlung (Metamorphose). Der Wurf einer Lanze, das Aufkom-

---

[4] J. Assmann, Die Mosaische Unterscheidung oder der Preis des Monotheismus, München – Wien 2003, 61.

[5] Vgl. K. Hübner, Die Wahrheit des Mythos, München 1985; ders., Glaube und Denken. Dimensionen der Wirklichkeit, Tübingen 2001.

[6] „Der Mythos besitzt eine der Wissenschaft durchaus ebenbürtige Rationalität, sofern er ein Erfahrungssystem vermittelt, empirische Begründungen liefert, mit intersubjektiv erfassbaren Begriffen arbeitet und damit schließlich zu logischen Schlussfolgerungen fähig ist. Der Mensch hat immer gleich gut gedacht, nur die *Inhalte* und *Randbedingungen* seines Denkens haben sich geändert. Rationalität ist etwas *Formales*, das sich an *verschiedenen Inhalten* (z. B. mythischen wie wissenschaftlichen) betätigen kann. Entsprechend gibt es ebenso wenig rationale Einwände gegen das Mythische wie gegen das Wissenschaftliche im allgemeinen; alle besonderen Einwände solcher Art können immer nur *immanente* sein, stehen also immer schon auf dem Boden der mythischen oder wissenschaftlichen Ontologie. Eine Ontologie, die den Rahmen bildet, innerhalb dessen sich alle Rationalität jeweils abspielt (sie sei empirisch, begrifflich oder logisch), stellt daher selbst etwas nicht weiter Ableitbares oder theoretisch Entscheidbares dar und ist als das *Vorrationale* zu bezeichnen“ (K. Hübner, Mythos I. Philosophisch, in: TRE XXIII [1994] 597–608; 604).

men von Sturm und Wind, die Bewegung der Wolken, der Sterne, des Meeres – in all dem äußern sich die Kräfte der Götter. Diese sind aber auch im Wandel der Jahreszeiten tätig, in dem Ausbrechen einer Krankheit, in der Erleuchtung; oder wenn jemand einen Einfall (eine geniale Idee) hat; wenn jemand weise spricht; wenn jemand selbstbeherrscht, krank oder schwach ist. Kein Gott ist für Beliebiges verantwortlich, sondern entsprechend seinem Wesen: Helios bewirkt die Bewegung der Sonne, Athene bewirkt praktische Intelligenz oder klugen Rat, Apollos musikalische Entrücktheit, Weitsicht, Genialität; Aphrodite die Verliebtheit usw.

Freiheit im Sinne eines nicht nur vermeintlichen oder geträumten, sondern realen Gegenübers des Menschen als Ich gegenüber all diesen Erscheinungen des Göttlichen kann es in der Welt des griechischen Mythos oder des ägyptischen Kosmotheismus nicht geben. Wo der Mensch meint, er selbst oder zumindest sein Denken und Planen sei nicht Phänomen einer Gottheit, sondern ihr gegenüber wirklich frei, wird er – z. B. in den Erzählungen der homerischen Epen – eines Besseren belehrt. Kurzum: Innerhalb der von Hübner als mythisch, von Assmann als kosmotheistisch beschriebenen Welt ist der Mensch nicht frei, sondern Epiphänomen einer göttlichen Ordnung. Weil in einer solchen Ordnung letztlich alles Seiende Epiphanie des Göttlichen bzw. der Götter ist, gibt es keine Unterscheidung zwischen wahr und falsch, gut und böse und – so Assmanns Schlussfolgerung – auch keine zur Gewalt gegen das vermeintlich Falsche oder vermeintlich Böse tendierende Religion.

Was Jan Assmann die „Mosaische Unterscheidung" nennt, ist nichts anderes als ein biblisch bezeugtes Beispiel für den Zusammenhang, den Magnus Striet zwischen dem jüdisch-christlichen Monotheismus und der formal unbedingten Freiheit des Menschen (der Fähigkeit des Ich, sich zu sich selbst und zu jedem Seienden verhalten zu können) erkennt. Dass eine formal unbedingte Freiheit sich auch gegen das ihr eingeschriebene Sollen (Anerkennung der Andersheit des Anderen) entschließen kann, bezweifelt Striet nicht. Und pervertierte Freiheit äußert sich als Gewalt. Aber es ist doch etwas anderes, ob man wie Striet sagt, dass der Preis des jüdisch-christlichen Monotheismus die Freiheit ist, oder ob man wie Assmann schreibt, dass der Preis dieses Monotheismus die Gewalt ist. Assmann will sich jeder Wertung enthalten[7]. Doch indem er

[7] „Die Ägyptologie ist eine Kulturwissenschaft, keine Theologie. Sie ist auf Erkennen und Verstehen aus und enthält sich aller normativen Wertungen. Sich mit Ägypten beschäftigen heißt, dem Weg nachspüren, den zumindest die westliche Menschheit in ihrer kulturellen Entwicklung zurückgelegt hat. Diesen Weg rekonstruieren bedeutet noch lange nicht, ihn zurückgehen zu wollen. Ich halte das auch für völlig

Gewalt als notwendigen Preis jedes Monotheismus und speziell des jüdisch-christlichen Monotheismus bezeichnet, wertet er auch – zumindest überall da, wo er die ethische Norm der Gewaltlosigkeit postuliert. Allerdings ist eine ethische Norm innerhalb der Welt des griechischen Mythos oder in der Welt des ägyptischen Kosmotheismus nicht an die Voraussetzung formal unbedingter Freiheit auf Seiten ihrer Adressaten gebunden. Im Geltungsbereich des griechischen Mythos oder des ägyptischen Kosmotheismus gibt es keine Freiheit. Denn der Begriff ‚Norm' impliziert im Kontext einer kosmotheistischen Weltanschauung nur scheinbar ein Sollen, das von seinen Adressaten befolgt oder abgelehnt werden kann[8].

Magnus Striet verweist mit guten Gründen auf eine gewisse Affinität zwischen Assmann und Nietzsche. Dabei sollte man allerdings nicht übersehen, dass Assmann den jüdisch-christlichen Monotheismus kritisiert, weil er von seinen Anhängern als *Mittel zur Unterwerfung* instrumentalisiert wurde, während Nietzsche ganz im Gegenteil den Monotheismus als die *Religion der Schwachen* brandmarkt. Denn – so seine Begründung – die jüdisch-christliche Unterscheidung zwischen dem einen Schöpfergott und den vielen Geschöpfen ist eine Projektion des ‚Massenmenschen', der sich selbst nicht zutraut, Gott (‚Übermensch') zu sein, und deshalb das eigene ‚Ich' einem in den Himmel projizierten ‚Ich' – nämlich dem fiktiven Schöpfergott – unterwirft. Nietzsche fordert die verängstigten Opfer der jüdisch-christlichen Tradition auf, sich des von den Priestern erfundenen Gottes zu entledigen, um fortan selbst zu unterwerfen, statt unterworfen zu sein. Nur wer schwach ist – so betont er –, bedarf der Konstruktion eines einzigen Sinns, einer universalen Weltanschauung oder eines alles erklärenden und verantwortenden Gottes. Deshalb ist er der Überzeugung: Wenn schon Religion, dann Polytheismus statt Monotheismus!

---

unmöglich. Ich halte es aber für wichtig, sich Rechenschaft abzulegen über die Entscheidungen und Weichenstellungen, die diesen Weg markieren" (Assmann, Mosaische Unterscheidung [wie Anm. 4] 60).

[8] Weil Assmann mit der Norm der Unvereinbarkeit von Religion und Gewalt einen moralischen Anspruch erheben will, betont er, dass die ägyptische *Ma'at* (Weltordnung) vom Menschen nicht einfach als das Gegebene, sondern auch als das ihm Aufgegebene – wenn man so will: „als Sollen" – erfahren werde. Auf diese Weise erweckt manche seiner Äußerungen den Anschein, er unterscheide den Menschen in einem ganz grundsätzlichen Sinne von jedem anderen Teil der Weltordnung. Bei Licht besehen aber geht es um einen Menschen, der in einer alles umfassenden Ordnung nichts anderes ist als Funktion dieser Ordnung. Vgl. J. Assmann, Vergeltung und Erinnerung, in: F. Junge (Hg.), Studien zu Sprache und Religion Ägyptens, Göttingen 1984, 687–701.

Denn wer viele Götter verehrt, benennt mit ihren Namen seine eigenen Bedürfnisse und Wünsche statt diese dem moralisierenden Diktat eines Einzigen zu unterwerfen. Nietzsche wörtlich: „Im Polytheismus lag die Freigeisterei und Vielgeisterei des Menschen vorgebildet: die Kraft, sich neue und eigne Augen zu schaffen und immer wieder neue und noch eigenere: so dass es für den Menschen allein unter allen Tieren keine ewigen Horizonte und Perspektiven gibt."[9]

Nicht nur aus der freiheitsanalytischen Perspektive von Magnus Striet, sondern auch aus der geradezu gegenteiligen Sicht von Friedrich Nietzsche wird der von Jan Assmann beschworene Nexus zwischen Monotheismus und Gewalt in Frage gestellt.

Der Preis des Monotheismus ist nicht die Gewalt, sondern die Freiheit des Menschen. Natürlich kann man über die abgründigen Möglichkeiten der Freiheit klagen und die Folgen der pervertierten Freiheit als Theodizeefrage vor den Schöpfer tragen. Aber kann man die abgründigen Möglichkeiten der Freiheit auch kosmotheistisch „ruhigstellen" oder – im Kontext der Brain-Mind-Debatte hoch aktuell! – als Unfall neuronaler Prozesse relativieren?

Magnus Striet hat an anderer Stelle gezeigt[10], dass es für das Selbstverständnis des Menschen letztlich nur die Alternative zwischen zwei Grundoptionen gibt. Diese Alternative hat Fichte in seiner „Ersten Einleitung in die Wissenschaftslehre" 1797 als eine solche zwischen „Idealismus" und „Dogmatismus" beschrieben. Mit dem Begriff „Dogmatismus" bezeichnet er die Auffassung, dass das Ich innerhalb der Ich-Rede des Menschen eine bloße Fiktion und also ein „Dogma" – d. h. in diesem Zusammenhang: das Gegenteil von Realität – ist. Von Fichte her betrachtet erscheint Nietzsche als ein geradezu exemplarischer „Dogmatiker", weil aus seiner Sicht jedwede Unterscheidung zwischen Ich und Nicht-Ich ein dem Menschen angeborener Trick der „Natur", der „großen Vernunft" bzw. des „Willens zur Macht" ist. Fichte selbst charakterisiert den als Gegenteil der eigenen Position verworfenen Dogmatismus mit den Worten: „Nach ihm ist alles, was in unserem Bewusstsein vorkommt, Produkt eines Dinges an sich, sonach auch unsere vermeinten Bestimmungen durch Freiheit, mit der Meinung selbst, dass wir frei seien. Diese Meinung wird durch die Einwirkung des Dinges in uns hervorgebracht, und die Bestimmun-

---

[9] F. Nietzsche, Die fröhliche Wissenschaft, in: Kritische Studienausgabe III, hg. v. G. Colli u. M. Montinari, München ^{2}1988, 491.

[10] Vgl. M. Striet, Selbst-Erlösung? Anmerkungen zu Nietzsches Subjektkritik, in: K. Müller (Hg.), Natürlich Nietzsche! Facetten einer antimetaphysischen Metaphysik, Münster 2002, 29–47.

gen, die wir von unserer Freiheit ableiten, werden gleichfalls dadurch hervorgebracht: nur wissen wir das nicht, darum schreiben wir sie keiner Ursache, also der Freiheit zu. Jeder konsequente Dogmatiker ist notwendig Fatalist; er leugnet nicht das Faktum des Bewusstseins, dass wir uns für frei halten: denn dies wäre vernunftwidrig; aber er erweist aus seinem Prinzip die Falschheit dieser Aussage."[11]

Fichte, der sich selbst als „Idealisten" bezeichnet, spricht von der Unmöglichkeit, die eigene Option als die wahre zu beweisen. Denn der konsequente Dogmatismus ist immun gegen das Retorsionsargument, „dass sich doch auch die Destruktion der Vorstellung von einem freien Ich, von einem Subjekt, noch theoretisch insofern verantworten lassen müsse, als die Instanz anzugeben sei, in der diese theoretische Destruktion vollzogen wird"[12]. Fichte spricht von zwei Stufen der Menschheit: „Einige, die sich noch nicht zum vollen Gefühl ihrer Freiheit und absoluten Selbständigkeit erhoben haben, finden sich selbst nur im Vorstellen der Dinge; sie haben nur jenes zerstreute, auf den Objekten haftende, und aus ihrer Mannigfaltigkeit zusammen zu lesende Selbstbewusstsein. [...] Alles, was sie sind, sind sie wirklich durch die Außenwelt geworden. Wer in der Tat nur ein Produkt der Dinge ist, wird sich auch nie anders erblicken [...]. Wer aber seiner Selbständigkeit und Unabhängigkeit von allem, was außer ihm ist, sich bewusst wird [...], der bedarf der Dinge nicht zur Stütze seines Selbst, und kann sie nicht brauchen, weil sie jene Selbständigkeit aufheben, und in leeren Schein verwandeln."[13]

Niemand kann gezwungen werden, die ihm immer schon gegebene Möglichkeit, sich als Ich zu allem Nicht-Ich zu verhalten, tatsächlich wahrzunehmen. Deshalb bedarf es der Entscheidung des einzelnen Ich zu seiner eigenen Freiheit. Jeder muss das Bewusstsein der Freiheit „durch Freiheit in sich selbst hervorbringen"[14]. Hermann Krings nennt dies im Anschluss an Fichte die Selbstursprünglichkeit der Freiheit: „aus sich selbst heraus zu sein, d. h. unbedingt und unableitbar aus eigenem ursprünglichem Entschluss heraus als Wesen der Freiheit sich selbst bestimmend existieren zu wollen"[15].

---

[11] J. G. Fichte, Erste Einleitung in die Wissenschaftslehre, in: Gesammelte Werke, Bd. I. Zur theoretischen Philosophie I, hg. v. I. H. Fichte, Berlin 1971 [fotomech. Nachdr. der Ausg. v. 1845], 417–449; hier 430.

[12] Striet, Selbst-Erlösung (wie Anm. 10) 45.

[13] Fichte, Erste Einleitung (wie Anm. 11) 433f.

[14] Ebd., 429.

[15] Striet, Selbst-Erlösung (wie Anm. 10) 46.

Wer will, dass sich jeder Mensch in dem eben beschriebenen Sinn zur Freiheit entscheidet, der *muss* für den Monotheismus der jüdisch-christlichen Tradition plädieren. Die Argumente, die mich veranlassen, diese von Striet gegen Assmann entwickelte Position zu affirmieren, bilden den Inhalt der folgenden (dritten) Anmerkung.

(3) Striet behauptet: *Unter der doppelten Voraussetzung, dass ich erstens mich im Sinne eines unbedingten Sollens befähigt und aufgerufen weiß, mich zu mir selbst und zu allem Seienden gerecht verhalten zu sollen, und dass ich zweitens mich zu dieser meiner transzendentalen Freiheit entschließe, kann ich nur noch in der Weise des jüdisch-christlichen Monotheismus gottgläubig sein.*

In dieser vom Autor selbst als brisant bezeichneten These sehe ich den Kern seines in Freising vorgetragenen Referates[16]. Ich schließe mich ihm ausdrücklich an. Allerdings – so meine ich – sollte man klar trennen zwischen dem Thema von Pascals Wette, nämlich der *Entscheidung* für oder gegen den Glauben, und der *vorgelagerten* Frage, wie Gott zu *denken* ist, wenn er das Sinnverbürgende meiner transzendentalen Freiheit sein soll.

Auf diese vorgelagerte Frage gibt Magnus Striet – ausführlich in seiner Habilitationsschrift mit dem Titel „Offenbares Geheimnis. Zur Kritik der negativen Theologie" und sehr viel gedrängter in diesem Sammelband – eine Antwort, die auf überzeugende Weise begründet, was sie behauptet.

(a) Da ist zunächst seine Begründung für den Bindestrich des Terminus „jüdisch-christlicher Monotheismus": Striet behauptet nicht nur, sondern er begründet auch, warum der trinitarische Monotheismus des Christentums dem jüdischen Monotheismus in keiner Weise widerspricht. Er zeigt, dass das Grundanliegen des jüdischen Monotheismus – nämlich die absolute Differenz zwischen Schöpfer und Geschöpf – kein Hindernis, sondern im Gegenteil die logische Voraussetzung für das christologische Bekenntnis zur Selbstoffenbarung des Schöpfers in einem Geschöpf qua Geschöpf ist. Solange man das Verhältnis des Schöpfers zu seiner Schöpfung partizipationslogisch denkt, kann man von einer wirklichen (formal unbedingten) Freiheit des Geschöpfes nicht sprechen. Deshalb beschreibt Striet das Verhältnis zwischen Schöpfer und Geschöpf nicht mehr im Sinne der scholastischen Tradition als

[16] Der entsprechende Passus in Striets Beitrag lautet: „Denn ist erst einmal die menschliche Freiheit in ihrer Aktualität als unbedingt sein*sollende* … bejaht, dann ist, trotz der religionstheologischen Brisanz dieser These, nur noch ein sich selbst durch Freiheit auszeichnender Gott als möglicher Gott für den Menschen akzeptabel" (S. 136f.).

Grund-Folge-Verhältnis, nicht mehr als partizipationslogisches Vermittlungsverhältnis, sondern als freiheitsanalytisches Bestimmungsverhältnis.

(b) Ein Bestimmungsverhältnis aber ist nur möglich zwischen Subjekten. Wenn Gott sich dazu bestimmt, sich von geschöpflicher Freiheit bestimmen zu lassen, dann ist er nicht das unpersönliche Prinzip einer kosmischen Ordnung, sondern ein dem Kosmos gegenüberstehendes Subjekt. In der Terminologie von Markus Striet: Die Annahme einer Freiheit des Schöpfungsgrundes erzwingt eine subjekttheoretische Bestimmung des Schöpfungsbegriffs. Nur ein freier Gott kann ein selbstbestimmtes und damit kontingentes Verhältnis zu einer Geschichte einnehmen, von der er sich zwar bestimmen lässt, mit der er aber weder identisch ist, geschweige denn, dass er die Geschichte zu seiner Selbstwerdung bräuchte.

(c) Die Frage, was uns berechtigt, die Welt als Schöpfung zu glauben, bleibt im Beitrag von Magnus Striet bewusst ebenso ausgeklammert wie die Frage, was uns berechtigt, die Lebensgeschichte Jesu als die Selbstoffenbarung Gottes zu bekennen. Es geht, wie gesagt, hier um die *vorgelagerte* Frage, wie Gott zu *denken* ist, *wenn* die Welt Schöpfung ist bzw. wie Gott zu *denken* ist, *wenn* er sich in dem Geschöpf Jesus tatsächlich als er selbst offenbart hat. – Selbstoffenbarung Gottes in Jesus Christus bedeutet aus meiner Sicht vor allem dies: Man kann über Gott nicht anders sprechen als über Jesus. Nicht nur das Leben, sondern auch das Sterben Jesu war Offenbarung – und nicht Verhüllung! – Gottes. Gott ist nicht anders allmächtig als Jesus Christus. Gott setzt sich mit keinen anderen Mitteln durch als mit denen, die er uns in der wehrlosen, scheinbar ohnmächtigen Liebe des Gekreuzigten geoffenbart hat. Besonders im Kontext der Assmann-Debatte ist mir dieser Hinweis wichtig: Die gekreuzigte Liebe ist identisch mit der Macht des einen wahren Gottes[17].

Die Selbstoffenbarung des einzigen wahren Gottes in dem Juden Jesus bedeutet zudem: Die biblisch klar bezeugte Selbstunterscheidung Jesu von seinem Abba ist eine Aussage über Gott

---

[17] Während Striet strikt zwischen der Identität der Freiheit Jesu mit der Freiheit des innertrinitarischen Sohnes und der Erkennbarkeit dieser Identität unterscheidet, meine ich, dass die Selbstoffenbarung Gottes in Jesus Christus keine Verschiebung des entscheidenden Offenbarungsgeschehens von der Ebene der Geschichte (Inkarnation) auf die transgeschichtliche Ebene (Inspiration) erlaubt. Vgl. dazu: M. Striet, Versuch über die Auflehnung. Philosophisch-theologische Überlegungen zur Theodizeefrage, in: H. Wagner (Hg.), Mit Gott streiten. Neue Zugänge zum Theodizee-Problem (QD 169), Freiburg 1998, 48–89; bes. 56[21]; K.-H. Menke, Der Gott, der jetzt schon Zukunft schenkt. Plädoyer für eine christologische Theodizee, in: Ebd. 90–130; bes. 111.

selbst. Andernfalls würde Gott uns in der Heilsgeschichte anders begegnen, als er in Wirklichkeit ist. Mit anderen Worten: Wenn Jesus die Selbstoffenbarung Gottes ist, dann muss Gott so gedacht werden, dass er sich immer schon zu sich selbst verhält, nämlich als Vater zum Sohn und als Sohn zum Vater; und dann muss diese Selbstunterscheidung des Sohnes vom Vater – d. h. die das Subjekt bzw. die Person des Sohnes bestimmende Freiheit – identisch sein mit der geschichtlich gelebten Selbstunterscheidung bzw. Freiheit Jesu gegenüber seinem Abba.

(d) Bis hierher reicht meine bewundernde Zustimmung. Doch an diesem Punkt entstehen auch Bedenken und Fragen. Diese mögen auf einem zu oberflächlichen Eindringen in die Ausführungen von Magnus Striet beruhen, können aber dennoch – so hoffe ich – für weitere Diskussionen nützlich sein:

– Meine erste Frage betrifft die Aussage: „Auch der Geist ist persontheoretisch von Vater und Sohn zu unterscheiden und in Kategorien der Freiheit zu begreifen.“ – Wenn das Verhältnis zwischen Gott-Vater und Gott-Sohn als wechselseitiges und „gleichursprüngliches“ Bestimmungsverhältnis gefasst wird, dann ist der Heilige Geist offensichtlich nicht das z. B. von Heribert Mühlen apostrophierte „Zwischen“ zwischen Vater und Sohn. Man wird ihn dann wohl auch nicht als „eine Person in vielen Personen“ beschreiben dürfen.

Einen Hinweis gibt Magnus Striet zweifellos mit der von ihm ausdrücklich affirmierten These, das Dasein Gottes sei als Kommerzium dreier gleichursprünglicher Freiheiten zu begreifen. Aber was ist dieses Kommerzium? Striet sagt, dass das personkonstituierende Moment nicht die relatio, sondern die Selbstunterscheidung bzw. die Freiheit ist. Ist daraus – so frage ich – zu folgern, dass es drei Freiheiten in Gott gibt, die durch gleichursprüngliche, korrelative und unbedingte Anerkennung des jeweils Anderen das eine Wesen konstituieren? Aber sind nicht drei formal und material unbedingte Freiheiten notwendig auch drei verschiedene Wesenheiten? Michael Böhnke hat – wenn ich recht sehe – dieses Problem im Auge, wenn er das „Sich-Geben“ bzw. die Kommunikation transzendentallogisch als Bedingung der Möglichkeit für die Je-Ursprünglichkeit der sich reziprok zueinander verhaltenden göttlichen Personen bezeichnet[18].

[18] „Nicht das Selbst soll für die Einheit verantwortlich sein, sondern Einheit und Je-Ursprünglichkeit sollen so zusammenstimmen, dass das Selbst wie das Andere in ihrer Ursprünglichkeit reziprok als Konkretionen des einenden und unterscheidenden Geschehens konstituiert werden. Das wäre dann denkerisch nachvollzogen, wenn Sich-Geben transzendentallogisch als Bedingung der Möglichkeit für jedes Sich-Ver-

– Und schließlich: Mir ist bei aller Sympathie für die Aussage, dass die Freiheit Jesu mit der des innertrinitarischen Sohnes identisch sei, nicht wirklich klar geworden, wie man widerspruchsfrei denken soll, dass die *göttliche* Freiheit – d. h. ja die Einheit von ursprünglich-unbedingtem sich Entschließen und ursprünglich trinitarisch vermittelter Fülle des Inhaltes" – *als solche* bzw. *selber* geschichtlich in der unabschließbaren Differenz von formaler Unbedingtheit und materialer Bedingtheit existiert[19].

Diese Fragen können den von Striet, wie ich meine, überzeugend aufgewiesenen Zusammenhang zwischen wirklicher geschöpflicher Freiheit, Monotheismus und Christologie/Trinitätslehre in keiner Weise erschüttern. Sie betreffen die Konsistenz der Argumentation, nicht aber die vorgetragene These, der ich mich mit dem Dank für eine glänzende Kostprobe philosophischen und theologischen Denkens ausdrücklich anschließe.

---

halten gedacht werden könnte. Das heißt aber, Kommunikation als Eröffnung des Raumes für die Vielfalt des Ursprünglichen und Je-Ursprünglichkeit als sich reziprok verhaltende Konkretisierung der Kommunikation zu verstehen" (M. Böhnke, Der Heilige Geist als Gottes Gewissheit [Sonderdruck], Aachen 2004, 19f.).

[19] Vgl. dazu meine ausführlicher begründete Anfrage an die Christologie von Thomas Pröpper bzw. Georg Essen: K.-H. Menke, Kann ein Mensch erkennbares Medium der göttlichen *Selbst*offenbarung sein? Anmerkungen zur Verhältnisbestimmung von ‚Realsymbol' und ‚Inkarnation', in: J. Valentin / S. Wendel (Hg.), Unbedingtes verstehen?! Fundamentaltheologie zwischen Erstphilosophie und Hermeneutik, Regensburg 2001, 42–58.

Die Selbstvermittlung der vollkommenen Freiheit Gottes

Kritische Anmerkungen zu Magnus Striets trinitätstheologischem Vorstoß

Helmut Hoping

1. Die Freiheit des Menschen und der Abschlussgedanke der vollkommenen Freiheit

Wer nicht wie Schleiermacher der Meinung ist, die christliche Trinitätslehre enthalte unauflösliche Schwierigkeiten, so daß man Grund habe, sie in ihrer orthodoxen Fassung aufzugeben,[1] der sieht sich vor die Aufgabe einer Hermeneutik des trinitarischen Monotheismus gestellt.[2] Daß eine solche Hermeneutik von der Selbstunterschiedenheit Jesu vom Vater und vom Geist auszugehen hat, ist angesichts der Aporien spekulativer Trinitätskonzeptionen, die Gottes Dreieinigkeit aus seinem Wesen (Anselm) oder dem Begriff seiner Selbstoffenbarung (Karl Barth) abzuleiten versuchen, ebenso plausibel wie eine wesentliche Gleichursprünglichkeit der Bezogenheit der göttlichen Personen aufeinander. Zugleich sehen wir heute deutlicher als früher, daß die im *Sh^{e}ma Jis-*

---

[1] Vgl. D.F.E. Schleiermacher, Über den Gegensatz der Sabellianischen und der Athanasianischen Vorstellung von der Trinität, in: Theologische Zeitschrift H. 3 (1822) 295–408; ders., Der christliche Glaube nach den Grundsätzen der Evangelischen Kirche im Zusammenhange dargestellt (1830/31), hg. von M. Redeker, Berlin – New York 1999, 458–473 (§ § 170–172). Siehe dazu J.E. Kuhn, Die moderne Speculation auf dem Gebiet der christlichen Glaubenslehre: 1. Die Trinitätslehre, in: ThQ 25 (1843) 3–75; ders., Katholische Dogmatik, Bd. 2: Die christliche Lehre von der göttlichen Dreieinigkeit, Tübingen 1857, 531f.

[2] Der Würzburger Dogmatiker W. Simonis entledigt sich der Aufgabe einer Hermeneutik des trinitarischen Monotheismus dadurch, daß er die „ganze Trinitätslehre" kurzerhand zu einem „Abweg" und „Holzweg in der Geschichte der Kirche" erklärt (vgl. Über Gott und die Welt. Gottes- und Schöpfungslehre, Düsseldorf 2004, 43). Gleiches gilt für K.-H. Ohlig, der in der kirchlichen Trinitätslehre eine kulturgeschichtlich motivierte „griechische Komplizierung des jüdischen Monotheismus" sieht, die heute nicht mehr beanspruchen könne, für das christliche Glaubensbewusstsein normativ zu sein (vgl. Ein Gott in drei Personen, in: R. Laufen [Hg.], Gottes ewiger Sohn: die Präexistenz Christi, Paderborn – München – Wien – Zürich 1997, 199–226; ders., Ein Gott in drei Personen? Vom Vater Jesu zum „Mysterium" der Trinität, Mainz 1999).

rael proklamierte Einheit und Einzigkeit Gottes nicht nur eine geschichtliche Voraussetzung christlicher Trinitätslehre darstellt, sondern für diese konstitutiv ist.

Mit Recht weist Magnus Striet auf die Bedeutung des freien Gottes der biblischen Überlieferung für die humane Selbstverständigung des modernen Menschen hin. In der Tat, nur ein freier Gott kann den Menschen zur Freiheit befähigen, da eine kausale Determination die menschliche Freiheit aufheben würde, in einem monistischen System dagegen für sie von vornherein kein Platz wäre. Und sicherlich kann es eine Freundschaft zwischen Gott und den Menschen nur geben, wenn sich Gott menschlicher Verstehbarkeit gegenüber nicht in die Anonymität der Namenlosigkeit und Unverständlichkeit entzieht.[3] Da dies aber nicht heißen kann, Gott den Prinzipien unserer ethischen Rationalität zu unterwerfen, erhebt sich die Frage, ob der Begriff des „ethischen Monotheismus" ausreicht, um auch noch den abgründigen Erfahrungen, die Abraham[4] und Hiob[5] mit Gott gemacht haben, gerecht werden zu können? Richtig aber ist, daß der Ein-Gott-Glaube nicht ein Prinzip der Gewalt ist, sondern ein gewaltkritisches Potential besitzt, ist doch der freie Gott, der sich gegenüber Israel und im Juden Jesus von Nazaret geoffenbart hat, der für den Menschen und seine Freiheit unbedingt entschiedene Gott, dessen Leben Geist und Liebe ist. Doch will ich auf das intrikate Problem „Gott und die Gewalt" hier nicht näher eingehen und mich stattdessen mit einigen Hinweisen zur endlichen Freiheit sowie zur Würde der menschlichen Person begnügen, bevor ich schließlich auf Striets trinitätstheologischen Vorstoß selbst zu sprechen komme.

Als endliche ist unsere Freiheit sich selbst nicht nur aufgegeben, sondern findet sich immer schon in bestimmten Kontexten vor. Als geschaffene ist sie durch den freisetzenden Schöpfungsakt, dem sie sich verdankt, ebenso wie durch Gottes Treue zu seiner Schöpfung bestimmt. Der Begriff der formellen Unbedingtheit bezieht sich auf das transzendentale Moment unserer *realen* Freiheit, die wir aber nicht anders kennen als das „Vermögen des Guten und Bösen"[6], als jene Freiheit, die ihren Ursprung nie ganz einzuholen

---

[3] So bemerkt G. Steiner mit Blick auf das Meister-Schüler-Verhältnis von E. Husserl und M. Heidegger in Der Meister und seine Schüler, München 2004, 100: „Unverständlichkeit schließt Freundschaft aus".

[4] Vgl. S. Kierkegaard, Furcht und Zittern. Dialektische Lyrik von Johannes de Silentio, Hamburg 1998; J. Derrida, Den Tod geben, in: A. Haverkamp (Hg.), Gewalt und Gerechtigkeit. Derrida – Benjamin, Frankfurt am Main 1994, 331–445.

[5] Vgl. R. Girard, Hiob. Ein Weg aus der Gewalt, Zürich 1990.

[6] F. W. J. Schelling, Philosophische Untersuchungen über das Wesen der mensch-

vermag und so wie das Böse letztlich ein Mysterium bleibt.[7] Eine autonome Freiheit Gott gegenüber, die noch vor dem Vermögen des Guten und Bösen steht, kennen wir nicht. Da es einer freiheitstheoretischen Glaubenshermeneutik aufgetragen ist, neben der Autonomie auch die Ohnmacht menschlicher Freiheit in ihrer Verschlossenheit gegen Gott zu bedenken, also die Dialektik des freien und unfreien Willens[8], bin ich eher skeptisch, ob uns die molinistische Intuition hilft, das Verhältnis von menschlicher Freiheit und göttlicher Gnade besser zu verstehen.

Ausdrücklich beipflichten möchte ich Striet allerdings darin, daß für die Glaubenshermeneutik ein auf das Unbedingte im menschlichen Wissen und Handeln zurückgehendes Freiheitsdenken die angemessene Denkform darstellt. Der darin gewonnene Gottesgedanke vollkommener Freiheit erschließt nicht nur die Denkbarkeit der Offenbarung Gottes. Er stellt auch für die Hermeneutik des Bekenntnisses zum *Deus Trinitas* die zentrale Kategorie dar. Obschon ich das Grundanliegen Striets also durchaus teile, hege ich doch Bedenken gegenüber seinem Verständnis der göttlichen Trinität.[9] Zunächst habe ich Zweifel hinsichtlich der anthropologischen Triftigkeit eines Personbegriffs, der das Personsein an die Subjektivität bewußten Lebens bindet. Müssen wir Person und Freiheit nicht deutlicher unterscheiden? In einer seiner Reflexionsnotizen vermerkt Immanuel Kant: „Die Frage, ob die Freyheit möglich sey, ist mit der einerley, ob (der Mensch) eine wahre Persohn sey und ob das Ich in einem wesen von äußeren bestimmungen möglich sey“[10]. Da es aber schlechterdings unmöglich

---

lichen Freiheit und die damit zusammenhängenden Gegenstände. Mit einem Essay von Walter Schulz: Freiheit und Geschichte in Schellings Philosophie, Frankfurt am Main 1975, 48.

[7] Vgl. M. Striet, Denken der Differenz. Im Gespräch mit Jürgen Habermas, in: P. Neuner / P. Lüning (Hg.), Theologie im Dialog (FS Harald Wagner), Münster 2004, 127–142, hier 133.

[8] Vgl. dazu F. Hermanni / P. Koslowski (Hg.), Der freie und der unfreie Wille. Philosophische und theologische Perspektiven, München 2004.

[9] Vgl. M. Striet, Spekulative Verfremdung? Trintitätstheologie in der Diskussion, in: HerKorr 56 (2002) 202–207; ders. Offenbares Geheimnis. Zur Kritik der negativen Theologie, Regensburg 2003, 213–250; ders., Monotheismus und Kreuz. Bemerkungen zur Gegenwartsdebatte um den einen Gott, in: IkaZ 32 (2003) 273–284; ders., Konkreter Monotheismus als trinitarische Fortbestimmung des Gottes Israels, in: ders. (Hg.), Monotheismus Israels und christlicher Trinitätsglaube (QD 210), Freiburg – Basel – Wien 2004, 155–198.

[10] Vgl. I. Kant, Reflexionen zur Metaphysik 4225 (AA XVII), Berlin – Leipzig 1926, 464f. – V. Gerhardt, Der Mensch wird geboren. Kleine Apologie der Humanität, München 2001, 22f., erweckt den Eindruck, Kindern käme für Kant der Status von Personen von ihrer Zeugung an zu, weil der „Akt der Zeugung“ aus der Freiheit der Eltern resultiere. Es ist aber nicht die Freiheit der Eltern, die den Personstatus des

ist, ein mit Freiheit begabtes Wesen durch natürliche Ursachen zu erklären, müsse man, so Kant, von einer Identität von Menschsein und Personsein ausgehen.[11] Person ist der Mensch von Beginn an, zur Freiheit ist er dagegen bestimmt. Mit dem Christentum ist der Begriff der Person zu einem *nomen dignitatis* geworden. Wenn wir Individuen als Personen anerkennen, dann erkennen wir ihnen den Status der Unantastbarkeit zu. Dieser ist in jenem als heilig bezeichneten Leben begründet, welches sich in unterschiedlicher Prägnanz im menschlichen Antlitz, in Gebärden, in der Sprache, in Handlungen und eben in der Subjektivität unseres bewußten Lebens zeigt, damit aber nicht einfach identisch ist.[12]

2. Die problematische Denkfigur des Kommerziums göttlicher Freiheiten

Da die Personen der Trinität keine Individuen sind, kann das Personsein von Gott dem Vater, dem Sohn und dem Geist nur analog ausgesagt werden. Daß bei Striet ein univoker Gebrauch bestimmter Elemente seines Begriffs der menschlichen Person zur Annahme eines Kommerziums göttlicher Freiheiten führt, hat seinen Grund nicht, wie man meinen könnte, im Gottesgedanken der vollkommenen Freiheit. Da dieser transzendentale Abschlußgedanke nämlich *via reductionis* und nicht *via eminentiae* gewonnen wird, ist mit ihm nichts weiter aufgewiesen als die mögliche Existenz eines freien, sich den Menschen offenbarenden Gottes sowie die weitere Möglichkeit, daß die Person Jesu als der Entschluß der vollkommenen Freiheit Gottes existiert.[13] Die Liebe aber, unter der Gott im Neuen Testament begriffen wird, legt Hermann Krings, von dessen Freiheitslehre Striet inspiriert ist, als

---

gezeugten Kindes begründet. Aus dem Akt der Zeugung folgt gegenüber dem gezeugten Kind die Pflicht der „Erhaltung und Versorgung" (Kant, Die Metaphysik der Sitten [AA VI], 280). Der Personstatus kommt dem gezeugten Kind zu, weil es als menschliches Individuum die Anlage zu einem „mit Freiheit begabten Wesen" in sich trägt (281). Im übrigen liegt für Kant in der Vorstellung einer „S c h ö p f u n g freier Wesen" durch Gott kein Widerspruch zum Akt der Zeugung, mögen wir uns auch nicht erklären können, „wie es möglich ist, daß G o t t freie Wesen erschaffe" (ebd.). Gerhardts Vorwurf, Kant werde in der bioethischen Diskussion oft zitiert, aber selten gründlich gelesen wird, fällt auf ihn selbst zurück.

[11] Vgl. I. Kant, Die Metaphysik der Sitten (AA VI), Berlin 1968, 280f.

[12] Vgl. R. Spaemann, Personen. Über den Unterschied zwischen „etwas" und „jemand", Stuttgart ^{2}1998.

[13] Vgl. H. Krings, System und Freiheit. Gesammelte Aufsätze, Freiburg – München 1980, 176.178.181.

„Gottes freies Sich-Öffnen und Hingeben in sich selbst“[14] aus, was eher den Gedanken einer *immanenten Selbstvermittlung der vollkommenen Freiheit Gottes* als den eines *Kommerziums göttlicher Freiheiten* evoziert.

Zur Denkfigur eines Kommerziums göttlicher Freiheiten führt aber ebenso wenig Karl Rahners Grundsatz von der Identität von ökonomischer und immanenter Trinität.[15] Denn daß es sich dabei keineswegs um eine unterschiedslose Identität handelt, ist nicht allein in der *creatio ex nihilo* begründet, sondern zugleich in der Inkarnation des Logos. Obschon diese bis hinein in die Subjektivität Jesu und seine menschliche Freiheit reicht, ist das von Ewigkeit her existierende Wort Gottes doch vom Juden Jesus von Nazaret, also dem menschgewordenen Sohn, zu unterscheiden. Um nicht mißverstanden zu werden: Ich vertrete nicht die von Piet Schoonenberg ins Spiel gebrachte These einer Personalisierung des göttlichen Logos durch die Inkarnation[16], meine aber, daß bei der Hermeneutik des Bekenntnisses zum *Deus Trinitas* zwischen λόγος ἄσαρκος und λόγος ἔνσαρκος deutlicher zu unterscheiden wäre, unbeschadet der Identität des Logos Gottes mit der Person Christi und der Tatsache, daß der λόγος ἄσαρκος von Ewigkeit her das *verbum incarnandum* ist, da es in Gott kein zeitliches Nacheinander gibt.

Was nun die Denkfigur eines Kommerziums göttlicher Freiheiten für Striet letztlich alternativlos erscheinen läßt, ist jene Interpretation der neuchalcedonischen Enhypostasiebegriffs, die wie bei Georg Essen auf die These der formellen Identität zwischen der Freiheit Jesu mit der Freiheit des Logos hinausläuft.[17] Da Zeit aber eine Möglichkeitsbedingung von Freiheit sei, nimmt Striet eine zeitliche Existenz des ewigen Gottes an. Sicherlich ist Gottes Ewigkeit nicht einfach die Negation von Zeit, sondern muß als Gegenwart Gottes zu aller Zeit verstanden werden. Doch ist es nicht missverständlich, davon zu sprechen, daß der ewige Gott zeitlich existiert? Anders aber als Peter Rohs, der eine außerzeitliche Ewigkeit Gottes als Gegenstand des Glaubens bestreitet[18], verbindet Striet mit seiner These von der zeitlichen Existenz des ewigen Gottes kein

---

[14] Ebd. 179.

[15] Vgl. K. Rahner, Der dreifaltige Gott als transzendenter Urgrund der Heilsgeschichte, in: MySal II (1967), 317–397, hier 327–329.

[16] Vgl. P. Schoonenberg, Der Geist, das Wort und der Sohn. Eine Geist-Christologie, Regensburg 1992, 177–211.

[17] Vgl. Striet, Konkreter Monotheismus (wie Anm. 9) 184.

[18] Vgl. P. Rohs, Die Freiheit Gottes im Pantheismus, in: Chr. Gestrich (Hg.), Gott der Philosophen – Gott der Theologen. Zum Gesprächsstand nach der analytischen Wende (BThZ 16 [1999] Beiheft) 146f.

pantheistisches Konzept. Vielmehr besteht er gegenüber einem Monismus auf der absoluten Differenz zwischen der Freiheit Gottes und der Freiheit des Menschen. Läßt sich unter dieser Voraussetzung aber noch eine formelle Identität der Freiheit des göttlichen Logos mit der Freiheit Jesu vertreten?

Nicht die christologische Frage, ob die Annahme eines „ontologischen" Unterschieds zwischen der menschlichen Freiheit Jesu und unserer Freiheit nicht das chalcedonische *vere homo* gefährde, ist für meinen Argumentationsgang entscheidend, sondern die Tatsache, daß sich Striets trinitätstheologischer Vorstoß durch die Verankerung der Selbstunterscheidung des Sohnes vom Vater in der einen subjekthaften Freiheit Christi erklärt.[19] Denn verstößt nicht die Denkfigur eines Kommerziums göttlicher Freiheiten gegen das Pluralisierungsverbot für das göttliche Wesen, welches Augustinus[20] als zentrale Regel für die Grammatik trinitarischer Gottesrede formuliert und das Eingang in die kirchliche Lehrverkündigung gefunden hat. In der Glaubensformel der 11. Synode von Toledo (675) heißt es, Vater, Sohn und Geist könnten zwar allmächtig genannt werden, doch sei mit der Rede von drei Allmächtigen die Einheit Gottes bedroht, da Gottes Allmacht wie seine Gerechtigkeit und Barmherzigkeit zu seinem Wesen gehöre.[21] Dem entspricht die auf Anselm von Canterbury[22] zurückgehende Formel des Konzils von Florenz (1442), wonach in Gott „alles eins ist, wo sich keine Gegensätzlichkeit der Beziehung entgegenstellt" (DH 1330). Gehört aber Gottes Freiheit nicht zu seinem Wesen?

3. Das eine göttliche Bewußtsein und der Adressat des liturgischen Gebets

Unsere Vorstellung eines personalen Gottes neigt dazu, ihm in Analogie zur menschlichen Subjektivität ein göttliches Bewußtsein zuzuschreiben, das wegen der Einheit und Einzigkeit Gottes aber wohl nur ein einziges sein kann. Dies war jedenfalls die Meinung von Johann Evangelist Kuhn und Bernard Lonergan, um nur zwei zu nennen, die ein einziges göttliches Bewußtsein und drei Träger dieses Bewußtseins unterschieden, um das Konzept eines Gottes mit einem dreifachen Willen und Verstand auszuschlie-

---

19 Vgl. Striet, Konkreter Monotheismus (wie Anm. 9) 184–186.
20 Vgl. Augustinus, De trin. VIII 1.
21 Vgl. DH 530.
22 Vgl. A. von Canterbury, De proc. Spir. Sancti, cap. 2.

ßen.[23] Ich vermag nicht zu erkennen, wie man den von Thomas Schärtl in seiner „Theo-Grammatik“[24] aufgewiesenen Aporien trinitätstheologischer Three-Mind-Konzeptionen entgehen will, wenn man als Träger der hypostatischen Union in Christus ein vom Vater unterschiedenes Subjekt mit eigenem Bewußtsein annimmt, also ein eigenes „Ich“ des λόγος ἄσαρκος. Ein zweifaches „Ich“ im λόγος ἔνσαρκος kann von Striet nur durch die problematische These von der formellen Identität der menschlichen und der göttlichen Freiheit Christi ausgeschlossen werden.[25]

Auch gebetstheologisch scheint mir die Annahme eines einzigen göttlichen (Ich-)Bewußtseins und dreier Träger dieses Bewußtseins unabweisbar zu sein, ist doch der *eine* Gott, den wir als dreieinigen glauben, der Adressat unseres Gebets. In diesem Sinne schreibt Romano Guardini in seiner „Vorschule des Betens“: Gott, „der Eine, spricht sein eigenes und einziges ‚Ich‘. In Gott sind Drei, die es sprechen. Dreifach ist das Angesicht, das sich in seinem Leben abzeichnet. Dreifach die Weise, wie dieses Leben sich selbst besitzt“. Gott, der Eine, „hat uns sein ‚Ich‘ zugesprochen und seinen Namen genannt. Unser Gebet muß also an Ihn gehen, so wie Er sich kundgetan hat, an den Dreieinigen.“[26] Einige Jahre zuvor notierte Guardini in „Welt und Person. Versuche zur christlichen Lehre vom Menschen“ (1939): „Christ zu werden bedeutet, in die Existentialität Christi einzutreten. Der Wiedergeborene spricht ‚Du‘ zum Vater, indem er am Du-Sagen Christi Anteil empfängt. In einem letzten und endgültigen Sinne sagt er zu Christus nicht ‚Du‘. Er tritt ihm nicht gegenüber, sondern geht mit ihm, ‚folgt ihm nach‘. Er geht in Ihn ein und vollzieht mit Ihm die Begegnung. Mit Ihm zusammen sagt er zum Vater ‚Du‘ und von sich selbst ‚Ich‘ … Der Geist aber ist es, der den Menschen in die Innigkeit der personalen Relation bringt. Er fügt ihn in Christus ein und ruft ihn so zu seinem eigentlichen Ich-Sein. Er stellt ihn dem Vater gegenüber und befähigt ihn so, das eigentliche ‚Du‘ zu sprechen“[27].

Christlich beten heißt trinitarisch zu beten. Doch reicht es dazu keineswegs aus, den Vater, den Sohn und den Geist gleichermaßen

---

[23] Vgl. Kuhn, Katholische Dogmatik (wie Anm. 1) §§ 35–37; B. Lonergan, Divinarum personarum conceptio analogica, Roma 1957, 175.

[24] Vgl. Th. Schärtl, Theo-Grammatik. Zur Logik der Rede vom trinitarischen Gott, Regensburg 2003.

[25] Gisbert Greshake will göttliches und menschliches „Ich“ in Christus unterscheiden, allerdings nicht phänomenologisch, sondern nur reflexiv-analytisch. Vgl. Der dreieine Gott. Eine trinitarische Theologie, Freiburg – Basel – Wien [4]2001, 256.

[26] R. Guardini, Vorschule des Betens, Einsiedeln – Zürich – Köln [4]1954, 126.129.

[27] Ders., Welt und Person. Versuche zur christlichen Lehre vom Menschen, Würzburg 1939, 185.

zu preisen. Vielmehr muß im liturgischen Geschehen die Bewegung mit vollzogen werden, die sich in der Selbstmitteilung Gottes durch den Sohn und den Geist offenbart, die Bewegung der Anrede des Vaters durch den Sohn im Geist, die das Geheimnis des dreieinigen Gottes selbst ausmacht. So sind in der römischen Meßliturgie, von wenigen Ausnahmen abgesehen, die Präsidialgebete immer an Gott den Vater bzw. den Allmächtigen gerichtet.[28] Auch wenn es theologisch legitim ist, im liturgischen Gebet zu Christus zu beten, darf dies doch nicht im Sinne einer Multiplikation der Du-Anrede Gottes, des Vaters führen.[29] Werden die göttlichen Personen als distinkte Bewußtseinszentren aufgefaßt, nimmt man für die immanente Trinität also ein „Ich-Du-Verhältnis" an, droht die Einheit des dreifachen göttlichen Antlitzes, durch das sich Gott als Vater durch den Sohn und den Geist schenkt, im Gebetsvollzug zersprengt zu werden. In dem an Christus gerichteten liturgischen Gebet darf dieser jedenfalls nicht als „zweiter Gott" adressiert werden. Der Sohn ist als die wahre Ikone des Vaters anzusprechen, so daß das *homoousios* streng inkarnations- bzw. bildtheologisch auszulegen ist. „Wer mich gesehen hat, hat den Vater gesehen" heißt es im jüngsten Evangelium (Joh 14,9). Selbst die hohe Christologie des Johannes ist noch eingebunden in eine fundamentale Theozentrik.

4. Die Personen der Trinität als Instanzen des göttlichen Lebens

Für die Hermeneutik des Bekenntnis zum *Deus Trinitas* kann dies nicht ohne Folgen bleiben. Das Bekenntnis zum *Deus Trinitas* ist als ein dem *Sh^{e}ma Jisrael* verpflichtetes Bekenntnis zu erschließen. So wichtig eine *interpretatio iudaica* der christliche Trinitätslehre auch ist, so wenig darf dabei das *proprium christianum* preisgegeben werden, etwa indem man sich mit der vor-sprachlichen Unmittelbarkeit einer Offenbarungsphänomenologie begnügt und Gottes immanente Trinität in die ökonomische Trinität auflöst.[30]

---

[28] Die Ausnahme sind die Collecta von Fronleichnam, die Collecta vom 24. Dezember vormittags, die Postcommunio von Fronleichnam, die Postcommunio am Fest Kreuzerhöhung (14. September) und – textgleich damit – die Postcommunio der Votivmesse vom Hl. Kreuz.

[29] Vgl. J. Werbick, Der Lobpreis des Dreieinigen: Von der Doxologie zur Trinitätslehre – und zurück, in: ders., Gebetsglaube und Gotteszweifel, Münster – Hamburg – Berlin – London 2001, 185–209, hier 188–191.

[30] Eine Tendenz in diese Richtung sehe ich bei B. Wunder (vgl. Zwei Religionen – ein Gott? Zum Status des „Jüdischen" in der Trinitätstheologie des 20. Jahrhunderts, Paderborn – München – Wien – Zürich 2004) sowie bei Th. Freyer (vgl. Vergessener Mo-

Striets trinitätstheologischer Vorstoß erliegt nicht der Gefahr, die immanente Trinität eschatologisch in die Schwebe zu bringen. Vielmehr scheint er mir mit dem Problem einer Überbeanspruchung der ökonomischen Trinität für die immanente Trinität behaftet zu sein. Hinsichtlich der einen vollkommenen Freiheit Gottes ziehe ich es deshalb vor, von drei Aktzentren des Lebens Gottes zu sprechen, der Geist und Liebe ist. Ich spreche nicht von „Subjekten", weil mit dem Subjektbegriff heute fast zwangsläufig der moderne Subjektbegriff verbunden wird.[31]

Mit Modalismus[32] hat meine Position nichts zu tun, wird doch gar nicht bestritten, daß der eine und einzige Gott von Ewigkeit her in drei Personen existiert. Auch der Vorwurf des monosubjektivistischen Monotheismus[33] geht an der Sache vorbei. Für die göttlichen Personen selbst wird ja ein gegenüber dem Begriff subjekthafter Freiheit ursprünglicherer Begriff der Person beansprucht, so daß die hier vertretene Position gerade nicht auf ein göttliches Subjekt hinausläuft, das auf dreifache Weise existiert. Vorgeschlagen wird, nicht von drei göttlichen Freiheiten, sondern von drei *Instanzen* der Selbstvermittlung des göttlichen Lebens zu sprechen, natürlich weder im Sinne einer bloß formalen Selbstvermittlung noch einer Selbstvermittlung des göttlichen Lebens im Sinne Hegels, als ob Gott durch seine geschichtliche Offenbarung erst in die Wahrheit seines Seins gelangen würde. Vielmehr geht es um die trinitarische

---

notheismus? Zur gegenwärtigen Trinitätslehre, in: J. Manemann [Hg.], Monotheismus [JBTh 4, 2002], Münster 2003, 93–106). – J. Wohlmuth spricht mit Blick auf Vater, Sohn und Geist von drei „Offenbarungsorten" und sieht in der immanten Trinität die eschatologische Wahrheit der ökonomischen Trinität (vgl. Zum Verhältnis von ökonomischer und immanenter Trinität – Eine These, in: ders., Im Geheimnis einander nahe, Paderborn u. a. 1996, 115–138). In seinem neuesten trinitätstheologischen Beitrag stellt er dagegen der „Orthaftigkeit" der Gestalt Jesu und der Gabe seines Geistes die „Ortlosigkeit" des ursprunglosen Ursprungs und damit die Transzendenz des einen Gottes, des Vaters, entgegen – eine Position, zu der ihn die Beschäftigung mit philosophischen Positionen jüdischer Provenienz geführt habe (vgl. Trinität – Versuch eines Ansatzes, in: Striet, Monotheismus Israels [wie Anm. 9] 33–69, hier 65). Doch welche Bedeutung sollte der immanenten Trinität Gottes noch für das Verstehen der ökonomischen Trinität zukommen, wenn sie dadurch in die eschatologische Schwebe gebracht wird, dass man es ablehnt, sie als ewige Voraussetzung der ökonomischen Trinität zu denken.

[31] Vgl. H. Hoping, Göttliche und menschliche Personen. Die Diskussion um den Menschen als Herausforderung für die Dogmatik, in: ThG 41 (1998) 162–174; ders., Deus Trinitas. Zur Hermeneutik trinitarischer Gottesrede, in: Striet, Monotheismus Israels (wie Anm. 9) 128–154.

[32] In die Nähe der modalistischen Häresie rückt meine trinitätstheologische Position Greshake, Der dreieine Gott (wie Anm. 25) 575–578.

[33] Vgl. B. Nitsche, Endlichkeit und Freiheit. Studien zu einer transzendentalen Theologie im Kontext der Spätmoderne, Würzburg 2003, 433f.

Selbstvermittlung der einen vollkommenen Freiheit Gottes, dessen Leben Geist und Liebe ist und der auch dann noch existieren würde, wenn es die Welt nicht geben würde – eine Grenzaussage, die konstitutiv ist für die christliche Schöpfungslehre.

Der Rede von drei göttlichen Selbstbewußtseinen erteilt auch Hans Urs von Balthasar, dessen vom Gedanken der *kenotischen Selbstmitteilung* geprägte Trinitätskonzeption über jeden modalistischen Zweifel erhaben ist, eine klare Absage: „Gott ist die Liebe ... und dies, weil ihm das gelingt, was weltlich versagt: die unbegrenzte Hingabe des Einen an den Anderen, so daß nichts von dem, was der ‚Vater' ist oder hat, dem von ihm in Liebe ‚erzeugten' Sohn vorenthalten wird und der ‚Sohn' seinem geliebten Ursprung alles, was er ist und hat, zurückschenkt und zur Verfügung stellt. Und diese Liebe ist kein unendlicher Egoismus zu zweit, sondern bringt in ihrer Gegenseitigkeit den gemeinsamen Geist hervor, der zugleich der Inbegriff und der Zeuge der gegenseitigen Liebe ist. Und die ‚Drei' sind nicht, wie menschliche Personen, nebeneinander, sondern so sehr ineinander, das sie ein einziges Selbstbewußtsein, Erkennen und Lieben, kurz: einen einzigen Gott bilden."[34] Die mit dem Gedanken eines personalen Gottes natürlicherweise verbundene Vorstellung eines göttlichen Ichs kann nicht darüber hinwegtäuschen, daß Gottes Leben das Selbstverhältnis menschlicher Subjektivität unendlich übersteigt. Balthasar distanziert sich ebenso von der Rede von drei göttlichen Freiheiten: Es gibt nicht drei göttliche Freiheiten, sondern die eine göttliche Freiheit wird von den drei Personen gemeinsam besessen.[35]

5. Schluß: Die Selbstzeugung göttlichen Lebens und die Passibilität menschlichen Fleisches

Zur Verdeutlichung meiner Position sei am Ende auf den Abschlußgedanken des göttlichen Lebens in der radikalen Lebensphänomenologie Michel Henrys hingewiesen.[36] Auch wenn diese

---

[34] H.U. von Balthasar, Eucharistie – Gabe der Liebe, Freiburg 1986, 2f. Vgl. ders., Theodramatik II. Die Personen des Spiels. Teil 1: Der Mensch in Gott, Einsiedeln 1976, 218, wo Gott gegenüber der partizipativen geschöpflichen Subjektivität als „nicht partizipative Subjektivität mit unendlicher Vernunft, unendlichem Wollen, unendlicher Freiheit" bezeichnet wird.

[35] Vgl. ders., Theodramatik IV. Das Endspiel, Einsiedeln 1983, 83.

[36] Vgl. M. Henry, Radikale Lebensphänomenologie. Ausgewählte Studien zur Phänomenologie. Aus dem Französischen übersetzt, herausgegeben und eingeleitet von R. Kühn, Freiburg – München 1992, 63–187; ders., „Ich bin die Wahrheit". Für eine

hinsichtlich des Verhältnisses von Sein, Leben und Freiheit einige Fragen aufwirft[37], erfaßt sie doch den Gehalt des Christentums in einer Tiefe, die man in der christlichen Theologie nicht selten vermißt. Für die Hermeneutik des Bekenntnisses zum *Deus Trinitas* ist bedeutsam, daß Henry auf dem Wege einer radikalen phänomenologischen Reduktion über die Ipseität des transzendentalen Sich, das ‚früher' ist als unser Bewußtsein, schließlich zum Ur-phänomen der Ipseität und ‚Passibilität' des göttlichen Lebens gelangt. Henry sieht dieses Ur-phänomen im *Logos* gegeben, der aus der *Selbstzeugung des göttlichen Lebens*, das der *Geist* offenbart, als der *Erst-Lebendige* hervorgeht. Die Personen der Trinität tragen die Bewegung des einen, sich selbstzeugenden göttlichen Lebens. „Verstehen wir unter dem Vater die Bewegung, der nichts vorausgeht und deren Namen niemand kennt, also jene Bewegung, durch die das ‚Leben' sich in sich ergießt, um sich selbst zu erfahren, dann zeugt dieser Vater in sich den Sohn. Und unter Sohn verstehen wir so den ‚Erst-Lebendigen', Jenen, in dessen ursprünglicher und wesenhafter ‚Ipseität' der Vater sich selbst erfährt."[38] Es ist dieses göttliche „Sich", in dem sich das Leben, das Gottes Geist offenbar macht, selbst umschlingt, welches unser Leben in der ihm eigenen vordenklichen Ipseität und Passibilität zeugt und das sich in der Phänomenalität der Weltgegenstände nicht zu zeigen vermag. Es ist der Geist von Vater und Sohn, der in jedem menschlichen „Fleisch wohnt und es leben läßt, denn ohne diesen Geist wäre der Körper nicht einmal ein Leichnam"[39].

Der Gedanke der Selbstzeugung des göttlichen Lebens, in dem wir als Lebendige gezeugt werden, führt nicht zu einer theologisch illegitimen Logisierung des unauslotbaren Geheimnisses Gottes.[40] Eine immanente Trinität Gottes kann ja auch nur im Kontext eines der geschichtlichen Offenbarung Gottes nachdenkenden Denkens in Anspruch genommen werden. So darf sich eine Hermeneutik des Bekenntnisses zum *Deus Trinitas* nicht in einer von der Offen-

---

Philosophie des Christentums, Freiburg – München 1997, 79 – 99; ders., Inkarnation. Philosophie des Fleisches, Freiburg – München 2002, 267–290.356 – 413.

[37] So gebraucht Henry den Begriff des an sich selbst offenbaren Lebens strikt als Gegenbegriff zu dem der „Welt" zugehörigen Seinsbegriff, insofern das Leben nicht „ist", sondern geschieht und nicht aufhört zu geschehen. Vgl. Henry, „Ich bin die Wahrheit" (wie Anm. 36) 82.

[38] Ebd. 85.

[39] Henry, Inkarnation (wie Anm. 36) 405.

[40] Darin sieht J. Werbick die Gefahr von Theorien einer gott-immanenten Dreieinigkeit. Vgl. Ist die Trinitätstheologie die kirchlich normative Gestalt einer Theologie der Selbstoffenbarung Gottes?, in: Striet , Monotheismus Israels (wie Anm. 9) 70 – 92, hier 89.

barungsphänomenologie abgehobenen spekulativen Trinitätstheorie verselbständigen. Für das weiterführende Gespräch scheint mir die Frage nach dem Begriff der menschlichen Person und seiner Freiheit zentral zu sein: Wenn das Personsein des Menschen die Ganzheit jenes Lebens umfaßt, das transzendentale „Sich", das sich im eigenen Ich wie dem Antlitz des Anderen „manifestiert", damit aber nicht identisch ist, dann besteht nicht nur keine Veranlassung, das Bekenntnis zum dreieinigen Gott fahren lassen. Vielmehr könnte sich seine anthropologische Relevanz neu erschließen. Denn wird nicht die unantastbare Würde menschlichen Lebens erst dort ganz erfaßt, wo dieses in Verbindung mit dem göttlichen Logos steht, der menschliches Fleisch annahm und darin als Bild Gottes des Vaters durch den Geist offenbar wurde?

IV
Kulturtheoretischer Blick

Violence and Religion

René Girard

„Do religions cause violence?“ Ever since the terrorist attacks of September 2001 in New York and Washington, this has been everybody's question. Unfortunately it is often formulated in the narrowly utilitarian manner that characterizes our popular and even our scientific culture nowadays. Our question too often resembles all the questions asked by our media, such as: „Does smoking cause cancer?“ ... or „Is drinking dangerous to your health?“ If religion were only some harmful addiction, it would have disappeared long ago, or mankind itself would have disappeared. Religion must have some useful, even indispensable function, which it should not be too difficult to discover ...

In my opinion, the relationship between violence and religion is so entangled that it should not be mentioned unless one considers the problem in all its complexity. In order to summarize my views on the subject in a reasonable amount of time, I must streamline my argument excessively.

I begin with a comparison between animal and human violence. Intraspecific violence already exists among animals, notably in sexual rivalries, but it remains moderate. The victor spares the vanquished and this is how the relations that play the main role in animal life are established, the relations of *dominance*.

Human beings are more violent than animals since they often kill each other. We blame this state of affairs on *aggression*, *aggressiveness*; the problem with this notion is its one-sidedness. They aggressively divide mankind between the aggressors and the aggressed, and we include ourselves in the second category. Most human conflicts are two-sided, reciprocal.

We are competitive rather than aggressive. In addition to the appetites and needs we share with animals, we have a more problematic yearning that lacks any instinctual object, *desire*. We literally do not know what to desire and, in order to find out, we watch the people we admire: we *imitate* their desires. Both models and imitators of the same desire inevitably desire the same object and become rivals. Their rival desires literally feed on one another: the imitator becomes the model of his model, and the model the imitator of his imitator … Unlike animal rivalries, these *imitative* or *mimetic* rivalries become so intense and contagious that not only do they lead to murder but they spread, mimetically, to entire communities. They probably would have annihilated our species if something had not prevented this outcome. What was it?

The foundational myths of archaic religions suggest an answer. They describe the birth of the religion to which they belong: they all begin with a mimetic crisis and they conclude with the same type of drama: a single victim is killed by the entire community and is finally divinized.

The Gospels contain the same overall sequence as myths. Once again, there is a great crisis at the beginning, the crisis of the small Jewish state under Roman occupation and it culminates in the drama of a single victim, Jesus, who is collectively killed and later divinized by the Christians.

The final drama opposes many assailants to a single victim. Many religions seem to originate in a mob phenomenon or in something that looks somewhat like it, the crucifixion of Jesus, for instance. Emile Durkheim thought that religion was born in social *effervescence* and Freud said that it began with *lynching*.

The widespread similarities between countless religious cults are well known and they are very important but even more important in my view and never mentioned is one great difference between the Gospels and mythology. The Gospels tell us that Jesus is innocent and does not deserve to die. Myths, on the contrary, believe that their heroes have really committed the crimes of which their persecutors accuse them.

Take the Oedipus myth for instance. The citizens of Thebes firmly believe that this hero not only killed his father and married his mother but that he brought a plague epidemic to the city of Thebes. He certainly deserves to be punished. Myths believe that their single victims are guilty and that the lynch mobs are innocent. The Gospels reverse this verdict: the victim is innocent and the lynch mob is guilty.

The only other religious texts that reverse the mythical scheme besides the Gospels are biblical texts that were written, of course, before the Gospels but they are part of the same tradition. In the historical strata of the Bible the picture is mixed but in the greatest biblical stories, the perspective of the lynch mob is condemned.

Joseph's jealous brothers turn into some kind of lynch mob in relation to him. *Job*'s entire community wants to lynch him. In many *psalms*, the narrator watches helplessly as hostile mobs surround him, apparently intent on lynching. The death of the *Suffer-*

ing Servant is a spectacular description of lynching which the Gospels compare to the Crucifixion of Jesus (Isaiah 52–53). Many prophets are persecuted and even killed by lynch mobs. The prophetic literature is a long march away from a social phenomenon, lynching, that seems to have played an enormous role in all ancient and archaic cultures.

Lynch mobs in the Bible think and behave exactly like lynch mobs in foundational myths: The difference is not in the events but in their interpretation. Instead of always having the last word, as they do in mythology, many lynch mobs in the Bible and Gospels are blamed for persecuting innocent victims.

This difference is especially striking in the Gospels, the only text in which the two perspectives are displayed side by side: on the one hand we have almost everybody, really, since the Jewish and the Roman authorities agree with the local mob. The dissenters are very few but, precarious as their perspective is, it will ultimately triumph for one essential reason in my view: it happens to be true.

I use the word truth here, in an anthropological and social context, not in a religious context. All rational human beings would agree, no doubt, that mobs are notoriously unreliable as judges of right and wrong, especially when it comes to their own victims.

During much of the 20th century, it has been fashionable to believe that myths and other religious texts are purely fictional. If these views are correct, the difference I just defined, between the mythical and the biblical, would be insignificant. If all religious texts are imaginary, the difference between them originates in the private imaginings of a few individual authors and perhaps in their psychiatric idiosyncrasies, but nothing more interesting. They would not have the anthropological and social significance that I think they have.

I am convinced that all recurrent features in archaic myths militate against the fictional theory of these myths. To begin with there is nothing poetic or playful about these texts. They sound much more like echoes of mob violence reported by the mobs themselves. Four categories of clues, in my view, support this hypothesis:

1) In many myths, the lynchers seem terrified by their prospective victim, concerned solely with protecting themselves from this frightful monster who, in reality, seems to be in the situation of the persecuted narrators in the biblical psalms, surrounded by menacing crowds and completely helpless. In the end, the single victim always dies and the lynchers are unharmed.

2) Many of the crimes attributed to the single victims are obvious stereotypes that reappear in myth after myth, such as rape,

infanticide, bestiality and the like. The parricide and incest of Oedipus belong to this group. Far from being the unique insight imagined by Freud, they are banal accusations of the type still bandied around nowadays by mobs on the rampage. Highly revealing as well are such magical accusations as the evil eye, the supposed power to kill with a single glance. These are opportunistic accusations routinely resorted to by mobs to justify lynching whomever they feel like lynching.

3) Another highly revealing clue is the physical impairment of many victims: some limp, others are one-eyed, hunchback or crippled. These handicaps suggest how lynch mobs really select their victims. Animal predators select visibly abnormal preys because they are easier to spot and to catch. Something somewhat comparable happens, it seems, in the human world: visibly „damaged“ individuals attract the attention of lynch mobs.

4) Another telltale sign, I think, is the remarkably large number of mythical heroes defined as „foreign.“ In isolated and ignorant communities, cultural differences are disturbing. A visiting stranger may start a panic and get himself lynched simply because his speech and mannerisms differ slightly from the local standards.

I do not claim that myths are correct accounts of the mob phenomena that their recurrent features suggest. I claim that the mob phenomena are real but the accounts are systematically distorted in the manner that is to be expected from a bunch of unrepentant lynchers reporting their own lynching. That is the reason why the victims are always portrayed as guilty and the lynch mobs as infallible in their choice of victims. They always lynch a bona fide troublemaker.

It is not the discovery of some authentic criminal, as claimed by myths, that reconciled these archaic communities, but the illusion of such a discovery. The communities mimetically transferred all their hostilities to the single victim and become reconciled on the basis of the resulting illusion.

Since the victim is innocent, irrelevant, what is the force that unites, each time, a large group of violent men against an irrelevant victim? I believe that the answer is once again imitation, mimetic contagion.

The (synoptic) Gospels make it obvious that all witnesses of the crucifixion behave mimetically. Peter's denial is a spectacular example: as soon as he finds himself surrounded by people hostile to Jesus, he imitates their hostility. His triple denial is a mimetic phenomenon. Pilate is poles apart from Peter and yet, in the end, he behaves just like the apostle. Even though he would personally prefer to save Jesus, he surrenders to the mob; he imitates the mob and orders the crucifixion.

The two thieves crucified with Jesus are another, even more caricatural example of crowd imitation. Instead of sympathizing with the man whose dreadful fate they share, they insult Jesus in imitation of the crowd, in a last, desperate effort to rejoin the crowd, to deny their own crucifixion.

How can the same imitation, the same mimetic contagion that previously caused the mimetic rivalries and therefore the violent disintegration of the community suddenly turn into a force for the re-integration, the reconciliation of the community?

As mimetic rivalries intensify, during mimetic crises, they gradually erase all existing cultural differences and turn the best-ordered communities into undifferentiated mobs. Beyond a certain intensity, the objects of desire are consumed, destroyed or forgotten. The mimetic frenzy refocuses on the antagonists themselves. The same human beings who, a little before, could not stop fighting because they shared the same desires, now share the same antagonists, the same hatred therefore and, paradoxically, when mutual love is absent, the only sentiment that can reconcile human beings is its opposite, a common hatred.

What happens, in my opinion, is that the contagious *mimesis* polarizes against fewer and fewer antagonists until finally, for some of the insignificant reasons mentioned earlier, or for no reason at all, everybody becomes polarized against one last individual ... At that point, no one has an enemy left in the community except for that common target and as soon as this universal enemy is destroyed, violence comes to an end.

In Greek the word for this seemingly miraculous operation is *catharsis*, which signifies the purification or cleansing of all the violence inside the community. The unanimous mimetic contagion transforms the disastrous violence of *all against all* into the healing violence of *all against one*. The community is reconciled at the cost of one victim only.

When thus reconciled, archaic communities felt like the beneficiaries of a miracle and they were greatly relieved, of course, but not for long. Human nature was unchanged, unfortunately and, sooner or later, the mimetic rivalries had to reappear. The frightened communities severely prohibited these rivalries and tried to keep the people most likely to engage in them away from one another. They also tried to rigidly pre-ordain the distribution of the potentially most divisive „goods“, especially women.

Frequently, these precautions failed, it seems and, when they did, the terrified communities remembered that peace had been initially restored by the killing of a victim. It was natural for them to wonder if the killing of more victims might not repeat the earlier miracle. The result was the invention of the number one religious institution of mankind, ritual sacrifice. All archaic cultures solemnly sacrificed victims substituted to the initial victim, victims deliberately selected for the purpose of preventing mimetic conflicts.

In many archaic cultures, notably in Africa, the important rituals began with some deliberate disruption of the community: the various subgroups taunted and insulted one another; they even came to blows. The idea behind these „mock crises“, as the anthropologists call them, was to insure the success of the ritual sacrifice through an exact reproduction of the entire original sequence, including an abbreviated version of the mimetic rivalries. The goal of this „mock crisis“ was to facilitate the triggering of the victimage mechanism.

Let me sum up the „mimetic theory of religion and culture“: when future human beings became too mimetic for living like animals, their dominance patterns collapsed and the resulting crises triggered the mimetic victimage mechanism around which the first systems of prohibitions and sacrificial rites coalesced, these were the first religions and the initial form of human culture. Religion enabled humanity to turn to positive use its mimetic power, which is not violence only, but our great capacity for learning as well, and our superior intelligence.

If my analysis is sound, far from being the cause of violence among men, archaic religions are, or rather were – since they have almost completely disappeared – first a consequence of that violence and, secondly, our number one protection against it. During the longest part of our history or pre-history, they enabled human communities to survive their own violence. It is easy to show that all our great cultural institutions such as our judicial system are derived from sacrifice.

Archaic religions are essentially combinations of prohibitions and sacrifices. Prohibitions forbade violence directly but they often failed and, when they did, archaic communities fell back upon their second line of defense, sacrifice.

The paradox of archaic religion is that, in order to prevent violence, it resorts to substitute violence. J. P. Dupuy has observed that sacrifice, understood broadly, *contains* violence in both senses of the word. It contains violence like an army contains the attacks of its enemies, and sacrifice also contains violence in the sense of being inhabited by it, of making violence its main resource against violence itself.

During the longest part of human history, the single victim mechanism generated many, many religions no doubt that operated efficiently because the believers never became aware of their generative principle. They were deluded into believing that their gods, rather than the community itself, had to be appeased with victims. It was the community's own anger that threatened its survival but no one was really aware of that. The victimage mechanism that produced archaic religions was so unanimous that the first demonized then divinized victim seemed responsible both for the mimetic crises and their happy conclusion.

Those who surrendered to the spirit of the mob saw their own unanimity not as the mimetic contagion that it really was, but as the certain proof of their correct interpretation of the single victim drama.

Whereas myths go along with the mimetic contagion against the single victim, the biblical texts, as I already said, resist that same contagion and rehabilitate the victims who are indeed, innocent scapegoats. The biblical and evangelical resistance to the mimetic contagion reveals the essential deceptiveness of archaic religions, the spirit of the lynch mob that dominates them. This unique power to demystify the unanimous violence is applicable not merely to the specific victims represented in these texts, Joseph, Job, the Suffering Servant or Jesus but, potentially, to all similar victims of all victimage phenomena wherever they happen to occur. To demystify a myth, all we need to do is to slip the account of the crucifixion beneath its text and compare the one with the other.

The modern world does not perceive this biblical demystification. Just the opposite. Biblical texts are often believed to be equivalent to myths because they do, indeed, resemble myths. In reality, far from insuring the sameness of all the religious doctrines rooted in these texts, the presence everywhere of a victimage mechanism opens up the possibility of an enormously significant difference,

One cannot recount a victimage mechanism without interpreting it, and it can be interpreted in only two ways. One way consists in going along with the mob, in justifying the mob at the expense of the victim and it is the easy way, everybody's way, and also the *mythical* way. The other way consists in resisting the crowd and rehabilitating the victim. It is the difficult way, the exceptional way. Historically, it is exclusively the biblical and the evangelical way.

The tendency to define all texts as mythical is due to the inability of most modern researchers to go beyond the themes and motifs of these texts and to see that the surrender or resistance to the mimetic contagion is the most important factor in the type of text ultimately produced, either one that does not reveal the deceptiveness of the texts deceived by the victimage mechanism and is itself deceptive, or one that reveals that same deceptiveness and together with it, the injustice of the mob and the undeserved suffering of the victim. The first way is the way of mythology, I repeat, and the second is the way of biblical texts and most explicitly, of the Gospels.

Far from being grateful for the truth provided by the Bible, our superficial contemporaries no longer distrust myths in the manner our Christian ancestors instinctively did. On the contrary, they find them much less violent than the Bible. They do not realize that myths cover up the unjust violence that is really going on under their serene appearance. The picture of the human world conveyed by myths is rosier than the biblical picture precisely because it reflects the persecutors‘ deceptive perspective rather than the more truthful perspective of the victim.

The only philosopher who realized that this preference for mythology was equivalent in fact, with siding with the persecutors was Friedrich Nietzsche but, far from inciting him to shift to the side of the victims, this discovery reinforced his bias in favor of unjust violence and, at least indirectly, his writing on the subject encouraged some of the worst abominations of the 20th century.

The Bible and Gospels stand in absolute opposition to the mythical and sacrificial mentality of archaic religion. Many statements and formulae confirm this opposition. Jesus, for instance, endorses the words that Hosea attributes to Yahweh: „I desire mercy and not sacrifice“ (Matt 9, 13).

Jesus also advises his listeners to get reconciled with their brothers before they bring their sacrificial offerings to the altar. He warns them, in other words, that they should not rely on sacrifice as an artificial help in getting along with our neighbors. The truth of sacrifice, which is already revealed in the Crucifixion, will destroy once and for all, in the long run, the effectiveness of all sacrifices. As it becomes impossible to elude violence with ritual, a face-to-face reconciliation becomes the only means to avoid the destructive unleashing of mimetic violence.

The influence of the Bible and Gospels runs deep in our world, and we can see this in the fact that, wherever Christianity has become dominant, archaic religions and their sacrifices have disappeared more quickly and completely than anywhere else.

The non-violent side of the biblical inspiration can be seen, quite directly in the long-range historical evolution of our Western societies. In some important respects, ever since the high Middle Ages, our historical world has been moving in the direction of less and less violence.

Our world has abolished serfdom and slavery. Our penal legislation has become more humane; the status of women is raised; we protect children and the aged. We invent such things as the hospital, free medical care, and various forms of social protection for the weak and the handicapped.

However feeble these mitigations of violence may seem compared with our aspirations, they are without precedent in all of human history.

Our world has become progressively more aware of arbitrary victimization and our social, political and legal institutions are making greater and greater efforts to avoid it. The preoccupation with victims often becomes, in the contemporary world, the object of a novel kind of mimetic rivalry that encourages exploitative distortions and turns the whole process into a caricature. In spite of these faddish aspects the modern concern for victims, which has been in the making for many centuries, is a major historical development. We are constantly accusing ourselves for persecuting victims not only at the present time but also in the past of our nations. We are rewriting history from the standpoint of victims. All these astonishing developments sound very much like the belated realization of certain statements in the Gospels that, until recently, seemed to make little sense, the idea, for instance, that the blood of all prophets and all victims unjustly massacred „since the foundation of the world", *may be required of this generation*. We often manage, I repeat, to turn this remarkable concern into more mimetic rivalry and we spend a good deal of time throwing old corpses at each other's heads, in a renewed attempt to justify ourselves at the expense of our neighbors. These regrettable aspects should not obscure the larger significance of these phenomena.

In some ways our world is less violent than any previous world. I do not have to remind you, however, that this is only one aspect of the world in which we live.

The other aspect is the very reverse: a tremendous increase in violence and in the threats of violence. The two opposite trends have been developing simultaneously for quite a few centuries, no doubt, and the gulf between them is forever widening. Our world both saves more victims than any previous world and it kills more victims than any previous world. The 20th century has had not only the greatest wars in human history but it was the century of death camps, of genocides and of nuclear weapons. And every day, it seems, new and even worse threats confront us, such as the possibility that our most monstrous weapons will fall into the hands of terrorists ready to die in order to kill the greatest possible number of innocent people.

How can these two aspects characterize our world simultaneously? Is it not a terrible indictment of our own biblical tradition that, even though it calls itself the religion of love, it has proved unable to make peace among us?

Is it not true therefore that even the most peaceful-sounding religions do cause violence after all? Many people answer with a resounding yes without taking into account or even suspecting what we discovered earlier regarding sacrifice and the sacrificial values that still permeate our society.

The violence that is slowly undermined by the biblical demystification of sacrifice is the sacrificial violence, in other words, the violence that „contains“ violence and has long kept the worst forms of violence in check and, to a certain extent, still does. We are always in debt to sacrificial violence, therefore, and whenever we try to get rid of it in a great burst of self-righteous indignation against hypocrisy, it may be a worse violence that, unwittingly, we help unleash.

Because of the sacrificial background, we must refrain from evaluating the influence of the biblical religions and of other religions from the standpoint of a simple opposition between violence and non-violence. The elimination of sacrificial violence is not simply „good“ or „bad“, it is an ambiguous and ambivalent progress in the struggle against violence which may include regressive aspects if the human beings whom this violence restrained in the past, become more violent as a result of this development. The peace that has been available to us until recently, often rests on a sacrificial violence, which is no longer present in the form of blood sacrifice, of course, in this country, but in institutions such as the police, the American army, the superior American power, the respect it still inspires throughout the world.

When one eliminates the violence of sacrifice, or even weakens it, one cannot avoid weakening the peaceful effects of this violence just as much as the violent aspects. The rejection of sacrificial violence is certainly something good in principle, the result of a righteous battle against the hypocrisy of religious, social and political institutions always suffused with sacrificial values. But the more we succeed in this undertaking, the more we destroy traditional institutions and the more we weaken the stability of our own world. The more we promote individual freedom, the more all individuals should feel that they have to prevent violence themselves by non-violent means. We must avoid without outside help the disorders that sacrificial cultures prevented through legal violence.

The disappearance of sacrificial limitations and religious prohibitions facilitates the unleashing of mimetic rivalries not only at their most creative, in scientific competition for instance, but also at their most destructive, in the suicidal forms of terrorism that turn the marvels of modern technology into indiscriminately murderous weapons.

The paradoxes of sacrificial violence provide the context in which certain statements in the Gospels that have always puzzled commentators suddenly make sense, especially the most famous one: „Don't think that I have come to bring peace on earth; I have not come to bring peace but a sword“ (Matt 10, 14).

Christianity brings a sword because it invites us to dispense with sacrificial violence and, unless we all become perfectly non-violent, this cannot be done without a great deal of violent disruption.

Archaic religions were not simply false explications of the universe; they had more urgent business to attend than to satisfy the curiosity of idle men. They were in charge of keeping the peace and even if they had to resort to violent means to reach their goal, these means were not really their own, they were provided more or less ready-made by the spontaneous course of human relations. We cannot condemn these religions as something alien to humanity. Even as we try to do better than the old religions, we understand that the task is infinitely more difficult than it was thought a hundred years ago. Nothing can be done, in my opinion, without the help of Christianity, which knows more about us and our violence than all the forms of philosophy, and science of which we are so proud. To turn Christianity into a scapegoat of our own violence can only weaken our major resource in the struggle to save the beautiful but fragile world that has been entrusted to us.

War der Prozess Jesu Lynchjustiz?
Kritik an der Reduktion von Gewalt auf Mimesis in René Girards „Violence and Religion“

Johann Ev. Hafner

René Girard hat seine These, Gewalt entstehe durch Nachahmung und werde durch Opfer eingedämmt, derart umfassend mit religiösen und auch literarischen[1] Texten belegt, dass der Eindruck entsteht, hier werde tatsächlich ein anthropologisches Universale beschrieben. Girard selbst hat bereits in seinem Werk „Der Sündenbock“ die Kritik vorweg genommen: „Ich reduziere alles auf ein Thema. Ich erfinde einen neuen Reduktionismus.“[2] Im Folgenden soll nicht die These als ganze kritisiert, sondern in einer Art Stichprobe ihre Treffgenauigkeit nachgeprüft werden. Die erste Überlegung untersucht den Girardschen Gewaltbegriff und fragt, ob er auch das erreicht, was er beschreibt, insbesondere Gewalt in modernen Gesellschaften. Eine zweite Überlegung bezieht sich auf das Material, auf das sich die mimetische Theorie bezieht, die Passionserzählungen des Neuen Testaments,[3] und fragt, ob dieser Text das deckt, was Girard mit ihm belegt.

1. Der Zusammenhang von Religion und Gewalt

R. Girards Schriften waren uns als jungen Studenten Mitte der 1980er der religionswissenschaftliche Überbau für unser Engagement in der Friedensbewegung. Wir sahen im Wettrüsten – insbesondere im sog. Nachrüstungsbeschluss der NATO – nicht einfach politische Konstellationen, sondern religiös-archaische Regungen. Das Überbietungsgehabe alter, machtverblendeter

---

1 Die vielfachen Bezüge zur Literatur werden übersichtlich referiert in W. Palaver, René Girards mimetische Theorie. Im Kontext kulturtheoretischer und gesellschaftspolitischer Fragen, Münster u. a. 2003.

2 R. Girard, Der Sündenbock, Zürich – Düsseldorf 1998, 174.

3 Für eine Vielzahl von ähnlichen Stellen: „Tatsache ist, daß die Evangelien um die Passion Christi kreisen, das heißt um das gleiche Drama wie alle anderen Mythologien der Welt. Das gilt, ich habe es zu zeigen versucht, für *alle* Mythen.“ Girard, Sündenbock (wie Anm. 2) 149.

Männer werde über Raketen auf weltpolitischer Ebene ausgelebt und die Völker der Gegenseite als Geisel sowie deren Machthaber als Sündenböcke genommen. Die prinzipiell endlose Spirale von Bedrohung und Gegendrohung werde weiter gedreht, bis sich eines Tages die angestaute Gewalt entladen werde; wenn nicht zuvor eine Kultur der Gewaltlosigkeit errichtet wird.[4] Wie wir alle wissen, ist es anders gekommen. Der dritte Weltkrieg blieb aus und Militärbündnisse zerfielen. Weil an die Stelle des einen planetarischen Krieges seither lokale Krisenherde getreten sind, wurde geschlossen, es gebe so etwas wie ein Nullsummenspiel von menschlicher Gewalt: Wenn der eine Konflikt aufhört, müssten nach dieser Ansicht andere anfangen. Und auch Girards Theorie geht von einem in der menschlichen Natur angelegten Mechanismus der Gewaltfortsetzung aus, der bei den primitiven Kulturen begonnen hat und bis heute weiter läuft. Ein Sündenbock wird identifiziert, angeklagt und zu Tode gebracht. Hierzu benötigt die Menge ein *unschuldiges* Opfer, denn würde man nur den Schuldigen bestrafen, setzte dies den zwingenden Kreislauf der Gewalt nur fort. Opferkulturen bestrafen den Unschuldigen.[5] Dieser aggressive Prozess wird begleitet von einem sakralen: Man verklärt das Opfer,[6] indem man annimmt, es habe einer früheren oder höheren Logik zufolge sterben „müssen". In der Geschichte wird die Sicht der Verfolger weiter tradiert, die auf die heilsamen Wirkungen des Opfertodes hinweist und ihn somit nachträglich rechtfertigt. Gerade unter der Kaschierung sakraler Verklärung (*transfiguration*) kann sich Gewalt ständig wiederholen. Anders formuliert: Mit der Kanalisierung von Gewalt durch das Sakrale kann soziale Ordnung überhaupt erst entstehen. Weshalb bedarf es so drastischer Mittel? Girard beschreibt das Verhältnis von Menschen zueinander als Mimesis. Alle ahmen einander, insbesondere das Begehren der anderen, nach. Diese Angleichung führt keineswegs

---

[4] Wir sahen diese Vorstellungen noch von der Theorie Johan Galtungs bestätigt, der in allen Gesellschaften mit asymmetrischer Machtverteilung strukturelle Gewalt diagnostizierte. Vgl. J. Galtung, Violence, Peace, and Peace Research, in: Journal of Peace Research 6 (1969) 167–191. Weil diese Analysen noch stark vom Ideal der Entfaltungsmöglichkeit des einzelnen normiert waren, wurde Ungleichheit mit Gewalt identifiziert, ohne hinreichend zu problematisieren, wann umgekehrt die Erzwingung von Gleichheit gewalttätig wirkt.

[5] Das Opfer unterbricht die „perfekte Reziprozität", indem nicht der Schuldige, der oft gar nicht mehr zu identifizieren ist (Wer ist schuld an der Dürre? Warum diese Totgeburt?), sondern ein Opfer aus der eigenen Mitte an seiner Statt gebracht wird. An der Stelle des Schuldigen, wird – bei den Chukchi – ein Unschuldiger geopfert. Vgl. R. Girard, Das Heilige und die Gewalt, Frankfurt am Main 1992, 44.

[6] Vgl. Girard, Sündenbock (wie Anm. 2) 76f.

zur Harmonie, sondern zu einer zersetzenden Konkurrenz. Die Rivalität besteht zunächst im Neid auf knappe Güter („Ich will haben, *was* der andere hat"), sie verschärft sich aber durch Wiederholung der Wünsche des jeweils anderen („Ich will es haben, *weil* es der andere haben will"). Dabei nehmen die Rivalen wahr, dass sie durch ihr Begehren einander ähnlicher werden, was die Abstoßung des anderen als zusätzlicher rivalisierender Egoität, als alter *ego*, zur Folge hat. Jeder wird dem anderen ein potentieller Gewalttäter.

Die gleichförmige Menge vermag sich erst angesichts eines gemeinsamen Opfers wieder zu differenzieren, indem sie sich auf ein gemeinsames Drittes bezieht, von dem man sich unterschiedlich distanzieren kann: einen Sündenbock. Er wird über die Einrichtung von Ritualen und Mythen sozusagen eingehegt. Der Sog von Nachahmungsgewalt lässt sich nun unterbrechen, weil Gewalt als solche sakralisiert und als etwas Außermenschliches dargestellt wird. „Religiös denken heißt, ... diese Gewalt als übermenschlich zu denken, um sie auf Distanz zu halten und loszuwerden."[7] Religion verobjektiviert Gewalt und bietet zugleich Riten, mit deren Hilfe man auf dieses Quasiobjekt einwirken kann. Statt des Kreislaufs der Gewalt wird von nun an ein Kreislauf der Opferrituale gepflegt. In einem kollektiven Ritus sucht sich die Menge ein Opfer und erwirkt für sich selber eine Art Gewaltkonzentration. Freilich wird das stellvertretende Opfer nicht als Gewalt bezeichnet, denn die Menge entlastet ihr Gewissen und rechtfertigt den Lynchmord durch die religiöse Semantik von Versöhnung, Ausgleich, Restitution. Das heißt, alle stabile Vergesellschaftung beruht auf der Tötung von Sündenböcken. Zwar sieht Girard im Verlauf des Zivilisationsprozesses einen „Zeitpunkt, wo das Uropfer nicht mehr durch neue Opfer [im alten Sinn des Wortes], sondern durch allerlei Dinge signifiziert wird, die stets dieses Opfer bedeuten, während sie es mehr und mehr maskieren, verkleiden und verkennen",[8] aber dennoch gilt: „*Die ganze soziale und kulturelle Ordnung ‚bedeutet' letzten Endes nichts anderes als das den Gründungsmord reproduzierende Opfer.*"[9]

---

[7] Girard, Heilige (wie Anm. 5) 200.

[8] R. Girard, Das Ende der Gewalt. Analyse des Menschheitsverhängnisses, Freiburg i. Br. 1983, 104.

[9] So eine Zusammenfassung von Girards Kulturtheorie in S. Brandt, Gedächtnis als Opfer. Auf dem Weg zu einer befreienden theologischen Rede von Opfer, Münster u. a. 2001, 49.

2. Kritik an Girards Gewaltbegriff

Hier setzt meine erste Anfrage an, ob sich mit dieser Beschreibung auch Gewalt in einer modernen ausdifferenzierten Gesellschaft adäquat erfassen lässt, wo es zu einer immer weiteren Spreizung von *violentia* und *potestas* kommt.

2. 1 Verhaftung im Gruppenmodell

Girard hat diese Strukturen in vielen kulturellen Kontexten plausibel gemacht, allerdings bleibt er damit dem primitiven Modell von Gewalt verhaftet, wonach die „Menge" (clan, mob, crowd) sich kennt, imitiert und abstößt, schließlich ein Opfer aus ihrer Mitte stellvertretend für die Gruppe wählt. Mimetische Strukturen setzen lebensweltliche Nähe der Beteiligten voraus, die einander nachahmen und diese Nachahmung nachahmen. Solange eine Gesellschaft aus Gruppen besteht, die grundsätzlich ähnlich aufgebaut sind (Stämme, Dörfer), kann sich die Kette der Mimesis fortsetzen. Sobald sich aber eine Gesellschaft funktional differenziert, werden ihre Bereiche – und damit die Motivlagen und Symbolsprachen der darin Teilnehmenden – unübersetzbar. Dies ist bereits in antiken Gesellschaften der Fall. Die gemeinsame Basis der Dinge, um die man einander beneiden möchte, bricht auseinander; ökonomisch wertvolle Gegenstände können nicht mit wissenschaftlich wichtigen Erkenntnissen verglichen werden. Wohl mag es noch mimetische Zusammenhänge innerhalb der Teilsysteme geben (z. B. die Konkurrenz von Wissenschaftlern auf dem Aufmerksamkeitsmarkt von Büchern und Kongressen), aber die Mimesis endet an der Systemgrenze. Dort stehen sozusagen Gebotsschilder der Nachahmungsstopps, damit nicht jemand wissenschaftliche Ergebnisse mit Geldzahlungen aufrechnet und dementsprechend forscht oder damit nicht religiöse Rituale als wissenschaftliche Experimente angestellt werden. Auch nehmen sich Personen, die in verschiednen Teilsystemen stehen, nicht als ganzheitliche Menschen wahr, die derselben Gattung angehören, sondern anerkennen einander bereits als definierte Funktionsträger. Ihre Absichten können daher keinesfalls als konkurrenzfähiges Begehren in Erscheinung treten.

Girards selbstreferentielle Grundfigur (Nachahmung von Nachahmung)[10] hält das Modell hinreichend abstrakt, um es auch kon-

[10] „Their rival desires literally feed on one another: the imitator becomes the model

textunabhängig zu verwenden. Er sieht richtig, dass sich Gesellschaften nicht aus Menschen und Dingen zusammensetzen, sondern nur wieder aus sozialen Verhältnissen, und insofern ist die Figur der Nachahmungs-Nachahmung zutreffend, allerdings bleibt sie bei Girard auf die interaktionelle Ebene der Personbeziehungen bezogen und gaukelt dann ein anthropologisches Universale vor, als ob alle Menschen sich zu jeder Zeit um alles beneiden könnten. Wir leben aber in Verhältnissen, wo man einander nicht kennt und zu kennen braucht, wo man füreinander kein Symbol oder Stellvertreter sein kann, weil es schlicht zu viele Systemsymbole gibt.[11] Diese Verhältnisse bestehen nicht nur aus Personbeziehungen, sondern aus Institutionen und Organisationen, die mehr sind als die stabile Wiederholung einfacher Beziehungen. Komplexe Gesellschaften setzen einfache Beziehungen als Baumaterial voraus und bilden höhere Ordnungen.[12]

2.2 Unterschätzung der Exklusionsgewalt

Die großen Krisen werden heute nicht ausgelöst vom Kampf einzelner Personen (bzw. einzelner Gruppen) gegen andere, sondern von der Vernachlässigung ganzer Bevölkerungen.[13] Die moderne grassierende Form der Gewalt ist nicht die Aggression, sondern die Exklusion. Diese entsteht auf der Rückseite von Sozialzusammenhängen, die sich intern vernetzen und ihre Konzentrationsfähigkeit mit einer Haut der Indifferenz nach außen schützen. In hoch organisierten Gesellschaften werden Ablehnungen in Nichtberücksichtigung übersetzt: Zum Beispiel wird Strafe nicht mehr als Tortur vollzogen, sondern als Entzug von Möglichkeiten. Selektionen werden über

---

of his model, and the model the imitator of his imitator …" Girard, Violence and Religion, in diesem Band 180f.

[11] Die nicht als Symbol*sprache* ausgearbeitet sein müssen. Es genügt bereits eine anders codierte Anfangsunterscheidung, um alle Folgeunterscheidungen in eine andere Richtung zu lenken.

[12] Zum Beispiel ist die Kirche mehr als die Aggregation von Beziehungen der einzelnen Gläubigen zu Gott oder zueinander. Das trifft sowohl auf die soziologische Außenbeobachtung (Gesinnungsorganisation) als auch auf die theologische Selbstbeschreibung von Kirche (Leib Christi) zu.

[13] Hierfür genügt der Hinweis, dass die westlichen Medien und ihre Benutzer kaum Notiz von der Flutkatastrophe in Bangladesch nehmen, die kürzlich ca. 1.000 Menschen das Leben, 10.000e die Gesundheit sowie ca. 25 Millionen Haus und Hof kosten. Zeitgleich wurden die Wirbelstürme in den USA lückenlos dokumentiert, obwohl sie – gerade wegen aufmerksamer Beobachtung und Vorkehrung – fast ausschließlich Sachschäden verursachen. Vgl. www.unicef.org/infobycountry/bangladesh_22673.html (Zugriff 15.09.2004).

Ausschreibungen vorgenommen, wo man sich für einen Bewerber entscheidet, die anderen aber deswegen nicht ablehnt („Leider konnten wir uns nur für einen entscheiden“). Ein gutes Beispiel sind Bewerbungen auf Professorenstellen, bei denen oft erst nach Jahren eine freundliche Rücksendung der Unterlagen die faktische Ablehnung signalisiert. Bei häufiger Fremdexklusion wird dies von den Betroffenen in Selbstexklusion übersetzt („Ich brauche mich gar nicht mehr zu bewerben“).[14] Weil dies über Verfahren geschieht und nicht über Einzelhandlungen, sind die Resultate auch nicht persönlich zurechenbar. Die Logik der Nichtberücksichtigung ermöglicht innerhalb der Systeme eine gewisse Sanftheit, nach außen hingegen wirkt sie mit aller Härte. Differenzierung gibt es nur dort, wo man sich für Bestimmtes nicht interessieren muss; Systeme blenden ihre Umwelt aktiv ab, indem sie ihr Außen *innen,* d. h. systemimmanent abbilden und wahrnehmen. Wenn diese Mechanismen Kosten verursachen, dann nicht deshalb, weil sich einander Nachahmende gegen ein Opfer zusammen rotten, sondern weil zwischen einander Unbekannten feste Routinen – meist ausgehärtet in Organisationen – entstehen, die eine Funktion erfüllen, aber sich gegen niemand richten. Nur weil es lebensweltlich nachvollziehbarer ist, nehmen wir einseitig die aggressive Gewalt wie Anschläge und Übergriffe wahr und unterschätzen die exklusive Gewalt.[15] Und dies ist auch ein Verdacht bei Girards Theorie. Gewalttheorien dürfen nicht bei der Gewalt durch Nein! stehen bleiben, sie müssen auch die Gewalt durch Nicht! einbeziehen. Girards Gewaltbegriff kennt nur kontradiktorische Gegensätze und übergeht die konträren.

2.3 Unterschätzung der Differenzierung von Macht

Girards undifferenzierter Gewaltbegriff zeigt sich daran, dass er von „der“ Gewalt spricht und damit die Verletzung von Leib und Leben meint. Das mag auf der Ebene lebensweltlicher Beziehungen hinreichen, in komplexen Gesellschaften aber differenzieren

---

[14] Innerhalb organisierter Gesellschaften können Exklusionen glimpflich verlaufen, weil dort nur Ausschlüsse aus Teilsystemen, nicht aus der Gesellschaft als ganzer stattfinden. So bleiben ein Arbeitsloser (als Konsument) Mitglied im ökonomischen System und ein Gefängnisinsasse (als Rechtsperson) Mitglied im juristischen System. In primitiven Gesellschaften wäre der Ausschluss radikal, der Exkludierte würde Bettler oder vogelfrei. Exklusion aus der Gesellschaft als ganzer ist die Reduktion einer Person auf ihren Körper.

[15] Erst das Rechtssystem erweitert unsere enge Wahrnehmung des Kriminellen, indem es auch Unterlassungsdelikte und Haftungsfragen berücksichtigt.

sich auch die Gewaltformen. Dort kann es soweit kommen, dass ökonomische Gewalt (ungleicher Zugang zu Ressourcen) an ganz anderen Orten auftritt wie juristische Gewalt (ungleicher Zugang zur Rechtsdurchsetzung). Von daher wird fraglich, ob Girard zufolge Religion tatsächlich als einziges Symbolsystem Gewalt kanalisierend wirkt. Sie vermag allenfalls *religiöse* Gewalt (ungleiche Heilschancen) einzudämmen. Wo Religion ökonomische Gewalt eindämmt, dort tut sie es zunehmend mit ökonomischen Argumenten und immer weniger mit Appellen an religiöse Barmherzigkeit. Sodann ist darauf hinzuweisen, dass noch einmal innerhalb der Teilsysteme (Ökonomie, Politik, Religion) Differenzierungen stattfinden, die neue Akteure hervorbringen: Organisationen (Firmen, Parteien, Kirchen). Sie binden immer mögliche Gewalt zu gezielter Macht, indem sie alle Mitglieder in Loyalitäten einbinden. Was auch immer in Organisationen kommuniziert wird, es wird immer auf vorhergehende verbindliche Entscheidungen bezogen. Dabei wird nicht die subjektive Absicht einer Entscheidung, Mitglied zu sein, gewertet, sondern der öffentlich beobachtbare Akt einer Entscheidung für diese Organisation – und nicht für eine der anderen Firmen, Parteien, Kirchen. Deshalb können Organisationen in ihrem eigenen Bereich Verbindlichkeit durchsetzen, müssen es aber immer vor dem Hintergrund der Austrittsmöglichkeit tun. Unter derartigen Bedingungen nimmt der Machtgebrauch ab, zwar nicht aufgrund der Zunahme einer Kultur der Gewaltlosigkeit, sondern weil sich unübersichtliche Interdependenzen einstellen. Organisationen entstehen, wenn die Macht der Vorgesetzten und Kompetenz der Untergebenen stark unterschieden werden, aber dennoch aufeinander angewiesen bleiben. Die Macht der Vorgesetzten liegt in der Möglichkeit, über die Personalmacht (Gehälter) hinaus auch Organisationsmacht (Stellen) auszuüben. Die Macht der Untergebenen liegt in der Bereitschaft, ihre Kompetenz einzusetzen, indem sie nicht nur gewisse Leistungen bringen oder verweigern (Streik), sondern die Leistung schnell, unaufgefordert, automatisch liefern, oder auch nicht. Der Chef wird dafür bezahlt, dass das Betriebsklima stimmt, welches einer flüssigen Funktionserledigung zuträglich ist. Je komplexer aber ein Betrieb, desto mehr nimmt die (dem Chef zugerechnete) Steuerungsmöglichkeit ab und die Macht der Untergebenen zu.[16] Durch die Austrennung von Stellen und Personen (sowie der darüber disponierenden Stellen und Personen) wird Macht identifizierbar und unterschieden von gesellschaftlich diffus verteilter

[16] Vgl. N. Luhmann, Macht, Stuttgart ^{3}2003, 108.

Macht.[17] Selbst an der Spitze von Großorganisationen darf der Vorstand einer Firma nicht als Loge auftreten, sondern muss sich personalisieren und Fragen nach dem Gehalt gefallen lassen.[18]

2.4 Unterschätzung der Zivilisierung von Gewalt

Damit wird nicht behauptet, dass moderne Gesellschaften gewaltlos seien, wohl aber, dass sie Gewalt virtualisieren. Gewalt bleibt im Hintergrund als Möglichkeit, aber sie darf *nur* als Möglichkeit bleiben, sozusagen als Drohpotential. Macht kann sich paradoxerweise gerade in Zusammenhängen kumulieren, wo Gewalt *nicht* ausgeübt wird, sondern nur symbolisiert zu werden braucht. Der instrumentelle wird durch den symbolischen Machtgebrauch abgelöst, weil dieser weit reichender ist; es ist leichter Symbole aufzustellen als Legionen zu unterhalten. Machthaber haben im Laufe der Geschichte alle Grade der Symbolisierung ausgetestet, vom brachialen Statuieren eines Exempels bis hin zu eher abstrakten Formen wie Paraden und Fahnen.[19] Es geht darum „ein Drohpotential sichtbar zu machen, ohne damit zu drohen. (…) Einfluß ist und bleibt auf Artikulation in sozialer Kommunikation angewiesen. Was nicht mitgeteilt wird, kann auch nicht beachtet werden."[20] Dies geschieht daher abnehmend mit eindeutigen Machtrepräsentationen, zunehmend mit generalisierten Symbolen. Macht ist auf die rechte Dosis von Visualisierung angewiesen: Wer zu deutlich und zu oft visualisiert, provoziert den Zweifel, ob er Schwäche kaschieren will. Wer umgekehrt seine Macht zu selten visualisiert, provoziert die Untergebenen, ihre Stärke einmal wieder zu messen. Je ausdifferenzierter eine Gesellschaft ist, desto weniger genügt die Erinnerung an *ein* zentrales Opfer, um Macht zu erhalten; es bedarf stattdessen ver-

---

[17] Vgl. N. Luhmann, Die Politik der Gesellschaft, Frankfurt am Main 2002, 74f.

[18] Die Macht katholischer Bischöfe ist kein Gegenbeweis, eher ein Beleg für die breit belegbare Entwicklung, dass Macht unter organisierten Bedingungen (also in Firmen, Parteien, Kirchen, Behörden) nicht nur unterdrückt wird, sondern verschwindet und durch Interdependenzen ersetzt wird, was neue Probleme der Unkontrollierbarkeit hervorruft. Erstens haben Bischöfe keine direkte Pastoralmacht mehr (siehe Hirtenworte), sondern nur über die Priester (die sie verlesen). Zweitens sind sie als Leiter von nichtgewaltenteiligen Organisationen, wie Diözesen, strukturell überfordert, so dass sie abhängiger werden von Wirtschaftsberatern oder Generalvikaren und sich auf ihr geistliches Amt zurückziehen. Will ein Bischof wirklich monarchisch regieren, muss er heute immer mehr selber machen, z. B. sein Seminar selber leiten, seine Predigten selber schreiben, seine Haushalte selber machen.

[19] Vgl. Luhmann, Politik (wie Anm. 17) 35.

[20] Ebd., 46 und 40. Machthaber wissen, dass „das System auf Gewalt [beruht], aber es ist durch Gewalt nicht mehr zu kontrollieren." Luhmann, Macht (wie Anm. 16) 67.

streuter und fein austarierter Visualisierungen, die positives Systemvertrauen erzeugen. Die Erzwingung von Gehorsam durch Sanktionen oder Dauermoralisierung mag noch in zentralisierbaren, feudalen Verhältnissen genügen, nicht aber in differenzierten. Dort genügt stattdessen oft schon der Verweis auf privilegierten Zugang zum Rechtssystem („Mein Bruder ist Anwalt“) oder die bessere Rechtschutzversicherung.[21]

Von daher halte ich es für falsch, Opfermechanismen auch dort zu erblicken, wo Gewaltdifferenzierung und juridisierte Macht vorliegen, wie dies in Girards Theorie so oft geschieht. „Gerichtswesen und Opfer haben also letztlich die gleiche Funktion [nämlich Racheverhütung], aber das Gerichtswesen ist unendlich viel effizienter.“[22] Justiz wäre dann nur Rache, deren Rachedrohung so beeindruckt, dass die Gewaltspirale endet. Girard steht m. E. in der französischen Tradition des Generalverdachts, alle soziale Ordnung sei soziale Kontrolle und sublime Disziplinierung des Subjekts. Dass die Formen der Gewalt in modernen Zivilisationen feiner werden,[23] spricht nicht gegen sie, sondern zeigt, dass steile Machtgefälle gesenkt und im Zusammenspiel von Professionellen und Betroffenen austariert werden.

3. Kritik an Girards Deutung der Passion Jesu als Lynchmord

Girards Auslegung der jüdischen und christlichen Schriften hat den systematischen Theologen den Blick geweitet. Er hat ein Modell geboten, die Texte als Gesamterzählung zu begreifen und zwar als Antwort auf die von anderen Religionen und Zivilisationen verdeckte Bewältigung, aber auch Sakralisierung von Gewalt. Auch die biblische Leidensgeschichte stellt den Sündenbockmechanismus dar, diesmal aber in völliger Umkehrung der mythischen Schuldverteilung. Im NT werde das rituelle Opfer (*sacrifice*) abgelehnt und die Opfergabe (*victim*) rehabilitiert. Girard legt insbesondere die Passion als Beispiel für die mimetische Anste-

---

[21] Solche Nullmethodik, dass etwas gerade bei seiner Nichtanwendung funktioniert, kommt auch in der Religion vor: Wunder müssen möglich sein, dürfen aber nicht zu häufig durch Gottesurteile herausgefordert oder durch Heiligsprechungsprozesse festgestellt werden.

[22] Girard, Heilige (wie Anm. 5) 39. Justiz sei nicht die Aufhebung von Rache, sondern ihre konsequente Durchsetzung. So konsequent, dass sich nach einem Justizverfahren kein Rächer mehr zurück zu schlagen getraut, kennt er doch nun das Gewaltmonopol der Justiz.

[23] Vgl. A. de Swaan, In Care of the State, Cambridge 1988.

ckungsgefahr der Gewalt aus. „Lynch mobs in the Bible think and behave exactly like lynch mobs in foundational myths.“[24] Die gewaltinfizierte Menge sucht sich ein Opfer aus, meist ein hilfloses Individuum ohne großes Gefolge. Sie baut Furcht vor dem Opfer auf und glaubt schließlich selbst an dessen Gefährlichkeit. Schließlich beschuldigt die Menge das Opfer, verurteilt es einmütig und lässt es vernichten. Die Worte des Kajaphas könnten geradezu als Kurzformel der sich durch Opfer entlastenden Gewalt gelten: „Es ist gut, wenn ein einziger Mensch anstelle des ganzen Volkes stirbt.“[25] Die neutestamentlichen Erzählungen zeigen den Gründungsakt jeglicher Gesellschaft, nur diesmal von der Opferseite, nicht von der Priesterseite. Weil alle im gegenseitigen Streit ähnlich wurden (Rivalenmimesis), können sie sich zusammenrotten und sich gegen das Opfer verbünden. Mimesis schleift ständig gesellschaftliche Besonderheiten ab und fügt sie der Menge ein. „Um nicht gekreuzigt zu werden, ist es also letztlich am besten, sich wie alle andern zu benehmen und sich an der Kreuzigung zu beteiligen.“ [26] Die Menge duldet keine unentschiedenen Beobachter, sie drängt auf Entscheidung, sich einzureihen oder zum Opfer zu gehören. Deshalb leugnet Petrus nicht nur, er flucht auch und verschwört sich mit der Menge. Nach dem Opfer sind alle in der Meinung „versöhnt“, das Opfer sei für die Gewalt verantwortlich gewesen, da ja nun Friede herrsche.

Diese universal-anthropologische Figur scheint passgenau auf den Prozess Jesu zuzutreffen, und Girards Deutung der Passionsgeschichte als Lynchmord hat eine lange Auslegungstradition hinter sich. In der Kunst wird die *turba* oft als geiferndes Volk dargestellt, das sein Opfer durch die Gassen treibt und dessen Raserei in den Rufen „Kreuzige ihn!“ gipfelt. Zieht man die dramatischen Elemente aus den Evangelientexten ab und wertet die exegetischen Befunde aus, so ergibt sich ein gänzlich anderes Bild:

---

[24] Girard, Violence and Religion (wie Anm. 10) 182.

[25] Joh 18,14; par 11,50 (Übersetzung K. Berger / Ch. Nord). Kajaphas spricht die „Vernunft des Sündenbocks“ aus. Girard, Sündenbock (wie Anm. 2) 165. Er mobilisiert die Menge, sich zu einigen und hinter ihn zu stellen. Seine Entscheidung (*decision*) bedeutet de-cision: „dem Opfer die Kehle durchschneiden“ (ebd., 166).

[26] Vgl. nur Girards eloquente Auslegung zur Verleugnungsepisode Lk 22,54–62 in Girard, Sündenbock (wie Anm. 2) 215–235, hier 223.

3.1 Die „Menge" waren Behördenmitglieder

Zwar ist das Volk – da ist Girard Recht zu geben – eine unsichere, beeinflussbare Größe: Aus Rücksicht auf das Volk soll Jesus vor dem Fest und nicht am Fest hingerichtet werden (Mk 14,1f.); auf Drängen der Menge wird Barabbas freigelassen; die Pilgerströme boten Unruhestiftern Deckung.[27] Weil an Hochfesten mehr Pilger in der Stadt waren als Einwohner zählte, muss man klar unterscheiden, wer mit „Volk" oder „Leute" gemeint ist. Eine feindlich gesonnene Volksmenge kann sich nur aus der ansässigen Stadtbevölkerung gebildet haben, die vom Tempel lebte und die Jesu Aktion dort erfahren hat. Eventuell war die „Menge" nur der am Prozess beteiligte Stadtadel samt seiner Unterstützer.[28] Die feindselige Stimmung des Volkes ist demnach nicht einfach eine Zusammenrottung des Mobs, sondern verweist auf ein bereits gefasstes Urteil, dass hier ein Tempellästerer seiner gerechten Strafe (durch die Römer) zugeführt werden müsse. Die Beteiligten hatten nach einem Vorverfahren „festgestellt" (*heuramen* Lk 23,2), dass dieser Mann keine Schonung mehr verdiene. Die Parteilichkeit der Menge darf daher nicht als spontane Äußerung einer opportunistischen Masse gedeutet werden. Es handelt sich um ein Vor-Urteil im wörtlichen Sinne.

3.2 Jesus beging ein Delikt

Dieses Ersturteil stammte aus der Verhandlung im Synedrium.[29] Dort war Jesus nach mischnischem Recht wegen Lästerung verurteilt worden. Zwar berichtet Markus, der Hohepriester stellte

---

[27] Von früheren Vorfällen wusste man, dass Attentäter und Aufrührer aus den Provinzen um Jerusalem, weniger aus der urbanen Bevölkerung kamen. Vgl. G. Theißen, Die Tempelweissagung Jesu. Prophetie im Spannungsfeld von Stadt und Land, in: ThZ 32 (1976) 144–158, hier 148. Wie dicht und explosiv die Lage am Passafest war, zeigt sich bei einem Vorfall wenige Jahre später: 49 n. Chr. beleidigt ein römischer Soldat die Festpilger, indem er seinen Hintern entblößt. Gegen den aufkommenden Tumult lässt der Prokurator Truppen in Stellung gehen, woraufhin tausende Pilger sich in Panik zu Tode trampeln.

[28] Einige Exegeten ziehen den Kreis noch enger und sehen in den Hohenpriestern die einzigen Gegner Jesu. Vgl. L. Schenke, Studien zur Passionsgeschichte des Markus. Tradition und Redaktion in Markus 14,1–42, Würzburg 1971, 39–40.

[29] Es setzt sich aus drei Parteien zusammen: Hohepriester, Älteste und Schriftgelehrte (so auch bei Mk). Gemäß der Mischna besteht es aus 70 Mitgliedern plus dem Hohenpriester. Seine Kompetenz erstreckte sich auf kultische Fragen, d. h. Fragen der Tora und des Tempels. Die Ältesten waren wohl sadduzäische „Laienaristokraten" und den eher kleinbürgerlichen, pharisäischen Schriftgelehrten gegenüber gestellt. Vgl. W. Bösen, Der letzte Tag des Jesus von Nazareth, Freiburg – Basel – Wien ^{2}1994, 170.

am Schluss Gotteslästerung fest („Ihr habt doch gehört, wie er Gott gelästert hat!" Mk 14,63), aber die Forschung ist sich einig, dass es im Synedrialverfahren keinesfalls um *Gottes*lästerung gegangen sein kann. Nach dem mischnischen Gesetz (in Auslegung von Dtn 13 und 17) bestand Gotteslästerung im Aussprechen des Jahwe-Namens oder im Aufruf zum Götzendienst. Nichts weist darauf hin, dass Jesus dies getan hat. Bezüge hierauf sind Interpolationen und setzen eine entfaltete Christologie voraus, die gerade im Munde von Anklägern als spätere Interpolation kenntlich sind.[30]

Wohl aber ist es um *Tempel*lästerung gegangen. Mit dieser Anklage beginnt auch das jüdische Verhör; die Tempelaktion Jesu war der Anlass der späteren Festnahme. Die Tempelkritik Jesu kann im Prozess nicht ausreichend bewiesen werden, weil sich die Zeugen widersprechen (vgl. Mk 14,58). Das ist nun aber ziemlich unwahrscheinlich, denn die Tempelaktion war ein öffentlich beobachtbarer Skandal, keine Predigt vor dem Jüngerkreis. Zwar war der Vorhof der Heiden, in dem Jesu Aktion stattfand, sehr groß (450 x 300 m), aber abweichendes Verhalten wurde gerade an den Festtagen aufmerksam registriert. In Jesus deswegen den Revolutionär zu sehen ist falsch, aber sicher hat er gewaltsame Handlungen gegen „Geldwechsler und Taubenhändler" (Mk 11,16) vorgenommen. In der dramatisierten Version bei Johannes wird er sogar mit einer Peitsche aus Binsenstricken (evt. Tierleinen) gegen Menschen handgreiflich.

Jesus greift den Tempel nicht als solchen an, wohl aber dessen organisierten Betrieb. Deshalb ist seine Protestaktion als prophetische Zeichenhandlung zu verstehen. Nie sagt Jesus, er selber werde den Tempel niederreißen; dies wird ihm nur vorgeworfen (Mk 14,58). Wäre Jesus wirklich brutal geworden, hätten ihn die Tempelbehörden auf der Stelle verhaftet und verhört. Von einem unmittelbaren zeitlichen Nacheinander von Tempelaktion und Verhaftung ist aber nirgendwo die Rede. Für eine Kritik am Tempel als Sühneort als solchem gibt es in der sonstigen Verkündigung

---

[30] Zum Beispiel lassen die Evangelien Kajaphas fragen, was er selber nicht verstehen konnte, dem Leser aber als Fremdprophetie erkennbar ist. Deutlich bei der lukanischen Einfügung: „Da sagten alle: Du bist also der Sohn Gottes. Er antwortete ihnen: Ihr sagt es – ich bin es." Lk 18,70. Gerade Häufung von (Anklage-) Titeln „Messias, Menschensohn, Gottessohn" beim Synedrialverhör spiegelt die nachösterliche Perspektive. Die Evangelisten wollen den Prozess auf die für Christen eigentlich interessante Selbstaussage Jesu hinlenken, dass er der Sohn Gottes sei. Deshalb gibt Mk dem Hohenpriester Anlass zur weiteren Befragung: „Bist du der Messias, der Sohn des Hochgelobten?" und legt ihm das urchristliche Christusbekenntnis in den Mund. Vgl. A. Strobel, Die Stunde der Wahrheit. Untersuchungen zum Strafverfahren gegen Jesus, Tübingen 1980, 74.

Jesu zu wenig Anhalt. Weniger das Opfern als vielmehr die Vorbedingung des Opferns, nämlich Reinigung, wird in Jesu Predigten immer wieder thematisiert. Es wäre ein Leichtes gewesen, den Opferkult direkt zu kritisieren, indem Jesus einen der Altäre attackiert hätte. Dann allerdings hätten die Jerusalemer Behörden kurzen Prozess gemacht, zu einer Überstellung an die Römer wäre es nicht gekommen.

So klärt sich die Frage, warum die jüdischen Behörden Jesus angesichts der Tempelverwünschung nicht sofort zum Tode verurteilten, denn sie hätten dieses Privileg beim Tatbestand der Tempelschändung als Ausnahmerecht besessen.[31] Offensichtlich hat Jesus dem Tempel geschadet, was die jüdische Gerichtsbarkeit zum Handeln zwang, aber es ließen sich keine Delikte nachweisen, die zu einer jüdischen Exekution des Urteils gereicht hätten. Das wäre der Fall bei einem Attentat auf den Tempel, seine Geräte oder Personen. Man kennt aus der Geschichte mehrere Fälle, in denen Tempelskandale von jüdischen Behörden angezeigt, aber von römischen Behörden nur nachlässig bestraft werden.[32] Der Jesusfall war sozusagen zu gravierend, um übergangen zu werden, war aber zu geringfügig, um die seltene Waffe jüdischer Kapitalgerichtsbarkeit zu provozieren. Es lag im Interesse der Jerusalemer Aristokratie, dieses Privileg nicht zu oft auszuüben. Generell

---

[31] Dieses Privileg ist archäologisch belegt. Man hat Warntafeln gefunden, die Römern und Hellenen – daher die Abfassung in Griechisch und Latein – unter Todesstrafe das Betreten des Tempels verboten. Vgl. P. Egger, ‚Crucifixus sub Pontio Pilato'. Das ‚crimen' Jesu von Nazareth im Spannungsfeld römischer und jüdischer Verwaltungs- und Rechtsstrukturen, Münster 1997, 46. Haben die jüdischen Behörden ihre Kompetenz dann unterschritten? Das *ius gladii* war den römischen Behörden vorbehalten, nur aus strategischer Klugheit beließ man den Juden ihr Recht, ihre Heiligtümer so streng zu schützen. Die Lästerung, deren Jesus angeklagt wurde, bestand nach Blinzler nicht im Tempelskandal, sondern in der Behauptung seiner messianischen Würde. Vgl. J. Blinzler, Der Prozeß Jesu, Regensburg [4]1969, 189. Jedoch: Der Gottessohn-Titel wird von Kajaphas wie eine Apposition zu Messias verwendet. Wäre den Synedristen die Gleichwesentlichkeit Jesu mit Gott zu Ohren gekommen, wäre das nicht einer unter mehreren Anklagepunkten, neben dem harmlosen Punkt „Messianität" gewesen, sondern der einzige. Jesu Anspruch, Sünden vergeben zu können, kommt dem Gotteslästerungsdelikt noch am nächsten, aber gerade er spielt im Prozess keine Rolle. Der Wiederkunftsanspruch, das Sitzen zu Gottes Rechten und die Richterfunktion wiederum wären keine lästerlichen Aussagen. Sie alle bilden Merkmale der Messiasrolle.

[32] In einem bei Josephus berichteten Parallelfall wird ein gewisser Jesus ben Ananias von den Römern gegeißelt, dann aber freigelassen (ganz ähnlich in Joh 19,4, wo Pilatus die Geißelung als ausreichendes Strafmaß deutet). Dieser Fall zeigt zudem, wie sehr die jüdischen Obrigkeiten selbst unter Zwang standen, verdächtige Personen rechtzeitig – d. h. vor Aufkommen von Aufruhr – anzuzeigen. Vgl. Egger, Crucifixus (wie Anm. 31) 168. Vgl. auch S. Safrai, Jewish Self-Government, in: S. Safrai / M. Stern (Hg.), The Jewish People in the First Century. Bd.1, Assen 1974, 377–420, hier 399.

gilt: Je öfter Gewalt durchgesetzt werden muss, desto deutlicher wird der Machtverlust. Macht besteht in der Möglichkeit, Gewalt anzuwenden, Macht nimmt aber ab mit der Notwendigkeit, Gewalt anzuwenden. Noch zu frisch war in der Erinnerung die Entmachtung der jüdischen Könige im Jahre 6 n. Chr. Die Römer konnten jeden Moment die letzte Selbstverwaltung (in religiösen Dingen) nehmen, wenn sie bemerkten, dass die jüdischen Behörden nicht mehr Herr der Lage waren. Deshalb werden im Folgenden die römischen Behörden eingeschaltet.[33]

Der Doppelprozess Jesu hat sich nicht aus Tumulten entwickelt, sondern verlief gerade auf Seiten der jüdischen Behörden in hochgradig regulierten Verfahren. Insofern kann der Fall Jesu von Nazareth als Beispiel für rationales Handeln dienen. Auch aus der Gegenprobe bei den Darstellungen des *vulgus* in der Apostelgeschichte wird deutlich, wie stark sich der Prozess Jesu von Übergriffen durch den Mob unterscheidet. In Philippi (vgl. Apg 16,19–24) und Ephesus (vgl. Apg 19,23–40) entfacht sich der Zorn der paganen Bevölkerung an basalen Motiven: Einkommensverluste. Während in der Passionsgeschichte die Bevölkerung nur nachträglich hinzu gezogen wird, tritt in den beiden Fällen in Apg die Bevölkerung als Anklägerin auf, doch auch hier lässt sich der Volkszorn in Verfahren kanalisieren.

3.3 Unterschätzung der Bindung der Machthaber

Man kann die Nichtwillkürlichkeit des Prozesses Jesu auch beim römischen Verfahren aufweisen: Der erwiesenermaßen skrupellose Statthalter Pilatus muss wenigstens einen Minimalprozess mit Gehör und Verhör durchführen. Er steht in Abhängigkeit von einer höheren Beschwerdestelle – das war nicht etwa der Kaiser in Rom, sondern der Legat für Syrien. Das einzige, was der Provinzdespot zu fürchten hatte, war seine übergeordnete Behörde. Bekanntlich wurde er nach zehn Jahren Präfektur überraschend amtsenthoben, und

[33] Egger sammelt Zwischenfälle in Judäa, bei denen die römische Autorität eingriff, um religiöse Unruhen zu verhindern. Im Jahre 36 wird die von einem samaritanischen Propheten versammelte Menschenmenge am Fuße des Garizim gewaltsam aufgelöst. Sie wollte auf den Berg steigen, um die Kultgeräte des Mose zu finden. Pilatus aber richtet ein Massaker an. Sein Nachfolger Fadus (44–46) lässt eine Versammlung von Nachfolgern des Propheten Theudas am Jordan, wo alle ein Zeichen von ihm erwarten, töten oder festnehmen. In allen Fällen reagierte man auf „Unruhestiftung“, die für die Römer bereits dann gegeben war, wenn a) eine gewisse Anhängerschar zusammen kommt, b) jemand als Endzeit- oder Unheilsprophet auftritt und c) ein Zeichen verspricht. Vgl. Egger, Crucifixus (wie Anm. 31) 82–100.174.205–207.

zwar anlässlich einer Beschwerde von samaritanischen Vornehmen beim zuständigen Legaten für Syrien (Vitellius). Die Zuordnung von Präfekten (eher ein administratives Amt) und Legat (ein militärisches Amt) ist nicht ganz klar. Weil Judäa weder eine kaiserliche Provinz war noch eine senatorische, sondern unter Direktverwaltung stand, befand sich der dortige Präfekt an der kurzen Leine. Judäa war eine Verwaltungseinheit innerhalb der Militärprovinz Syrien. Der judäische Statthalter fungierte als Verwaltungsbeamter unter dem syrischen Legaten, welcher das Oberkommando im Reichsosten innehatte. Präfekte waren auch schichtenspezifisch von Legaten unterschieden. Präfekt war das Höchste, was ein Ritter werden konnte, „*legatus Augusti*" war oft nur eine Karrierestation für Adelige und Senatoren (eine Art Bewährung im Auslandseinsatz).[34] Es gehörte sicher zur Mission der judäischen Prokuratoren, den Tempel während der Festtage im Auge zu behalten, weil keine 30 Jahre zuvor die letzte große Revolte sich ebenda entzündet hatte (Passa- und Pentekostfest 4 v. Chr.) In Judäa herrscht so ein System der Kontrolle von oben nach unten: Der Legat kontrolliert den Prokurator, der Prokurator die Jerusalemer Tempel-Selbstverwaltung, diese fungiert als Polizeibehörde. Die Kontrolle funktioniert aber auch von unten nach oben: Wenn die Jerusalemer Behörden sich als unfähig erweisen, ihren Bereich zu kontrollieren (sichtbar an zu häufiger oder zu später Intervention), wird ihnen die Macht entzogen. Dasselbe gilt für den Prokurator! Er stand unter der Erwartung, Aufruhr zu verhindern, bevor er entsteht.

3.4 Jesus attackiert das Zentralsymbol

Die Opferrolle Jesu ergibt sich nicht nach einer willkürlichen Auswahl eines unschuldigen Opfers, sondern ist das Resultat seiner theologischen Provokation. Das Tempellogion[35] bildet neben der Messiasprätention einen der beiden ersten Anklagepunkte. Es

[34] Die relativ schwache Position zeigt sich darin, dass der Statthalter nur über einige Auxiliartruppen verfügte, der Legat aber über ausgebildete Legionäre. Für Judäa werden ca. 3.000 Soldaten angenommen, wovon nur eine kleine Abteilung in Jerusalem stationiert war. Vgl. Egger, Crucifixus (wie Anm. 31) 33.

[35] Wie kaum ein anderes Zeichen gelten die sog. Tempelreinigung und das dazugehörige Tempellogion als historisch. Zum einen ist es in allen Evangelien inklusive dem Thomasevangelium bezeugt, zum anderen dokumentiert die Verlegenheit, mit der es umformuliert wird, dass es sich um keine theologische Einfügung handeln kann, sondern interpretationsbedürftig bereits vorlag. Es lässt sich weder aus jüdischen noch aus urchristlichen Interessen ableiten. Vgl. Theißen, Tempelweissagung (wie Anm. 27) 144–158.

war für die Evangelisten offensichtlich peinlich, da es Lk ganz streicht und nur beim Stephanus-Prozess als Falschzeugnis anführt! Es besteht aus einer destruktiven Weissagung: „Ich werde diesen handgefertigten Tempel zerstören“ (Mk 14,58) und einer konstruktiven Weissagung: „Ich werde innerhalb von drei Tagen einen anderen nicht-handgefertigten Tempel bauen.“ Wahrscheinlich enthielt es einen prophetischen Imperativ: Löst diesen Tempel auf! (so in Joh 2,19). Man wird in dieser Zeit vor allem den Unheilsteil dieser Ansage gehört haben: Wäre Jesu Tempelwort die Prophetie einer allgemeinen neuen *Heils*zeit, wäre seine Predigt wohl kaum provokativ und justiziabel. Gemäß der Tora drohte einem Israelit, der den Tempel in unreinem Zustande betritt, die Todesstrafe (vgl. Lev 15,31; Num 18,4–7). Man muss sich vor Augen halten, dass die Geltung der Tora erst nach dem Untergang des Tempels voll hervortrat, zur Zeit Jesu existierte geradezu eine Tempelreligion neben der Gesetzesfrömmigkeit. Einiges spricht für G. Theißens These, der in der Tempelaustreibung eine Provokation Jesu gegen die allgegenwärtigen Reinheitsvorschriften sieht. Ein nichtkanonisches Evangelium tradiert den Vorwurf eines Oberpriesters, Jesus habe es versäumt, sich vor Betreten des Tempels zu reinigen. Jesus stößt einen Weheruf über ihn aus, weil er sich auf äußere Reinheit verlasse.[36] Von Jesu Jerusalem-Aufenthalt werden viele Details berichtet, nicht aber seine Teilnahme an den verpflichtenden Reinigungsriten. Zu diesen Riten kam man extra eine Woche vor dem Passafest.[37] Jesus scheint sie bewusst gemieden zu haben. Stattdessen führte er eine einfache, von den Jüngern unverstandene Fußwaschung im eigenen Hause durch. Seine Kritik am Reinheitskult[38] zeigte er in der Öffentlichkeit durch eine Reinigung des Tempelgeländes. Das Treiben der Geldwechsler und Opfertierhändler – also der Apparat, der der Reinigung diente – sei die Ursache der Unreinheit. Er verkündet laut, dass dieser

---

[36] Vgl. Papyrus aus Oxyrhynchos POx 840.

[37] Die halachische Tradition schreibt vor, an den sieben Tagen vor dem Fest in Wasser unterzutauchen und sich am dritten und siebten Tag mit Reinigungswasser zu besprengen. Vgl. D. Flusser, Die letzten Tage Jesu in Jerusalem. Das Passionsgeschichte aus jüdischer Sicht, Stuttgart 1982, 54.

[38] Das gewaltsame Umstoßen der Tische wäre zu harmlos gedeutet, würde man in ihm nur eine Protestaktion gegen das Überhandnehmen von unangebrachtem Kommerz an einem heiligen Ort sehen. Solche Kritik hätten auch die Tempelbehörden geteilt. Jedoch sprechen keine historischen Belege für die Auffassung Paeslers, die Geldwechsler seien notwendig gewesen, „um heidnisches, z.T. mit Götterbildern versehenes Geld in für das jüdische Heiligtum akzeptable Währung zu konvertieren …“ K. Paesler, Das Tempelwort Jesu. Die Traditionen von Tempelzerstörung und Tempelerneuerung im Neuen Testament, Göttingen 1999, 243.

Tempel dem Untergang geweiht sei und Gott stattdessen selber einen Tempel erbauen werde. Solche Unheils-Rufe über den Tempel waren kein Kavaliersdelikt, aus anderen Quellen weiß man, dass sie zur Anklage und Bestrafung führten. Der Tempel diente zugleich als Finanzamt und Nationalbank, als religiöses Zentrum und über die Wallfahrten auch als eine Art nationales Zentrum. Er war profitabel für Unterschichten, da viele Almosen abfallen, „Zentrum des Bettels".[39] Exegeten schätzen, dass ca. 7000 Priester und 10.000 Leviten aus ganz Judäa beim Opferbetrieb direkt beschäftigt waren, indirekt noch viele Handwerker, Viehzüchter, Andenkenhersteller, Gastwirte. Der sadduzäische Priesteradel ist Wächter und Nutznießer des Kultes; er nimmt Spenden und Steuern, den Zehnten und die Weihegaben ein und verwaltet. Gerade diese Funktionenhäufung führt auch zur Ablehnung bei verschiedenen Gruppen, wie den Samaritanern und den Essenern.[40] Über allen sozioökonomischen Bedeutungen diente der Tempel aber als Zentralsymbol der jüdischen Religion. Er balancierte die ständige Transzendenzsteigerung aus. „Je transzendenter Gott im Judentum gedacht wurde, um so mehr hing man mit seinem Herzen an dem Ort, wo dieser unendlich transzendente Gott zugänglich wurde. An den Tempel waren Segen und Wohlergehen gebunden. Durch ihn wurde Heil vermittelt."[41] Nicht dass der transzendente Gott ein immanente Wohnung hier auf Erden nimmt, sondern dass dieses Zeichen nur durch aufwändige Reinigung zugänglich ist, erregt Jesu Zorn.

3.5 Jesus provoziert Institutionen

Jesus geriet weder unschuldig noch blindlings in den Konflikt, der seinen Prozess und seine Verurteilung zur Folge hatte. Er hatte gesehen, dass seine Botschaft von der unmittelbar bevorstehenden Gottesnähe durch den Verweis auf die laufenden Heiligungshandlungen am Tempel,[42] die den Anspruch hatten, das laufend beschä-

[39] J. Jeremias, zit in: Bösen, Der letzte Tag (wie Anm. 29) 180.

[40] Belege der damaligen Kritik am Tempelbetrieb sind gesammelt in Paesler, Tempelwort (wie Anm. 38) 142–153. Doch auch die Kritikergruppen bleiben auf den Tempel bezogen: Essener und Zeloten kritisieren nur die Integrität der Tempelaristokratie, nicht den Tempelkult als solchen.

[41] G. Theißen / A. Merz, Der historische Jesus. Ein Lehrbuch, Göttingen ^{2}1997, 382.

[42] Etwas schneidig fällt die Schlussthese aus in Paesler, Tempelwort (wie Anm. 38) 262: „So hat Jesus auch das Ende des Tempels angesagt (Mk 13,2) – nicht aus einer Aversion gegen den Kult an sich heraus, sondern weil dort, wo Jesus die Ablehnung seiner Botschaft von der Gottesherrschaft erfuhr und wo diese Ablehnung womöglich

digte Verhältnis Israels mit seinem Gott auch laufend neu zu gründen. Seine Tempelaustreibung war ein Protest gegen die Institution schlechthin: den Tempel. Jesus greift keine Personen – weder Kajaphas noch Hannas an – er geht gegen die Geldwechsler vor, indem er ihre Tische umstieß. Sie nahmen die Tempelsteuer entgegen und tauschten Fremdwährungen gegen die in Jerusalem gängige tyrische Doppeldrachme. Damit unterband er die Praxis, durch einen Geldbetrag am offiziellen Sühneritus, dem täglichen Ganzopfer, teilzunehmen.[43] Stattdessen erhob er den Anspruch, in seiner Person das Lösegeld zu bieten und dies in einem „nicht-handgemachten“,[44] also göttlichen Tempel.

Man muss also annehmen, dass Jesus die Jerusalemer Autoritäten gezielt mit einem religiösen Delikt provoziert hat, um zu zeigen, dass das damals bereits bestehende und funktionierende Reich Gottes – nämlich die sanhedrinische sadduzäische Tempelorganisation – nicht das von ihm verkündete Gottesreich sei. Nirgendwo geht das besser als an dem Ort, wo sich die Aufmerksamkeit der Jerusalemer Stadtgesellschaft bündelt: im Tempel. Der Tempel wird von allen organisierten Gruppen beobachtet, sei es durch militärische Bewachung, sei es durch religiöse Achtung, und dies an Festtagen in gesteigertem Maße. Jesu Wort von einem wahren Tempel aus Gottes Hand führt vor Augen, dass die Jerusalemer Priesterschaft auf religiöse Provokation nicht mit religiösen Mitteln reagieren kann: Indem sie Abweichler anzeigt,[45] Vorverhöre führt und die Opfer überstellt, fungiert sie letztlich wie eine Polizeibehörde. Ja, schlimmer noch, sie verkleidet religiöse Anliegen (Jesu) in irdisch-politische Anklagen (vor Pilatus) und vermischt die Sache Gottes mit der Sache der Menschen. Um in römischen Augen justiziabel zu sein, musste der Tempelstreit politisiert werden. So wird Jesus als Unruhestifter präsentiert. Nicht alle Prokuratoren ließen sich die Verfahren diktieren wie Pilatus in Jesu

---

mit einer Suffizienz des Jerusalemer Kultbetriebes begründet wurde, der Kultus zu einem Vehikel des sich gegen Gott verschließenden Willens geworden war – und somit zum Götzendienst.“

[43] Keineswegs gaben sie heilige oder bildlose Münzen aus, denn die Tempelwährung hatte auf beiden Seiten heidnische Symbole: den Stadtgott von Tyros auf der einen, den ptolemäischen Adler – den Zeusvogel – auf der anderen. Vgl. J. Adna, Jesu Stellung zum Tempel. Die Tempelaktion und das Tempelwort als Ausdruck seiner messianischen Sendung, Tübingen 2000, 251–256 und 426–428; Paesler, Tempelwort (wie Anm. 38) 140f.

[44] Später in Mt als neues Gottesvolk gedeutet, in Joh als der Leib Jesu.

[45] Zur Entlastung kann man sagen, dass die Römer der Jerusalemer Rest-Selbstverwaltung eine Anzeigenpflicht auferlegten. Autonomie muss eben mit Administration bezahlt werden. Vgl. Egger, Crucifixus (wie Anm. 31) 30–49.

Fall. Ein Gegenbeispiel ist die Episode in der Apostelgeschichte, wo Gallio die Sphären auseinander hält und es ablehnt, eine religiöse Anklage (falsche Gottesverehrung) vor dem politischen Gericht zu verhandeln. „Läge hier ein Vergehen oder Verbrechen vor, ihr Juden, so würde ich eure Klage ordnungsgemäß behandeln. Streitet ihr jedoch über Lehre und Namen und euer Gesetz, dann seht selber zu! Darüber will ich nicht Richter sein" (Apg 18,14f.).

4. Fazit

Der Fall Jesu eignet sich aus den genannten Gründen nicht als Beispiel für einen archaischen Tumult oder Willkürjustiz. Damit ist der Theorie Girards – zumindest insofern sie das Christentum betrifft – ein wichtige Stütze entzogen. Die Passionsgeschichte dient Girard zufolge als Entmystifizierung des Sündenbockmechanismus. Mit der Weigerung der Evangelien, den Lynchmord Jesu als ein weiteres Sakralopfer darzustellen, stehe der Sündenbockmechanismus in gleißendem Licht als ein Verbrechen da.[46] Jetzt erst könne man sich seiner „zwingenden" Logik widersetzen. Das Opfer der Evangelien ist nach Girard unschuldig, die Menge hingegen, die sich in gegenseitiger Nachahmung zur Gewalt hat hinreißen lassen und gerade für solches Nachahmen ein Entlastungsopfer benötigt, schuldig. Girard besteht darauf, die Passionsberichte nicht als Mythen, d. h. als kollektive Symbolerzählungen zu behandeln, sondern als Geschehnisse ernst zu nehmen. Dies sei gerade deshalb möglich, weil sie aus der Opferperspektive geschrieben und daher weniger tendenziös seien. Aber gerade wenn man die Historizität des Prozesses Jesu untersucht, spricht alles gegen einen Lynchmord. Und selbst wenn es so wäre, dann war Jesus keinesfalls ein unschuldiges Opfer, das allein durch seine radikale Gewaltlosigkeit die gesellschaftliche Aggression auf sich gerichtet habe. Anders als Johannes, der einzelne Personen provozierte, hat Jesus mit der Tempelaustreibung Institutionen heraus gefordert und somit aktiv einen verfahrensmäßigen Prozess gegen sich ausgelöst. Wahrscheinlich hat sich Jesus eine religiöse Antwort erwartet: ein klärendes Streitgespräch mit den Autoritäten oder das Einbrechen des nahen Reiches hier am Tempel.

Girards Mimesis-Modell bleibt letztlich zweipolig und auf individual-anthropologischer Ebene: Subjekt A begehrt etwas und Subjekt B imitiert dieses Begehren nach dem gemeinsamen Ob-

[46] Vgl. Girard, Sündenbock (wie Anm. 2) 159.

jekt innerhalb einer gemeinsamen knappen Welt. Unerklärt bleibt, woher die Begehrlichkeiten kommen und wer etwas als knapp und kontingent setzt. Könnte nämlich jeder alles begehren, gäbe es keine Anlässe, die inflationären Wünsche der anderen für begehrenswert zu halten. Die Kontingentierung des Wünschbaren wird von sozialen Systemen wie Religion, Politik oder Justiz geleistet. Sie geben die Sinnprovinzen vor, innerhalb derer Begehren von Personen und Konkurrenz von Organisationen möglich ist; sie ziehen aber auch Sinngrenzen, hinter denen Indifferentes, Konkurrenzunfähiges liegt. Differenzierte soziale Systeme sind insofern selbstbezogen und einpolig, sie richten sich nur auf ihre eigenen Gegenstände. Der Mimesis-Begriff reicht deshalb nicht aus, um die Gewalt in der Passionsgeschichte angemessen zu beschreiben. Das Unrecht, das Jesus geschieht und faktisch zu seiner Hinrichtung führt, besteht in der falschen Konvertierung des jüdischen, religiösen Verfahrens in das römische, politische Verfahren. Aus dem Tempel-Konflikt wird eine Anklage wegen Aufruhrs. Institutionen sind unfähig, einander nachzuahmen; denn anders als Personen begehren sie nicht, was andere Institutionen wollen. Im Gegenteil, sie wachen darüber, dass ihre Sache nicht anderswo verhandelt wird oder andere Sachen bei ihnen. Deshalb benötigen sie Übersetzungen in die eigene Verfahrenssprache. Weil es keine Metaregel gibt, welche die Angemessenheit an den Einzelfall überprüfen könnte, tut sich trotz aller Vorkehrung und Organisation ein Feld der Willkür auf, sobald ein Systemwechsel vorgenommen wird. In diesem kurzen Moment des *interregnum*s können die individuellen Gewalt erzeugenden Begierden – von denen Girard spricht – sich sammeln, sich gegenseitig spiegeln und auf andere Personen richten. Psychische Systeme (Personen) mögen mimetisch agieren, soziale Systeme (Organisationen) aber arbeiten selbstmimetisch.

Begehren und Nachahmung in der Theologischen Anthropologie

Knut Wenzel

Die folgenden Überlegungen haben zum Ziel, die Begriffe des Begehrens und der Nachahmung insofern einer *relecture* im Rahmen einer Theologischen Anthropologie zu unterziehen, als ihnen in der Theorie René Girards eine grundlegende Bedeutung zukommt. Dabei wird man einen ausdrücklich an die Theologen adressierten Hinweis Jean Greischs aufnehmen können, dass eine Auseinandersetzung mit Girard „an diesem zentralen Punkt seiner Theorie, der Bestimmung des *désir*, der Begierde, als anthropologischer Konstante" ansetzen muss.[1] Die gewählte Vorgehensweise wird nicht die einer direkt-symmetrischen Antwortrede sein, sondern die eines konstellativen, einen Denkraum entstehen lassenden Bezugs auf zentrale Bausteine der Theorie Girards.

1. Die Bedürftigkeitsstruktur allen Fleischs: Kontinuitäten zwischen Mensch und Tier

Vielleicht wird man sagen können, dass Begehren und Nachahmung zu den Grundvollzügen oder Grundakten des Menschen zu zählen sind. Vielleicht ist eine solche anthropologische Theorie vertretbar: begründ- und entfaltbar. Und wenn, dann so, dass diese Grundvollzüge den Menschen nicht im Gegensatz zum Tier auszeichnen; sie sind nicht exklusiv; sie verweisen vielmehr auf ein Grundstreben, auf eine Entelechie, die alle lebendigen Wesen verbindet, und in deren kontinuierlicher Variierung oder Entfaltung es ab einem gewissen Moment möglich gewesen sein wird, von Grundvollzügen zu sprechen. Dieser Moment ist nicht in dem Sinn gewiss, dass in ihm eine klare Scheidung zwischen einer Un-

[1] So Jean Greisch in einer Diskussion, die im Anschluss an seinen Vortrag stattgefunden hat, den er 1993 im Rahmen einer Tagung zur Opferthematik im Collegium Philosophicum Hannover gehalten hat: J. Greisch, Homo Mimeticus. Kritische Überlegungen zu den anthropologischen Voraussetzungen von René Girards Opferbegriff, in: R. Schenk (Hg.), Zur Theorie des Opfers. Ein interdisziplinäres Gespräch, Stuttgart – Bad Cannstatt 1995, 27–59. Die Diskussion ist dokumentiert in: ebd., 59–63, das Zitat: 60.

möglichkeit und einer Möglichkeit, von jenen Grundvollzügen zu sprechen, identifizierbar wäre, so, dass diese Scheidung mit jener zwischen Tier und Mensch zusammenfiele. Eine Rede von den Grund*vollzügen*, wenn auch nicht von den Grund*akten*, des Begehrens und des Nachahmens wird weit in das Tierreich hinein auszudehnen sein. So dass eben der Mensch in seinem Begehren und Nachahmen mit den Tieren ‚solidarisch' ist und diese Solidarität sich als das erweist, was biblisch *kol-basar* heißt, *Ein-Fleisch*: keine Gattungsbezeichnung, sondern ein die Gattungsgrenzen überspielender Summativ.

René Girard hingegen nimmt eine radikale Diskontinuität zwischen Tier und Mensch an, welche sich als ein fundamentaler Unterschied zwischen tierischer und menschlicher Gewalt auswirkt: Tiere kennen wohl die Gewalt oder Aggression der Selbstdurchsetzung, nicht aber ein mimetisches Begehren der Rivalität. Die Verbindung von Gewalt und mimetischem Begehren ist für Girard offensichtlich das den Menschen schlechthin Auszeichnende; sie scheint ihm das Kriterium der Hominisation zu sein.

Als *basar* jedenfalls ist der Mensch bedürftig, schwach, hinfällig, sündenanfällig, was an sich schon eine ziemliche Bandbreite darstellt, die eine Vielzahl von Verwirklichungs- und Lebensweisen erlaubt und denkbar sein lässt.[2] Aber Mensch und Tier sind als *kol-basar* zudem noch heils- und bundesfähig![3] Dies ist nun eine bemerkenswerte Wegmarke auf einem solchen Gang der Ausformulierung von Begehren und Nachahmung innerhalb einer Theologischen Anthropologie, dass eben der so kompliziert bedürftige, nämlich begehrende und nachahmende Mensch, gemeinsam mit den Tieren, über deren Bedürfniskomplexität wir wenig sagen können, fähig des Heils ist – und zwar als *basar*, *als* Begehrender und Nachahmender, und nicht um den Preis der Aufhebung seiner Begehrensstruktur. Es findet sich hier ein erster Hinweis auf die Spur einer theologischen Wertschätzung des Menschen als des Begehrenden und Nachahmenden.[4]

---

[2] Eine ausführliche Behandlung des Bedeutungsfelds von *basar* findet sich in: K. Wenzel, Sakramentales Selbst. Der Mensch als Zeichen des Heils, Freiburg – Basel – Wien 2003, 116–122.

[3] Gott errichtet den Regenbogen als Zeichen des Bunds, den er mit *kol-basar* geschlossen hat (Gen 9,17). Vgl. hierzu ebd., 120f.

[4] Nicht vergessen ist hier, dass diese Würdigung auf die Tiere hin offen ist. Mensch und Tier sind einander benachbart, in Schwäche und in Heilsfähigkeit, wobei der Kontext jener Rede von *kol-basar* keinen Zweifel an der Problematizität dieser Nachbarschaft lässt, nämlich der im Vergleich zum Bezugstext Gen 1,28–31 sozusagen vom Realitätsprinzip ernüchterte Noahsegen Gen 9,1–7; besonders eindrücklich dabei Gottes an Mensch und Tier gerichtete Rechenschaftsforderung: „Wenn aber

2. *Der Fächer des Begehrens*

2.1 *Begehrensstruktur und Kulturproduktivität des Menschen*

Nicht anders als in der Verwirklichung seiner Bedürftigkeitsstruktur vollzieht der Mensch sich selbst. Er lebt als bleibend der Verlebendigung Bedürfender. Und wie sollte er nicht begehren, was sein Leben ausmacht, wenn es doch nicht einfach mit ihm identisch ist? Alle Orte oder Dimensionen der Erfüllung – der gestillte Durst, die Sättigung, die Liebe, die ausgeschöpfte Lebenszeit, die Zuwendung Gottes – tragen eine unverwischbare Signatur des Begehrens, wobei Begehren nicht einfach eine Sprache des Mangels oder der Ermangelung ist: Auch die Freude an einer Erfüllung – an der Gegenwart der oder des Geliebten, an der Zugewandtheit Gottes – ist immer noch Sprache des Begehrens, nun aber preisende Sprache. Jenes Begehren des Anderen, das sich in der Ordnung der Liebe verwirklicht, erlischt nicht mit seiner Gegenwart. Das Begehren der Liebe wird an der Gegenwart des Geliebten nie satt. Die Unersättlichkeit des Begehrens, deren Energie von durchaus ambivalenter, wenn nicht ungeheuer zu nennender Qualität sein kann, ist kaum hinreichend erfasst, wird sie als ein Besitzen-, Überwältigen-, sich Einverleibenwollen paraphrasiert. In der Ordnung oder Sprache der Liebe ist sie vielmehr ein Preisen der und des Geliebten, die und der eben nicht besessen, überwältigt, einverleibt werden kann und deswegen unendlich begehrt werden muss. Wenn man diese Unersättlichkeit des Begehrens durch das unverkürzte Spektrum einer Sprache der Liebe hindurch bis hin zur Gottesliebe führt, erschließt sie sich zuletzt als Endlichkeit des Menschen, der auch im Angesicht Gottes nicht aufhört, diesen zu lieben, nach ihm sich auszustrecken: Ein weiterer Hinweis auf jene Spur der theologischen Wertschätzung des Menschen als Begehrenden. Was hier gemeint ist, kann kaum besser gesagt werden, als es Jacob Taubes in der ihm eigenen, sehr mündlichen Diktion tut, in den kurz vor seinem Tod in Heidelberg gehaltenen Vorlesungen zur Politischen Theologie des Paulus (Taubes bezieht sich in dieser Passage auf 1 Kor 13,13): „Wieso – muß man fragen – ist Liebe besser als Glaube und Hoffnung? Das ist eine komische Sache (…) Liebe heißt, daß ich nicht in mir das Zentrum habe (…), sondern: ich habe ein Bedürfnis (…) Liebe ist das Zuge-

---

euer Blut vergossen wird, fordere ich Rechenschaft, und zwar für das Blut eines jeden von euch. Von jedem Tier fordere ich Rechenschaft und vom Menschen. Für das Leben des Menschen fordere ich Rechenschaft von jedem seiner Brüder“ (Gen 9,5).

ständnis meiner Bedürftigkeit. Nun kann man ja sagen: Wenn dann das Reich Gottes da ist und alle auferstanden sind, was brauch' ich dann Liebe? Dann sind wir doch perfekt! Der Witz ist bei Paulus, daß ich auch in der Perfektion kein Ich bin, sondern wir ein Wir sind. Das heißt: Die Bedürftigkeit ist in der Perfektion selber. So wie es im zweiten Korintherbrief heißt: *deine Kraft vollendet sich in deiner Schwäche* (...) Und die Pointe ist: *en astheneia, in der Schwäche*."[5]

Mit Blick auf den eingangs gegebenen Hinweis einer möglichen anthropologischen Theorie des Begehrens könnte man zu sagen versucht sein, das Begehren sei als Grundvermögen und -akt des Menschen stets auf ein Objekt ausgerichtet, das der Begehrende als von sich verschieden wahrnimmt. Man würde dabei etwa der Grammatik folgen und sagen, dass begehren transitiv ist, also „zielend", „auf ein Objekt übergehend". Eine solche Bestimmung ist aber dann zu eng, wenn sie die Erfahrung eines objektlosen Begehrens oder eines Begehrens, das jedes sich anbietende Objekt zurückweist, ausschließt. Also wird man, offener, sagen, dass das Begehren ein Ex-Zentrieren, ein Sich-Ausstrecken des begehrenden Menschen ist, wobei zweierlei an dieser Begehrensstruktur nicht festgelegt ist: das, was formal das ‚Objekt' des Begehrens genannt werden kann; das Wie, der Modus des begehrenden Sich-Ausstreckens. Es ist also keineswegs so, dass ein Begehren sich stets auf ein besitzbares Objekt richtet, und zwar im Modus des Besitzenwollens. Die Theorie René Girards operiert mit einem solchen Begriff des Begehrens,[6] der noch zusätzlich mit einer sozusagen kapitalistischen Qualifikation versehen ist: jener der Objektverknappung. Denn es sind ja mindestens zwei, die dasselbe Objekt begehren. Die Verknappung der Waren aber führt zu erhöhter Nachfrage, zu höheren Preisen, zu größerem Wettbewerb um den Erwerb. Der Preis, der innerhalb der Theorie Girards für die verknappte Ware des Objekts der Begierde zu zahlen ist, ist sehr hoch; aus dieser kapitalistischen Begehrens-Dynamik resultiert letztlich, vermittelt über die Nachahmung, die Praxis des Opfers.[7]

Man muss nicht bestreiten, dass es eine solche Dynamik geben mag, um mit der Theorie Girards nicht überein zu stimmen. Es reicht schon, sie nicht für die exklusive oder auch nur dominante

---

[5] J. Taubes, Die Politische Theologie des Paulus, München ^{3}2003, 77f.

[6] So wird etwa das Bild, das sich die Bibel vom Begehren gemacht hat, ziemlich solitär vom zehnten Gebot her gezeichnet. Vgl. R. Girard, Ich sah den Satan vom Himmel fallen wie einen Blitz. Eine kritische Apologie des Christentums, München – Wien 2002, 21f.

[7] „Mimetische Rivalität ist die Hauptquelle zwischenmenschlicher Gewalt" (ebd., 26).

Dynamik des Begehrens zu halten. Girards Theorie setzt grundsätzlich an; menschliche Selbstäußerungen überhaupt scheinen mit einer gewissen Zwangsläufigkeit in den Weg vom Begehren hin zur Praxis des Opfers einmünden zu müssen.[8] Es ist deswegen wohl nicht falsch, in Girards Ansatz eine Theorie der Kultur zu erblicken, sofern Kultur als das Gesamt des Felds der Handlungen aufgefasst werden kann, das durch Monumente und Dokumente menschlicher Selbst-Verständigungen vorstrukturiert ist und das zugleich durch die je aktuellen Selbst-Verständigungen von Menschen restrukturiert wird. In der Perspektive Girards weist dieses Feld eine dia- und synchron sich stets repetierende Basisstruktur auf, die durch die Knoten Begehren – Nachahmung – Gewalt/Opfer geknüpft ist.

Nun wird man einigermaßen bedenkenlos zustimmen können, wenn menschliches Begehren als kulturproduktiv bestimmt wird. Denn insofern das Begehren als Grundakt den Menschen ex-zentriert, also auf einen anderen Kontext als ihn selbst bezieht (auch wenn jener andere Kontext ungewiss sei), ist es Sprache. Das gilt auch dann noch, wenn diese Sprache des Begehrens ganz innerlich, solilok, geschieht: die Matrix des Canzoniere Petrarcas ist die Sprache des Begehrens jener fiktiven Laura, deren Realität ganz innerlich ist; und wie viel öffentliche Sprache ist aus dieser soliloquen Begehrenssprache entstanden: 366 Kanzonen und Sonette! – Das Begehren ist kulturproduktiv. Aber den intelligiblen Hervorbringungen, die es gewissermaßen als Spuren seiner Objektsuche hinterlässt und die eben unter dem Begriff Kultur subsumiert worden sind, eignet in dem Sinn Pluralität, dass sie nicht auf eine eindeutige Grundstruktur reduzierbar sind. Das Begehren achtet nicht einmal jene kulturkonstitutiven Differenzen, wie sie von solchen Basisfunktionen wie objektiv – objektlos, subjektiv – objektiv, privat – öffentlich sichergestellt werden. Wenn man, an dieser Stelle den Strukturalismus zu Hilfe nehmend, einmal sagt, dass diese und andere Basisfunktionen Codes hervorbringen, also lesbare und praktizierbare Zeichenfolgen, und wenn man weiterhin sagt, dass Kultur als Ensemble von Codes begriffen werden kann, dann wird man vom Begehren sagen müssen, dass es unkodiert ist. Damit ist aber von der Kulturrelevanz des Begehrens mindestens dreierlei gesagt: 1) Das Begehren ist selbst nicht Kulturprodukt, sondern geht jeder Kultur voraus. 2) Kultur ist kein autopoetisches System; kulturelle

---

[8] „Meiner Auffassung nach sind in sämtlichen mythischen und biblischen Gewalttaten reale Ereignisse zu sehen; daß sie in allen Kulturen vorkommen, hat mit einem überall auftretenden Typus zwischenmenschlicher Konflikte zu tun: mit den mimetischen Rivalitäten" (ebd., 15).

Funktionen sind vielmehr ihrerseits initiiert durch den Selbstvollzug des Menschen als ein vitales ‚Streben nach'. 3) Das Begehren als dieses selbstvollziehende ‚Streben nach' kann nicht anders als sich in Kulturhervorbringungen zu verwirklichen.

Dies alles bedeutet aber, dass das Verhältnis zwischen Begehren und Kultur ein offenes, nicht festgelegtes ist. Man hat es folglich nicht mit einer einzigen Form, sondern mit einem *Fächer des Begehrens* zu tun: In der Tat kann sich das Begehren auf ein besitzbares Objekt richten. – Es kann sich auf einen Zustand oder ein Gefühl richten, zu dessen Erreichung der Erwerb von Dingen oder Dienstleistungen nötig ist. – Es kann aber auch ein Zustand oder Gefühl im Fokus des Begehrens liegen, dessen Eigenart es ist, sich unerzwungen einzustellen. – Das Begehren kann sich auf eine Person richten, diese dabei in eine versachlichende Perspektive nehmend. – Es kann sich auf eine Person *als* Person richten. – Es kann auch, davon war bereits die Rede, objektlos sein, etwa in der Weise eines schlechthinnigen Offenseins des begehrenden Menschen auf das, was sich zeigen wird, letztlich auf die Wirklichkeit überhaupt, oder in der Weise des Relativierens aller möglichen Objekte.

2.2 Begehren ohne Objekt: Die Lehre vom desiderium naturale

Man wird ein solches objektloses Offensein als mystisches Begehren identifizieren können. Man wird aber auch die Lehre vom *desiderium naturale* hinzunehmen können, die eine weitere theologische Wertschätzung des Begehrens birgt. Die Lehre vom *desiderium naturale* erscheint an dieser Stelle keineswegs weit hergeholt, sie liegt vielmehr nahe; gerade in ihrer gnadentheologischen Valenz vollzieht sich jene Wertschätzung: Das natürliche Begehren der Gottesschau bringt diese nicht hervor; Gott lässt sich nicht zwingen. Aber wenn es so ist, dass „der freie Wille des Gebers selber … das Verlangen in dem [erweckt], den er begaben will",[9] und wenn doch dieses Verlangen ein ‚natürliches' ist, dann formuliert diese Lehre eben eine gnadentheologische Würdigung des Menschen in seiner Geschöpflichkeit. Auf dem Weg seines Begehrens nähert dem Menschen sich Gott.[10]

---

[9] H. de Lubac, Die Freiheit der Gnade II. Das Paradox des Menschen, Einsiedeln 1971, 277.

[10] Die von de Lubac diskutierte These lautet, dass „eine solche Sehnsucht im Geschöpf zum Zeichen einer nicht bloß möglichen, sondern einer sicheren Gabe Gottes, zur Bestätigung einer Verheißung, die dem Wesen eingeprägt und an ihm selber ablesbar ist", wird (ebd.).

Die Lehre vom *desiderium naturale* klärt auch noch das, was zuvor ‚mystisches Begehren' genannt worden ist: Die Rede vom objektlosen Begehren erfährt keine Konterkarierung, sondern eine Spezifizierung durch das Axiom des Thomas, dass ein natürliches Begehren nach der Gottesschau nicht leer sein kann (*desiderium naturale nequit esse inane*)[11]. Objektlos heißt nicht: leer, im Gegenteil: Die Zurückweisung oder Relativierung aller möglichen Objekte durch dieses Begehren qualifiziert ja diese als nicht genügend, nicht erfüllend, als leer[12], und hält sich offen und frei für jene Erfüllung, die kein Objekt mehr sein kann, nichts also, was in der Perspektive des Begehrens aufgehen könnte. Das objektlose Begehren begehrt, was es nicht identifizieren, umgrenzen, unterscheiden, was es nicht als sein Objekt angeben kann und das dennoch und deswegen seine unausrechenbare Erfüllung ist.

Alle diese Begehren artikulieren sich in unterschiedlichen Kulturhervorbringungen. Selbst wenn man sie in Hierarchien des mehr oder weniger Wertvollen ordnen wollte, würde man nicht sagen können, dass auch nur eine der Begehrensformen an und für sich schlecht oder gewaltförmig sei. Nicht einmal das um ein gemeinsames Objekt konkurrierende Begehren ist an und für sich gewaltförmig; noch ist jeweils gar nicht ausgemacht, in welche Richtung die Rivalen ihren Konflikt ausgehen lassen: Auch wenn unter den realen Bedingungen ihrer Existenz Menschen dazu neigen mögen, sie nicht in Anspruch zu nehmen – es ist stets mit der Möglichkeit zu rechnen, dass sie ihr Handeln von einer in den konkreten Verhältnissen, in denen sie sich vorfinden, nicht absorbierten Position der Freiheit her entwerfen.

2.3 Das Begehren des Heils für die Anderen

Eine Weise des Begehrens ist bislang nicht erwähnt, gewissermaßen zurückgehalten worden. Sie wird etwa von Walter Benjamin unter dem Leitwort der Hoffnung angesprochen, nämlich in jenem Satz,

---

[11] STh I, 75, 6 c.

[12] Um einem traditionsreichen Missverständnis zu wehren, bedarf die Rede vom leeren Objekt einer Präzisierung: Die sich dem Begehren zeigenden Objekte können als Objekte der Welt aufgefasst werden; in ihnen zeigt und präsentiert sich dem Begehren die Welt. Die Qualifizierung dieser Objekte als ‚leer' beinhaltet nun, was doch geargwöhnt werden könnte, gerade keine Abwertung oder Zurückweisung der Welt, so als hätte die Welt mit *diesem* Begehren (das auf das Heil zielt) nichts mehr zu tun. Vielmehr ist dies als eine Würdigung der Welt zu verstehen: ‚Leer' sind nicht die welthaften Objekte an und für sich, sondern leer werden sie, wenn sie für die letzte Erfüllung jenes Begehrens gehalten werden. Zurückgewiesen wird also nicht die Welt als solche, sondern ihre Verzweckung für Endgültiges.

den er 1922 an den Schluss seines Aufsatzes über Goethes Wahlverwandtschaften gesetzt hat: „Nur um der Hoffnungslosen willen ist uns die Hoffnung gegeben.“[13] Trägt nicht das Begehren ohnehin schon eine Hoffnungssignatur (ohne dass diese freilich stets an die Oberfläche des bewussten Vollzugs empor dringen muss), insofern es Zeit bearbeitet, nämlich sich in jeweiliger Gegenwart auf etwas, das sich erst noch einstellen möge, ausstreckt? In der Spur Walter Benjamins öffnet sich nun aber eine sozusagen hoffnungsgeleitete Weise des Begehrens. Ist dieses Begehren auch jenem der Person *als* Person benachbart, nimmt es doch den Menschen, dem es gilt, noch einmal ganz anders radikal ernst. Es will nicht einen andern Menschen, es will vielmehr, was dieser andere Mensch will – freilich ganz und gar nicht im Sinn einer Mimesis des Begehrens, die Girard zufolge zur Katastrophe der Gewalt führt. Dieses Begehren stellt sich in den Dienst der Hoffnung der Anderen. Wenn ein solches Begehren Liebe genannt werden kann, und welches stärkere Wort hätten wir denn für ein Begehren, das nichts für sich und alles für den Anderen will, dann wäre es, einem Vorschlag Emmanuel Levinas‘ folgend, als anerotische Liebe zu bezeichnen.[14] Ein Begehren, das die Ich-Perpektive an den Anderen abgetreten hat. Es fällt nicht schwer, in einem solchen Begehren, das Hoffnung für die Hoffnung der Anderen, und gar noch für die Hoffnungslosen, ist, eine Struktur der Stellvertretung zu erkennen.

Ist eine solche Form oder Weise des Begehrens bloßes Postulat, Ideal, Illusion? – Für Walter Benjamin ist sie notwendig. Ich vermute, dass sie das Spektrum unserer Handlungen durchgängig, und zwar mit der Alltagspraxis als Fundament, in Spuren und Fragmenten durchprägt (wenn auch diese Durchprägung diskret, ja fragil ist). Kann aber diese Hoffnung, sofern sie doch nur in Spuren und Bruchstücken in der Welt ist, überhaupt als solche identifiziert werden? Braucht es nicht *eine verwirklichte Form dieses stellvertretenden Hoffens für das Heil der Anderen*, damit von dorther jene Fragmente überhaupt erst lesbar werden?

Der christliche Glaube beruht in Praxis und Reflexion auf der Grundwahrheit – sie ist ihm Grund und Gegenstand –, dass in der Praxis und der Lehre Jesu von Nazaret ein solches verwirklichtes Hoffen für das Heil der Anderen zum geschichtlichen Ereignis geworden ist, ein unbedingtes (wenn auch zu den Bedingungen einer konkreten geschichtlichen Situation geschehenes) Begehren des

[13] W. Benjamin, Goethes Wahlverwandtschaften, in: Ders., Gesammelte Schriften, I.1, Frankfurt am Main 1980, 123–201, hier: 201.
[14] Vgl. etwa E. Levinas, Gott, der Tod und die Zeit, Wien 1996, 234–236.

Heils der Anderen, so einschränkungslos (wenngleich nicht an den sündhaften Beschränkungen menschlichen Lebens vorbei, sondern auf sie hin adressiert), dass Jesus diese Hoffnung für die Anderen nicht nur gelebt, sondern noch einmal als Geschick seines Lebens auf sich genommen hat; so dass schließlich erkennbar wurde, dass in diesem Leben Jesu das Heil selbst, Gott selbst in seiner sich selbst gebenden Zu-Wendung zu den Menschen, Gegenwart geworden ist, dass also in der Rückhaltlosigkeit des Begehrens Jesu das Begehrte sich ereignet hat: das Heil der Menschen.

2.4 Konsequenzen für eine Theologie des Todes Jesu

Der Tod Jesu erschließt sich im hier vorgeschlagenen Angang nicht als jene zentrale, wenn nicht isolierte Opfertat, auf die alles zuläuft, sondern umgekehrt als Zeugnis des Lebens Jesu. Jesu in Freiheit übernommene Selbstverpflichtung involviert sein gesamtes Leben. Dass dieses Leben am Ende als Preis gefordert werden würde, ist nicht von vornherein angesteuerte Erfüllung eines Erlösungsprogramms oder Aufhebung eines fatalen Opfermechanismus,[15] sondern Aufsichnahme einer ursprünglich nicht gewollten, vielmehr aufgezwungenen und am Ende doch in den Horizont des eigenen Wollens gestellten Realisationsform jener Selbstverpflichtung. Der Tod Jesu ist dann zunächst von seinem Leben her zu deuten und nicht umgekehrt; erst in zweiter Ordnung, auf der Basis jener ersten Perspektive, können vom Tod her noch einmal die Ereignisse des Lebens Jesu rekapituliert und synthetisiert werden, bis hin schließlich zur Rede von den Mysterien des Lebens Jesu Christi; über den Begriff des Mysteriums werden sie mit der Heilsgeschichte insgesamt vermittelt.[16] Die Grundaussage bleibt aber, dass Jesus nicht seinen Tod, etwa als (Sühn-)Opfer, begehrte, sondern das Heil der Menschen. Und ist es nicht auch dies Begehren, das in der Auferweckung ins Recht gerückt worden ist, so dass Jesus Christus wahrer Mensch auch darin ist, die den Menschen in seiner Geschöpflichkeit auszeichnende Begehrensstruktur in vollendeter Weise verwirklicht zu haben, und wahrer Gott darin ist, das Heil auf dem Weg der Vollendung des Begehrens in die Konkretion menschlicher Wirklichkeit gebracht zu haben?

---

[15] So muss man es wohl aber verstehen, wenn es bei Girard heißt: Die Passion Jesu „veranschaulicht das Hauptthema der Anthropologie des Evangeliums: den Opfermechanismus". Girard, Satan (wie Anm. 6), 45.

[16] Vgl. etwa Justin, Apologie I,13, der hier das Kreuz als ein Heils*mysterion* auffasst.

Das Fundament einer adäquaten Rede vom Tod Jesu als Opfer besteht sicher in Jesu Widmung seiner eigenen Hoffnung an die Hoffnung der Hoffnungslosen, in der *hyper-hemon*-Struktur seines Lebens, die nicht im Ursprung schon kultischen Charakter hat, aber für eine verdichtende Repräsentation in der Sprache des Kults offen ist. Eine womöglich ursprünglichere, die Praxis Jesu unmittelbarer reflektierende Artikulation findet diese Struktur des „Für uns" in jener Selbstidentifikation Jesu mit den Armen, Gefangenen, Kranken, Lebens-Bedürftigen in Mt 25,35–46, die jenen, welche ihr Heil in Jesus sehen und suchen, nicht weniger auferlegt als die Mimesis des Begehrens Jesu: Hoffnung um der Hoffnungslosen willen.[17]

[17] Girard selbst erwägt kurz eine positive Beurteilung der Mimesis im Zusammenhang mit der Botschaft Jesu; vgl. Girard, Satan (wie Anm. 6), 28f. Er weist sogar auf die positive Verbindung von Begehren und Nachahmen bei Jesus hin („Jesus fordert uns … auf, sein eigenes *Begehren* nachzuahmen"; ebd., 29). Aber diese Passage bleibt im Gesamtgefüge des Gedankengangs Episode, ohne Auswirkung auf die Theorie insgesamt. So bleiben Fragen: An welche Praxis kann Jesus mit seinem paradigmatischen, zur Nachahmung aufgegebenen Begehrenshandeln anknüpfen, wenn doch ansonsten der Konnex von Begehren und Mimesis absolut gewaltförmig sein soll? Ist Jesu Handeln, seine Botschaft, letztlich das, wofür er mit seinem Leben eingestanden hat, mit einem gnostischen Deutungsmuster des einfachen und reinen Widerspruchs zu einer ansonsten ausnahmslos geltenden Wirklichkeit mimetischer Gewalt auch nur annähernd erfassbar? Würde Jesu Aufruf zur Nachfolge überhaupt verstehbar sein, damals wie jetzt, stünde seine Botschaft bar jeder dialektischen Anknüpfung im bloßen Widerspruch zu Praxis und Kultur der Menschen? Sobald aber eine graduelle oder dialektische Vermittlung zwischen der Praxis Jesu und der Praxis der Menschen zugelassen wird, zerbricht das Monolithische der mimetischen Theorie zur Pluralität der Begehrensformen, die wenigstens Bruchstücken jenes anderen Begehrens Platz einräumen. – Auch christologisch kann hier wohl kaum am Inkarnationsgedanken vorbei konstruiert werden, der das Menschliche als des Heils fähig würdigt, und zwar das Menschsein, wie es hier und jetzt erfahrbar und lebbar ist. – Girards knappe und folgenlose Anspielung auf Jesu andere Praxis des Begehrens erfüllt gleichwohl eine theoriearchitektonische Funktion: Es kann nicht ausreichen, die Evangelien als gegenmythische Enthüllung des gewaltförmigen Konnexes von Begehren und Nachahmung zu beanspruchen, da so ihre Bedeutung nur negativ markiert wäre. Es braucht einen positiven Kern, und dieser ist Jesu andere Praxis des Begehrens. Diese wird also theoretisch funktionalisiert; sie wird in ihrer Theoriefunktion vorgeführt, aber als in ihrer Eigenbedeutung stillgelegt. – Schließlich: Worauf zielt in der Deutung Girards das Begehren Jesu? Darauf, „Gott, dem Vater, so ähnlich wie möglich zu werden" (ebd.). Damit wird aber die christologische Redemöglichkeit auf eine Jesulogie reduziert, bei gleichzeitiger Ausblendung des Nächsten, auf dessen Heil jedoch das Begehren Jesu zielt. Könnte es sein, dass das Vergessen des Vollmachtsanspruchs Jesu mit dem Vergessen des Nächsten Hand in Hand geht?

3. Mensch und Mimesis

3.1 Mimesis und Christusnachfolge

Die Redeweisen von der Nachfolge und der Mimesis mögen unterschiedlichen semantischen und pragmatischen Feldern entstammen; man muss aber keinen Gegensatz zwischen ihnen konstruieren, der durch die Texte nicht bestätigt wird. Faktisch wird das eine, die Mimesis, im Licht des anderen, der Nachfolge, gedeutet, findet Eingang in die Bestimmung des Verhältnisses der Gläubigen zu Jesus Christus und prägt schließlich diese Bestimmung maßgeblich. Paulus fordert die Streitparteien in Korinth auf, zu seinem Nachahmer zu werden, so wie er selbst Nachahmer Christi ist (1 Kor 11,1). Diese Nachahmungskonstellation hat es in sich, wie gleich noch zu sehen sein wird. Zunächst aber: Folgt man den Hinweisen der einschlägigen Kommentare, mag für die Verwendung des Mimesis-Gedankens durch Paulus in einem sehr allgemeinen, womöglich einfach epochentypischen Sinn die (mittel-)platonische Urbild-Abbild-Schematik anzunehmen sein; innerhalb dieses Rahmens hat aber eine Verschiebung von einer metaphysischen zu einer ethischen Mimesis stattgefunden. Wesen *dieser* Mimesis ist eine Praxis in Entsprechung zu einer Grundorientierung.[18] Wiederum erhält auch bei Paulus diese ethische Grundausrichtung ihre Bestimmung als ein Handeln für die Anderen, um des Heils der Anderen willen.[19] Dabei kann es in dieser Mimesis nicht um eine partikulare Handlungsweise Jesu gehen, sondern, wie Paulus schon durch die Fügung *mimetes Christou* und nicht *Iesou* deutlich macht, um das Heilshandeln des Christus.[20] Dies lässt sich durch die zwei paradig-

---

[18] Vgl. W. Schrage, Der erste Brief an die Korinther (1 Kor 6,12–11,16), Solothurn – Düsseldorf – Neukirchen-Vluyn 1995 (EKK VII/2), 476f.

[19] „Auch ich suche allen in allem entgegenzukommen; ich suche nicht meinen Nutzen, sondern den Nutzen aller, damit sie gerettet werden." (1 Kor 10,33)

[20] Nicht ausgesagt ist damit ein alternativer oder entgegengesetzter Gebrauch von *Jesus* und *Christus* bei Paulus. *Christus* nimmt für ihn schon die Färbung eines Eigennamens an, so dass er in Bezug auf beide Namen dasselbe aussagen kann (vgl. etwa Röm 4,24: „... die wir an den glauben, der Jesus, unseren Herrn, von den Toten auferweckt hat" – Röm 6,4: „... und wie Christus durch die Herrlichkeit des Vaters von den Toten auferweckt wurde ..."). Entscheidend ist nun aber, dass diese Wandlung im Gebrauch des Christus-Titels nicht nur eine Konventionalisierung bedeutet, wie sie geschieht, wenn Bezeichnungen zu Namen werden, sondern dass in derselben Entwicklung der ursprüngliche theologische Gehalt mit transportiert wird. Die Abschleifung eines Hoheitstitels zu einem Namen kann auch bedeuten, dass die mit ersterem festgehaltene Deutung und Aussage der Heilsrelevanz und -vollmacht Jesu eine gewisse Unangefochtenheit erlangt hat, jedenfalls für Paulus. Unter welchem Namen Paulus ihn auch immer anspricht, die Ebene der Heilsbedeutung Jesu Christi ist sozu-

matischen Handlungsweisen des Verzichts auf *exousía* und der „aus der Liebe erwachsenen und auf die Rettung der ‚vielen' zielenden Lebenshingabe" charakterisieren.[21] Paulus deutet sein eigenes Handeln als an dem „Nutzen aller, dass sie gerettet werden" orientiert. Dieses prosoziale Handeln, mit dem er selbst Christus nachahmt, empfiehlt er nun der Gemeinde zur Nachahmung. Anderswo kann er dasselbe, in umstandsloser Weise zur Kurzformel konzentriert, als reziprok strukturierte Gemeinderegel formulieren, wobei die Stelle der Mimesis Christi durch die Erfüllung des Gesetzes Christi eingenommen wird (Gal 6,2).

Die Beschreibung der christlichen Mimesis als Begehren des Heils für die Anderen setzt sich frühchristlich fort. Was ist ein *mimetes Theou*, so könnte man mit dem Diognetbrief fragen? Die Antwort klingt wie ein direktes Echo auf Mt 25,35–46: Die Nachahmung besteht „nicht im Unterjochen der Nächsten, noch im Willen, mehr zu besitzen als die Schwächeren, noch im Reichtum und in der Vergewaltigung der kleinen Leute … Sondern: wer immer die Last seines Nächsten auf sich nimmt; wer bereit ist, darin dem Wohltaten zu bezeigen, der ihm unterlegen ist, worin er den anderen übertrifft; wer seinen Besitz, den er von Gott empfing, den Bedürftigen gewährt und damit für die Empfänger zum Gott wird – der ist der Nachahmer Gottes."[22]

Skizzenhaft wenigstens wird sichtbar, von welcher Bedeutung Begehren und Nachahmung für das Christentum sind, übrigens in eben der Koppelung, die René Girard mit sicherer Intuition erfasst hat, wenn auch mit umgekehrtem Vorzeichen.

Ich sagte aber zuvor, dass es die Mimesis-Konstellation, wie sie bei Paulus aufscheint, in sich habe. Zwei Aspekte seien hier nur noch in historisch-systematischer Absicht hervorgehoben:

3.1.1 Die Kulturproduktivität der Nachahmung in christlicher Deutung

Indem Paulus sich des Mimesis-Konzepts bedient, verknüpft er ein *Grundinteresse* mit einer *kulturellen Praxis.* Das Grundinteresse zielt auf die Sicherstellung einer in ihrer Authentizität überprüfbaren Kontinuität zwischen einer Ursprungs- oder Herkunftszeit

sagen nicht mehr unterschreitbar. Dies aber wird gerade durch die Möglichkeit eines synonymen Gebrauchs der Namen *Jesus* und *Christus* festgehalten.

[21] Schrage, Der erste Brief an die Korinther (wie Anm. 18), 477.

[22] Diognetbrief 10,5–6. Vgl. auch die Verbindung der Aufforderung zur Nachahmung Gottes mit der Liebe und der (ihr äußersten Ausdruck gebenden) Hingabe Christi als Gabe und Opfer in Eph 5,1.

und der jeweiligen Gegenwart, zwischen Jesus und der Gemeinde. Es handelt sich also um die Frage nach der Möglichkeit einer Bearbeitung von Zeit zu einem lesbaren, diachron strukturierten Text. Die Verknüpfung dieser Frage mit dem Mimesis-Konzept enthält zugleich die Antwort: Als pädagogischer Begriff erschließt Mimesis nämlich ein ganzes antikes Bildungsprogramm. Man könnte so weit gehen und sagen, dass durch die interpretatorische Aufnahme des Mimesis-Gedankens in das christliche Nachfolge-Konzept eine christliche Affirmation des antiken Bildungs- und Kulturverständnisses wenigstens angebahnt wird. Der Mimesis-Gedanke in seiner christlichen Adaption könnte also ein Quellort für eine Theologie der Kultur sein.[23]

Nachahmung als kulturelle Praxis steht in der antiken *paideia* für die Aneignung eines kulturellen Wissens als Arbeit an sich selbst. Mimesis im Rahmen der *paideia* bezeichnet also die Doppelbewegung der individuellen Adaption allgemeiner kultureller Standards – sie treffen alle Lebensbereiche – und der Entfaltung der eigenen Person in die Kommunikationsgemeinschaft jener Kultur hinein. Mimesis als *techne* der Bildung: Dieses antike Bildungsprogramm wird nun von christlichen Theologen aufgegriffen. In diesem Prozess geschieht ein Doppeltes, und beide Vorgänge sind zusammenzuhalten: Das Christentum wird als kulturfähig erwiesen; die (heidnische) Kultur wird als christentumsfähig erschlossen. Auf dem Weg der christlichen Adaption des *paideia*-Konzepts manifestiert sich also eine dialektisch strukturierte Wertschätzung von (heidnischer) Kultur: Das Christentum anerkennt die antike Kultur als jenen Sprachraum und Raum der Praxis, in dem es auch sich selbst zu artikulieren hat; das Christentum anerkennt die antike Kultur als Ressource seiner eigenen Selbst-Verständigung. Für Theologen des vierten und fünften Jahrhunderts – genannt seien Theodoret von Kyrrhos[24], Basilius von Caesarea[25], Augustinus – ist der Erwerb von Bildung im Sinn des *paideia*-Konzepts ein selbstverständliches Propädeutikum zur Gewinnung einer reflektierten und kommunizierbaren genuin christlichen Position – in Theologie und Glaubenspraxis. Freilich, man

23 Vgl. zu einer Theologie der Kultur etwa: P. Hünermann, Ekklesiologie im Präsens. Perspektiven, Münster 1995, 55–67; M. Eckholt, Poetik der Kultur. Bausteine einer interkulturellen dogmatischen Methodenlehre, Feiburg – Basel – Wien 2002; D. Klemm, Theology of Culture as Theological Humanism, in: Literature and Theology 18 (2004) 239–250, sowie das gesamte, dem Thema Theologie der Kultur gewidmete Heft.

24 Theodoret, Heilung der heidnischen Krankheiten, PG 83, 775–1152.

25 Basilius, Oratio ad adolescentes, SKV IV, 7–35.

kann an dieser Stelle über Ver- und Entflechtungen des christlichen Bekenntnisses mit Religion und Kultur, nicht nur der Spätantike, sondern überhaupt, debattieren.[26] Sicher ist aber doch das eine: Es gibt eine prominente Linie der Wertschätzung von Kultur durch christliche Theologen, beginnend mit Clemens Alexandrinus. Das Material, mit dem sie dabei arbeiten, ist gerade nicht bereits gereinigt von mythischen Elementen, sondern weist noch seine mythogene Herkunft auf. – Kurz gesagt: Die christliche Adaption des Mimesis-Konzepts lässt eine undialektische Opposition von Mythos und Kultur hier und Christentum dort nicht zu. Es beinhaltet vielmehr eine Neigung des Christentums zur Kultur, die von christlichen Theologen aufgegriffen, ausgebaut und fruchtbar gemacht worden ist und wird.[27]

3.1.2 Der Mimesis-Gedanke als Würdigung des Subjekts

Was sich bereits im soeben Gesagten andeutet: Mimesis ist alles andere als ein mechanischer Kopiervorgang. Der mimetische Ausgriff auf Kultur ist zugleich rezeptiv und kreativ. Die mimetische Aneignung kultureller Ausdrucksformen geschieht als deren kreative Reproduktion in je anderen individuellen Bedeutungskonstellationen. Mimesis ist nicht nur ein Prozess der Kultur*aneignung*, sondern ebenso, im selben Vorgang, ein Akt der *Selbstbezeugung*. Als solcher ist er Aktivität des Subjekts, subjekthaftes Geschehen. Soll nicht die mimetische Aneignung als Ver-Wirklichung des Nachzuahmenden in dem und durch das eigene Leben geschehen? Hierin wird der eigentliche Konvergenzpunkt des antiken *paideia*-Konzepts mit dem paulinischen Mimesis-Gedanken zu sehen sein: Mimetische Aneignung des Vorbilds als subjekthafter Akt seiner Rekonstruktion im Selbstvollzug des *mimetes*. Es ist deswegen nicht nur so, dass Christusnachfolge auch in ihrer Erschließung

---

[26] Vgl. hierzu die Thesen Thomas Rusters und die Debatte dazu. Th. Ruster, Der verwechselbare Gott. Theologie nach der Entflechtung von Christentum und Religion (QD 181), Freiburg – Basel – Wien ^{6}2003 (2000). Eine eingehende dogmatische Auseinandersetzung mit Ruster findet sich in K. Wenzel, Gottesunterscheidung. Thomas Rusters Programm einer Entflechtung von Gott und Religion und die Frage nach dem Verhältnis von Gott und Welt, in: FZPhTh 51(2004) 93–122.

[27] Siehe zum *paideia*-Konzept der Antike und zu seiner christlichen Rezeption: W. Jaeger, Paideia. Die Formung des griechischen Menschen, 3 Bde., Berlin u. a. ^{4}1959; ders., Das frühe Christentum und die griechische Bildung, Berlin u. a. 1963; H. I. Marrou, Geschichte der Erziehung im klassischen Altertum, München 1977. Wichtige Hinweise zum Ganzen verdanke ich Ferdinand R. Prostmeier; vgl. Aufsatz: F. R. Prostmeier, Christliche Paideia. Die Perspektive Theodorets von Kyrrhos, in: RQ 100 (2005, 1–29).

durch den Mimesis-Gedanken eine Wahrnehmung und Würdigung des handelnden Subjekts bedeutet. Es lässt sich auch schwerlich noch der Gedanke aufrecht erhalten, dass das Auftreten und die Passion Jesu im wesentlichen in der Aufdeckung (und damit Aufhebung) eines kulturkonstitutiven Opfermechanismus besteht. Abgesehen von den gnostischen Implikationen eines solchen soteriologischen Aufdeckungsmythos ist nicht ersichtlich, wie ein solcher Jesus die Menschen erreichen können soll, um die es ihm doch zu tun ist. Die Reformulierung des Wirkens und Geschicks Jesu als Entlarvung eines sozio-physikalischen Mechanismus weist keinen theoriekonstitutiven Zugang zur Subjektdimension des Menschen auf. Wird man aber nicht sagen müssen, dass alle christologische Reflexion und Theoriebildung sich auf diese wesentliche Handlungsweise Jesu einer (beinahe) unwillkürlichen Hinwendung zum Nächsten zu beziehen hat, mithin auf eine Praxis der unbedingten Wahrnehmung und Würdigung des Menschen in seiner Konkretheit und Subjektivität? Diesem Handeln Jesu kommt in der Weise Zeichencharakter (Offenbarungs- und Vergegenwärtigungskraft) zu, dass ohne den Umweg über die Abarbeitung an einem kulturkritischen Programm Menschen unmittelbar, in ihrer Subjektivität, angesprochen und herausgefordert sind: „Geh hin und handle genauso“ (Lk 10,37).[28]

Nur als Andeutung kann darauf hingewiesen werden, dass in der umfassenden und anspruchsvoll ausdifferenzierten Hermeneutik Paul Ricœurs eine philosophische Reflexion auf die Kreativität und Kulturproduktivität der Mimesis vorliegt. Mimesis bezeichnet hier den kulturproduktiven Umgang des Menschen mit seiner Welt. Diese wird in ihrer intelligiblen Struktur (Ebene der Präfiguration) durch Symbolisierungen (Texte) repräsentiert (Ebene der Konfiguration) und schließlich verstehend und handelnd angeeignet (Ebene der Refiguration).[29] Ricœur kann sich dabei auf jene theoretische Rehabilitierung der Mimesis stützen, die Aristoteles im Kontext seiner Tragödientheorie formuliert, in auffälliger Differenz zur durchaus skeptischen Beurteilung der Mimesis durch

[28] Darin, dass Girard den Offenbarungscharakter des Wirkens Jesu ausschließlich in der Enthüllung des mythologisch verschleierten Opfermechanismus sieht, erblickt Jean Greisch eine apokalyptische Verkürzung des Jesusgeschehens; vgl. J. Greisch, Homo Mimeticus (wie Anm. 1), 57–59.62. Offenbarung als ein in und durch Jesus Christus vermitteltes personales Geschehen zwischen Gott und Mensch wird wieder auf eine instruktionstheoretische Mitteilung zurückgekürzt. Im Licht der Geschichte des Offenbarungsbegriffs zeigt sich in Girards Interpretation des Wirkens und vor allem der Passion Jesu ein zutiefst rationalistisches Verständnis von Offenbarung.

[29] Vgl. für die Grundkonzeption P. Ricœur, Zeit und Erzählung I: Zeit und historische Erzählung, München 1988, 87–135.

seinen Lehrer Platon.[30] Es dürfte zu einer christlichen *paideia* im Sinn etwa Theodorets gehören, das eigene Verständnis der Christusnachfolge durch die Differenzierungen einer solchen Mimesistheorie hindurch zu führen, die letztlich als eine Anthropologie des Menschen als Kulturwesen aufgefasst werden kann.

4. Begehren und Nachahmung als Begriffe einer Theologischen Anthropologie

Vielleicht gibt es, wie gesagt, eine besondere Affinität zwischen den Vermögen des Begehrens und der Nachahmung,[31] dann aber nicht in jenem eindeutigen Sinn, den Girard vorschlägt. Dieser würde übrigens einen für alle menschliche Kultur konstitutiven Mechanismus vorgeben, der sowohl psychotisch strukturiert wäre[32] als auch paradoxerweise ohne Subjekt auskommen müsste.[33] Jesu Mahnung des ‚Geh hin und handle genauso' verweist auf eine andere Affinität von Begehren und Nachahmung. Sie ist komplex, da sie Unwillkürliches mit Fremdem verbindet. Die Gleichniserzählung, auf die jener Satz sich bezieht, rückt des Samariters unwillkürliches Begehren der Rettung für den Not Leidenden ins Zentrum, ein Handeln, dessen mögliche Opferstruktur nicht kultisch, das vielmehr unabhängig von der Sphäre des Ritus ist, wohl aber

---

30 Auf die Abwertung der Kunst als Nachbildung der Nachbildung in *Politeia X*, was ihre Hervorbringungen so unzuverlässig erscheinen lässt, antwortet Aristoteles mit der *Poetik*, in der er Mimesis als kompositorischen Umgang mit dem Stoff der Wirklichkeit bestimmt.

31 Jean Greisch blickt auf sie mit größter Zurückhaltung; er möchte das Begehren aus einer Fixierung auf die Nachahmung durch Girard lösen. Vgl. Greisch, Homo Mimeticus (wie Anm. 1), 41f.

32 Allein Girards Adaption des Begriffs vom *double-bind*, den Paul Watzlawick und seine Mitarbeiter zur Bezeichnung der sozio-kommunikativen Dimension von Psychosen entwickelt haben, an zentraler Position des Mechanismus mimetischer Gewalt – „Ahme mich (als Vorbild) nach / Ahme mich nicht (als Rivale) nach" –, markiert eine Deutung menschlicher Kultur und Gesellschaft als psychotisch. Vgl. Greisch, Homo Mimeticus (wie Anm. 1), 42.

33 Hier ist der Vergleich mit Sigmund Freud aufschlussreich. Wie Freud von der Historizität eines kulturbegründenden (Vater-)Mords der Urhorde ausgeht, besteht auch Girard auf der realen Gegebenheit der mythisch und biblisch berichteten Gewalttaten; vgl. Girard, Satan (wie Anm. 6), 15. Während jedoch bei Girard ein sozio-physikalisch gedachter Opfermechanismus zur steten Reproduktion der Opfer führt, sind es bei Freud die weitergegebenen unbewussten Schuldgefühle, die einen Generationen übergreifenden Wiederholungszwang hervorrufen – also ein Geschehen, das selbst in seiner deformierenden Wirkweise noch die Subjektivität der Beteiligten, wenn auch in der Dimension des Unbewussten, fordert. Vgl. hierzu auch Greisch, Homo Mimeticus (wie Anm. 1), 50.

in einem Kontrastzusammenhang zu Haltungen selbstverfangener Gleichgültigkeit steht. Die Erzählung präsentiert das Begehren des Heils der Anderen als ein Handeln, das sich für den Samariter von selbst versteht, das aber im Erzählkontext fremd erscheint. Die ganze Erzählstrategie deutet das Handeln des Samariters (auch hinsichtlich der Zuhörer) als *fremdes Handeln*, das *selbstverständlich* sein sollte. Weil es fremd ist, *soll* es nachgeahmt werden; weil es eigentlich selbstverständliche Geltung haben soll, *kann* es nachgeahmt werden.

Man kann hier eine christologische Offenbarungsstruktur *in nuce* erkennen: Jesus erschließt dem Menschen dessen ureigenste Möglichkeiten, die ihm also eigentlich selbstverständlich sein müssten, die er aber von sich her gar nicht mehr erreicht. Das ihm Eigenste – das Begehren des Heils der oder für die Anderen – ist dem Menschen fremd geworden und muss ihm wie von außen her zugesagt und erschlossen werden. Solche Offenbarung ist nicht nur ein Vorgang der Informationsweitergabe, sondern ein personales Erschließungsgeschehen. Je näher das Begehren an die Subjektivität des Menschen, an den handlungsfähigen Menschen gerückt wird, und je weiter es sich dadurch aus einem fatalen Mechanismus der Zerstörung löst, desto deutlicher wird, dass mit ihm nicht des Menschen Nemesis beschworen wird, sondern der Mensch in seinen Möglichkeiten gefragt ist.

Aber wird auf diese Weise nicht, so könnte man fragen, die Botschaft Jesu zu einer anthropologischen Rede verkürzt? Spricht Jesus vom Menschen – oder nicht doch eigentlich von Gott? Mit einer Kurzformel könnte man antworten: Jesus spricht vom Menschen ganz von Gott her, und er spricht von Gott ganz zum Menschen hin. Die gestellte Frage ist jedoch intrikater, als dass sie mit einer Kurzformel beruhigt wäre. Einerseits wird man der Mahnung etwa Jon Sobrinos Aufmerksamkeit schulden, dass von Jesus her die paradigmatische Alternative nicht Theismus oder Atheismus lautet, sondern wahrer Gott oder Götze.[34] Andererseits fordert die neuzeitlich-moderne Entwicklung hin zu einer Nicht-Selbstverständlichkeit des Gottesgedankens (wenigstens in seiner kirchlichen Verfasstheit) dessen eigene Thematisierung. Noch einmal anders verhält es sich, wenn man es mit einer Deutung Jesu zu tun hat, die faktisch ohne Gott auskommt. Eine solche Deutung scheint mir bei René Girard vorzuliegen: Die nicht vom Offenbarungslicht des Girardschen Jesus erleuchtete Menschenwelt ist so verloren, dass der Gedanke gar nicht aufkommen kann, diese Welt als die einem guten Schöpfer zuschreib-

---

[34] Vgl. J. Sobrino, Christologie der Befreiung. Bd. I, Mainz 1998, 251–256.

bare Schöpfung aufzufassen. Der Inhalt des Offenbarungshandelns Jesu ist vollständig als Inversion jener schlechten Welt ableitbar, also immanent strukturiert; ein sich seiner Welt und der Menschen liebend und erlösend nahe bringender Gott, der Welt und Mensch ob seiner gleichzeitigen Weltdifferenz und Weltengagiertheit aufs Fruchtbarste irritiert, kommt nicht vor. Und schließlich ist auch von einer die Welt und die Menschen in ihrer innersten Intention und Bedürftigkeit aufnehmenden und doch ihr unverrechenbar entgegen kommenden Vollendung durch Gott keine Rede. All diesem muss eine Theorie, die sich selbst nicht als Theologie versteht, naturgemäß keine Beachtung schenken. Die Theologie allerdings sieht sich mit der Frage konfrontiert, welcherart denn ihre Reaktion auf eine solche Apologie des Christentums sein kann, die ohne Gott auskommt, aber auch, mit Blick auf weiter oben Gesagtes, ohne den handlungsfähigen Menschen, den Menschen in seiner Subjektivität. Wo wäre in einer solchen Apologie des Christentums ohne Gott und Mensch der systematische Ort für eine Thematisierung von Gnade und Freiheit und beider Verhältnis zueinander angebbar?

Es zeigt sich also: Ein Bemühen um den Menschen, das theologisch verantwortet werden soll, wird, gerade wenn es den Menschen unverkürzt zur Geltung bringen will, eine auf den Gottesgedanken hin konstitutiv offene Anthropologie zu entwickeln haben. Die zuvor bezeichnete Alternative – spricht Jesus vom Menschen oder von Gott – zeigt sich in einem rechten theologischen Verständnis als Scheinalternative. Sie rechtfertigt oder ernötigt deswegen auch weder ein Programm der Entmythologisierung noch ein solches der Re-Divinisierung theologischer Aussagen über den Menschen in seinem ihn selbst involvierenden Gottesverhältnis. – Wenn Jesu Aufforderung zu einem mimetischen Handeln und die in dieser Aufforderung des ‚Geh hin und handle genauso' sich in einfacher Weise artikulierende Beanspruchung, Prägung und Erfüllung der Begehrensstruktur des Menschen in Richtung auf ein Begehren des Heils für die Anderen Thematisierung und Vergegenwärtigung Gottes ist, dann besteht die Herausforderung Jesu darin, dass er den Menschen zutraut, in der Sprache ihres Selbstvollzugs die Stimme Gottes vernehmbar werden zu lassen. Die Theologie kann, in Treue zu diesem Jesus, Anthropologie treiben, wenn und insofern sie „das der Zuwendung Gottes entsprechende Handeln des Menschen als die Weise begreift, in der Gottes Wahrheit menschliche Wirklichkeit wird".[35] Ich halte diese Aussage Thomas

[35] Th. Pröpper, Erlösungsglaube und Freiheitsgeschichte. Eine Skizze zur Soteriologie, München ^{2}1988, 17.

Pröppers für eine präzise und handhabbare Bestimmung dessen, was man das *inkarnatorische Prinzip des Christentums* nennen kann. Dieses Prinzip hat, so scheint mir, normativen Geltungscharakter. Es sagt letztlich nichts anderes, als dass über Gott und Mensch zugleich zu reden ist – und zwar so, dass dieses ‚zugleich' keine symmetrische Relation bezeichnet, die unfruchtbar wäre, sondern: die Vollendungsperspektive für den Menschen *in* der Gottesrede und die Perspektive eines unbedingten Sinns, des Heils von Gott her, *in* der Rede vom Menschen. Hierin mag man ein unaufgebbar Christliches erkennen: Die Würdigung der Menschen-Welt in einer Unbedingtheitsperspektive, die sich notwendigerweise gegen konkrete Welt-Zustände wendet; die gleichzeitige (das eine im anderen) Thematisierung Gottes als des sich der Welt zuwendenden und sie schöpferisch, erlösend, vollendend würdigenden Gottes. Dass das inkarnatorische Prinzip noch einmal im Gottesbegriff selbst zu verankern ist und dass dies in der Trinitätstheologie geschieht, sei nur noch ausblickhaft vermerkt.

Autorenverzeichnis

Jan Assmann: em. Universitäts-Professor für Ägyptologie, Ruprecht-Karls-Universität Heidelberg

René Girard: em. Universitäts-Professor für French Language, Literature and Civilization, Stanford University, Stanford, CA

Johann Ev. Hafner: Universitäts-Professor für Religionswissenschaft (Schwerpunkt Christentum), Universität Potsdam

Helmut Hoping: Universitäts-Professor für Dogmatik und Liturgiewissenschaft, Albert-Ludwigs-Universität Freiburg

Karl-Heinz Menke: Universitäts-Professor für Dogmatik und Theologische Propädeutik, Rheinische Friedrich-Wilhelms-Universität, Bonn

Klaus Müller: Universitäts-Professor für Philosophische Grundfragen der Theologie, Westfälische Wilhelms-Universität Münster

Karlheinz Ruhstorfer: Professor für Dogmatik und Religionsphilosophie, Oberassistent am Lehrstuhl für Dogmatik, Albert-Ludwigs-Universität Freiburg

Peter Strasser: Universitäts-Professor für Rechtsphilosophie, Albert-Franzens-Universität Graz

Magnus Striet: Universitäts-Professor für Fundamentaltheologie, Albert-Ludwigs-Universität Freiburg

Peter Walter: Universitäts-Professor für Dogmatik und Direktor des Arbeitsbereichs Quellenkunde der Theologie des Mittelalters (Raimundus-Lullus-Institut), Albert-Ludwigs-Universität Freiburg

Saskia Wendel: Universitäts-Professorin für Philosophie, Theologische Fakultät Universiteit van Tilburg

Knut Wenzel: Privatdozent, Oberassistent am Lehrstuhl für Dogmatik und Dogmengeschichte, Universität Regensburg

Erich Zenger: em. Universitäts-Professor für Zeit- und Religionsgeschichte des Alten Testaments, Westfälische Wilhelms-Universität Münster